Absolut Mann

Knaur

Prof. Dr. med. Rolf-Dieter Hesch
Gerald Bosch

Absolut Mann

Inhalt

Vorwort

Im Durchschnitt sieben Jahre früher als die Frau stirbt der Mann, zehn Jahre davor ist er meist krank, genießt sein Leben kaum – abgesehen vom Konsum als Lebensersatz –, und schließlich stirbt er »schlecht repariert«. Anti-Aging für den Mann ist der Versuch, diese Schere zu schließen und bis zum Schluss gesund zu bleiben. Warum ist dieses Thema so wichtig geworden? Warum sind die Männer mit ihrer seit Jahrhunderten geübten Rolle nicht mehr zufrieden, warum rebellieren die Frauen, selbstständig geworden, gegen die Unselbstständigkeit der Männer und deren Gleichgültigkeit der eigenen Gesundheit gegenüber?

Dass das Lebensalter nicht angeboren, sondern in Grenzen selbst bestimmbar ist, zeigte erst vor kurzem eine Studie aus den USA, bei der über 60 Jahre lang der Gesundheitszustand von gut 700 Testpersonen verfolgt worden war. Die Ergebnisse, die im Fachmagazin *American Journal of Psychology* veröffentlicht wurden, versprechen demjenigem, der mäßig Alkohol konsumiert, nicht raucht, Sport treibt und nicht zu viele Kilos auf die Waage bringt, ein recht langes Leben. Wer steinalt werden will, sollte aber auch eine positive Einstellung zum Leben haben und sich nach Möglichkeit dauerhaft binden – denn optimistische Menschen in einer stabilen Partnerschaft leben länger.

Wissenschaftlich ist es also bewiesen, dass aktives Anti-Aging keine Utopie, sondern reale Möglichkeit ist. Besonders auf den älter werdenden Mann zugeschnitten, beschreibt *Absolut Mann* erstmals, welche neuen Überlebenslücken sich ihm bieten. Weiterhin gibt das Buch eine fundierte biologische Erklärung für das kürzere männliche Leben – ein Phänomen, das seit Jahrtausenden besteht und sich durch alle Kulturen zieht.

Verstärkt durch etablierte Regeln und Zwänge ist die biologische Programmierung nicht nur für jedes persönliche männliche Schicksal verantwortlich, sondern letztlich auch für typisch männliche Phänomene wie Machtstreben, Krieg und Völkermord. Genauso, wie es der Frau durch die Entwicklung der Verhütungspille gelungen ist, sich aus dem biologischen Programm »Fortpflanzung« auszuklinken, muss ein Programm für den Mann möglich sein, das ihn aus seiner biologischen Konditionierung befreit. Das ist gleichwohl komplexer und komplizierter – und lässt sich nicht einfach per Pille gestalten. Andererseits gibt es aber nun auch eine Pille für den Mann – nämlich Viagra. Dieses Medikament erspart es ihm, bei der Erektion, jenem Sinn stiftenden Identifikationsmoment des Mannes, zu versagen, und kuriert so ein männliches Grundtrauma. Anti-Aging für den Mann ist ein Programm, das die männlichen Traumata, die ihn fertigmachen und in jungen Jahren alt werden lassen, aufheben kann.

Die Befreiung von dieser Belastung ist Grundvoraussetzung für den Erfolg des Anti-Aging-Programms – dass dieses Vorhaben realisierbar wird, dazu soll dieses Buch beitragen. Damit unterscheidet es sich von den zahlreichen anderen Publikationen zum Thema, die vielfach einfache Anweisungen von bekanntem Wissen wiederholen. *Absolut Mann* gibt persönliche und erfolgreiche Erfahrungen wieder. Es soll alltagstauglich sein und dem Manne Mut machen, sein Leben endlich als Mensch leben zu dürfen und dabei anstatt auf Macht und Gewalt lieber auf Vertrauen zu bauen.

Jeder Mann sollte lernen, im Hinblick auf das eigene längere Lebensglück wie auch das Wohlergehen seiner Mitmenschen ein Programm des Verstandes und der Vernunft für ein Leben zu entwerfen, das sich jener männlich-biologischen Grundkonditionierung nicht mehr bedingungslos unterwirft. Dieses Anti-Aging-Konzept lässt sich schrittweise in jedem Lebensalter des Mannes in dessen Leben integrieren.

Danksagung

Allen meinen Freunden und Gönnern möchte ich an dieser Stelle für ihr Entgegenkommen ganz herzlich danken. Meinem Coautor Gerald Bosch gilt besonderer Dank, denn ihm ist es gelungen, medizinisches Denken und biologisches Wissen in einen Guss zu bringen und das Werk lesbar und verständlich zu machen – was hoffentlich auch der Leser zu schätzen wissen wird.

Dankeschön auch an Ulrich Ehrlenspiel und Uta Gärtner vom Midena Verlag für ihr geduldiges Ausharren am Projekt, an Sabine Kienzle für umsichtige Sekretariatsarbeit, an meinen Trainer Werner Wiedorn sowie an meine Freunde in Wien und – *last but not least* ganz besonderer Dank gilt meiner Frau Brigitte, ohne die ein solches Männerleben nicht denkbar wäre.

Rolf-Dieter Hesch

1 Spiegelbilder und Wunschbilder

Wie alt werde ich – und wie werde ich alt? Es sind nur zum geringen Teil die Gene, die hier eine Rolle spielen. Ausschlaggebend ist die Biografie des Mannes. Stress ist dabei ein wichtiger Faktor. Das Hormonsystem hat einen erheblichen Einfluss. Die Notwendigkeit der Entwicklung einer Männermedizin ist in diesem Zusammenhang einsichtig.

Blicken Sie zurück, erinnern Sie sich an Wunschbilder aus Ihrer Jugend, und blicken Sie nach vorn. Aktivieren Sie Ihre Kraftquellen, um den weiteren Verlauf Ihrer Lebensgeschichte positiv zu beeinflussen und gesund alt zu werden. Wie, das erfahren Sie in diesem Buch. Erwarten Sie keine Heilslehren, sondern fundierten Rat.

Interview

Das folgende Interview führte Prof. Rolf-Dieter Hesch mit Prof. Dr. med. Bruno Lunenfeld, Präsident der *International Society for the Study of the Aging Male (ISSAM)*. Bruno Lunenfeld leitet das Institut für Endokrinologie am *Chaim Sheba Medical Center* und ist Professor an der Bar Ilan-Universität (Israel). Er studierte in Oxford, Cambridge und Genf, war für die WHO tätig und hat über 300 wissenschaftliche Publikationen und 19 Bücher verfasst.

Hesch: *Herr Professor Lunenfeld, was kann an der medizinischen Versorgung des älter werdenden Mannes verbessert werden?*

Lunenfeld: Wesentliche Gesundheitsprobleme des Mannes – wie die Veränderung des Körpers an sich, Veränderungen bei der Fettverteilung, Muskelschwäche, Nachlassen der Blasenfunktion, aber auch Einschränkungen des Gedächtnisses, nicht selten begleitet von Depression, sowie ein allgemeines Nachlassen des Wohlbefindens und der Sexualität – können heute im Frühstadium erkannt und in sinnvoller Weise behandelt werden. Wichtig ist allerdings, dass mehr Aufklärungsarbeit geleistet wird, denn noch immer wehren sich die Männer dagegen, dass ihre Probleme publik gemacht und in der Öffentlichkeit diskutiert werden. Wir wissen heute jedoch, dass Vorsorgemaßnahmen beim Mann – wie auch bei der Frau – das Erkrankungsrisiko senken können; seine Gebrechlichkeit kann deutlich reduziert werden, desgleichen die Pflegeabhängigkeit im höheren Alter. Eine allgemeine Verbesserung der Lebensqualität ist bei den meisten Männern möglich, wodurch auch die Gesundheitskosten gesenkt werden können.

Wenn man altersbezogene Probleme diskutiert, sind folgende Faktoren zu berücksichtigen:

- Der natürlichen Alterungsprozess ist zu etwa 35 Prozent genetisch bedingt (und dies kann heute noch nicht therapeutisch beeinflusst werden, da die Gentherapie hierfür noch nicht gereift ist).
- Die Entwicklung des einzelnen Mannes und die lebensverändernden Umwelteinflüsse auf ihn wirken sich sehr nachhaltig auf sein Leben und seinen Alterungsprozess aus.
- Der Alterungsprozess wird immer wieder auch überlagert durch akute und chronische Erkrankungen, die teilweise sehr stark dem Alterungsprozess ähneln, weshalb die rechtzeitige Diagnose und Heilung von Krankheiten entscheidend ist und den Alterungsprozess hinauszögern kann.

Bekanntlich betreiben viele Männer nur widerwillig Vorsorgemedizin, was mit ungenügender Information über männliche Gesundheit zusammenhängt, aber auch mit der Angst, man könne in ihrem auf Funktion getrimmten Organismus irgendwelche Defekte entdecken. Ganz anders die Frau, für die der Gynäkologe seit über 100 Jahren den Vertrauensarzt darstellt. Er begleitet sie von der Pubertät bis zu den Wechseljahren beziehungsweise bis ins Alter.

Bis heute gibt es keine Männermedizin in gleichem Umfang, doch wird die Ausbildung so genannter Männerärzte unbedingt erforderlich sein, damit auch eine ganzheitliche Versorgung des Mannes garantiert werden kann. Der zukünftige Männerarzt wird vielfältige Aufgaben haben:

- Er muss grundsätzlich in der Problematik des älter werdenden Mannes bewandert sein, Männer schulen und ein ganzheitliches Gesundheitsmanagement anbieten können.
- Der Männerarzt muss bereit sein, wissenschaftliche Daten über die Gesundheitssituation des Mannes zu sammeln, um eine verbesserte Forschung zu ermöglichen.
- Der Männerarzt muss bereit sein, die Biographie jeden einzelnen Mannes zu verstehen.
- Der Männerarzt muss Kenntnisse über Herz-Kreislauf-Training und den Aufbau der Muskulatur sowie über Stretching-Verfahren zur Entlastung des Halteapparats besitzen.
- Der Männerarzt muss Einblick in das Hormonsystem und die medikamentöse Beeinflussung der altersabhängigen Gesundheit haben.

Hesch: *Alter und Altern sind zu einem großen Thema der modernen westlichen Gesellschaft geworden. Nur zum geringen Teil bestimmt das Erbgut unseren Alterungsprozess, im Wesentlichen wird dieser durch die Biographie, den Lebensstil bestimmt. Wie sieht Ihrer Meinung nach der Lebensstil eines gesund alternden Mannes aus, und worin besteht dieses erfolgreiche Älterwerden?*

Lunenfeld: Es geht darum, Männern ein angenehmes Altwerden, ein unabhängiges Leben frei von Gebrechen so lange wie möglich zu erhalten – darum, in Würde und Selbstständigkeit zu altern. Die Förderung des gesunden Alterns und die Vorbeugung gegen altersbedingte Erkrankungen werden eine zentrale Rolle in der gesetzlichen und privaten Gesundheits- und Sozialversicherung der westlichen Länder spielen. Männer müssen lernen, eine lebenslange Vorsorge gegen Alterungsprozesse zu treffen. Ich habe schon dargestellt, welches die wesentlichen Aufgaben sind, die der Männerarzt und ein Rat suchender Mann miteinander zu bewältigen haben. Ich fasse noch einmal einige wichtige Prinzipien zusammen:

- Verbesserung der unmittelbaren Umweltbedingungen
- gesunder Lebensstil und gesunde Ernährung (Fettleibigkeit fördert Diabetes und Herz-Kreislauf-Erkrankungen)
- angemessenes Training
- kein Zigarettenkonsum
- kein Missbrauch von Alkohol und anderen Drogen
- soziale Kontakte, die für die Gesundheit des Mannes sehr wichtig sind
- medizinische Behandlung von chronischen Erkrankungen

Es besteht kein Zweifel, dass die Umsetzung dieser Maßnahmen zu einer deutlichen Verminderung der Gesundheits- und Sozialkosten einerseits führt, andererseits aber auch das persönliche Lebensglück des Mannes verbessert. Gesunde ältere Männer tragen zunehmend zum Wohlbefinden und zur Stabilität der Gesellschaft im Umbruch bei. Der Umbruch von einer früher jungen zu einer morgen alten Bevölkerung wird eine Welt schaffen, die sich von allen vorangegangenen Epochen unterscheidet. Diese – weltweite – Veränderung läuft derzeit so schnell ab, dass weder Regierungen, Institutionen, Krankenkassen noch die Pharmaindustrie ausreichend darauf eingestellt sind.

Hesch: *Als Hormonforscher sind Sie natürlich auch aufgerufen, sich Gedanken darüber zu machen, wie das Hormonsystem des älter werdenden Mannes altert. Welches sind die wissenschaftlich gesicherten gravierenden Änderungen im Hormonsystem des älter werdenden Mannes, die direkt zum Prozess des Alterns beitragen können?*

Jung bleiben beim Älterwerden – eine Utopie?

Lunenfeld: Die wichtigsten und eingreifendsten Unterschiede im Alterungsprozess zwischen Mann und Frau hängen mit den Fortpflanzungsorganen zusammen. Bei der Frau kommt es durch eine Erschöpfung der Eierstöcke zu einem Absinken der Sexualhormone, zum Eintritt in das Klimakterium – mit Beendigung der Menstruation – und in die heute im Durchschnitt mehr als 30 Jahre dauernde Phase der so genannten Menopause, also des Lebens ohne Sexualhormone.

Beim Mann gibt es keinen solchen raschen Abfall der Sexualhormone, sondern es kommt ganz langsam über die Jahre zu einem Absinken der männlichen Hormonkonzentration im Blut. Das beginnt damit, dass die Steuerung der Hodenfunktion vom Gehirn aus an Dynamik verliert. Die Folge davon ist, dass beim 60-Jährigen nur noch etwa 30 Prozent der Testosteronproduktion des 30-jährigen Mannes vorhanden sind. Mit der Zeit kommt es auch zu einer zunehmenden Alterung des Hodens. Die Alterungsprozesse der Hormonregulation im Gehirn betreffen aber nicht nur das Testosteron, sondern auch die Sekretion des Wachstumshormons, der Schilddrüsenhormone sowie von Prolaktin und Melatonin, wodurch beispielsweise der Schlaf beim älter werdenden Mann erheblich beeinflusst werden kann. Insbesondere die Bedeutung des Hormons Melatonin wird ja gegenwärtig intensiv diskutiert – es hat sich gezeigt, dass die verminderte Melatoninsekretion verantwortlich sein kann für Stimmungsschwankungen, Nachlassen der Gedächtnisleistung, aber auch für die Regulation der die Blutgerinnung beeinflussenden Blutplättchen.

Indem der Schlaf älterer Männer oft flach wird, findet nur noch eine ungenügende Freisetzung des Wachstumshormons statt, und ein Mangel an diesem Hormon kann wiederum zahlreiche Organfunktionen sowie insbesondere die Fettverteilung und die Muskulatur des älter werdenden Mannes beeinflussen.

Wenn wir die gesamten Veränderungen im Hormonsystem ansehen, so erleiden alle wesentlichen regulatorischen Hormonsysteme beim älter werdenden Mann einen Einbruch, und es stellt sich natürlich die Frage, ob dieser Einbruch Folge des Alterungsprozesses an sich ist oder aber zum Alterungsprozess beiträgt – dann müssten diese Hormone beim älter werdenden Mann ersetzt werden.

Hesch: *Wenn der Männerarzt feststellt, dass hormonale Defizite vorhanden sind, welche die Lebensqualität und den Alterungsprozess beeinflussen, welche Hormone würden Sie heute beim älter werdenden Mann ersetzen? Gibt es so etwas wie einen zeitlich ablaufenden Stufenplan entlang des Älterwerdens?*

Lunenfeld: Wenn man bei einem älter werdenden Mann anhand einer sorgfältigen biographischen Analyse zu der Vermutung kommt, dass seine Beschwerden durch einen Hormonmangel bedingt sind, so sollte man dies durch Bestimmung der Hormone nachprüfen. Falls ein Mangel festgestellt wird, muss er unabhängig vom Alter und von der sonstigen Lebenssituation des betroffenen Mannes kompensiert und behandelt werden.

Worum es geht

Jünger, schöner, vitaler – wer kennt ihn nicht, den Traum vom ewigen Jungbrunnen. Längst sind es nicht mehr nur die Frauen, die versuchen, diesen Traum Wirklichkeit werden zu lassen: Mit Fitnessprogrammen, kosmetischen Anti-Aging-Formeln oder Hormontherapien bemüht sich der moderne Mann nach Kräften, länger gesund zu bleiben und gut auszusehen.

Hormone regieren den Mann

Lange Zeit galt der Mythos vom starken Mann, der nach der Pubertät unverändert wie eine Maschine bis ins hohe Alter funktioniert – im Beruf genauso wie im Bett. Ganz im Gegenteil zu seiner Gefährtin, über deren biologischer Funktionalität etwa ab dem 45. Lebensjahr unaufhaltsam das Damoklesschwert der Wechseljahre schwebt.

Doch weit gefehlt, Männer: Auch die biologische Uhr des Mannes läuft ab seiner Lebensmitte langsamer. Wie neuere medizinische Erkenntnisse zeigen, steht der Mann zwischen dem 20. und 30. Lebensjahr im Zenit seiner Kraft. Doch ab dann schlagen – ähnlich wie bei der Frau – auch bei ihm gnadenlos die Hormone zu und treiben seinen Alterungsprozess unweigerlich voran. Der Hormonhaushalt des Mannes ergibt sich aus einem komplexen Zusammenspiel von Zwischenhirn, Hirnanhangdrüse, Schilddrüse, Hoden und Nebennieren, dessen Feintuning durch das autonome Hormonsystem der so genannten Amine – Adrenalin, Noradrenalin und Dopamin – geregelt wird. Für den einzelnen Mann bedeutet dies, dass seine Genetik – hier verstanden als die Summe seiner ererbten Eigenschaften – und seine Biographie – als die Summe seiner gesammelten und erlebten Erfahrungen – an einem Schnittpunkt des Hormonsystems zusammenlaufen

Viele Menschen schätzen das jungenhaft-süffisante Grinsen des Schauspielers Bruce Willis, mit dem die von ihm verkörperten Helden auch die brenzligste Situation cool meistern und das sie menschlicher wirken lässt als die Figuren von Action-Darstellern wie Claude Van Damme, Silvester Stallone oder Dolph Lundgren mit ihren ausdruckslosen Pokerfaces.

Träume und Ideale der Jugendzeit werden später oft verschüttet, aber es ist gut, sich daran zu erinnern.

und gemeinsam über sein Leben und sein Altern bestimmen. Anders gesagt, entscheiden letztlich Hormone darüber, wie männlich und gesund sich ein Mann fühlt und tatsächlich auch ist.

Auch der Mann kommt also in die Wechseljahre. Dieser Prozess kann manchmal schon mit 30 Jahren beginnen, die Beschwerden äußern sich aber meist erst ab dem 50. Lebensjahr. Andropause (von altgriechisch *aner, andros* = Mann und *pauo* = beenden) ist der medizinische Begriff für jene Symptome, unter denen der Mann dann leidet: Ein Rückgang der Libido und sexuellen Potenz, es treten vermehrt Fettpolster auf, die Muskelkraft schwindet, die Haare ergrauen und werden weniger. Auch das Immunsystem wird schwächer, Herz-Kreislauf-Erkrankungen und Prostatabeschwerden, aber auch Osteoporose und Depressionen können auftreten und dem Mann das Leben erschweren. Wesensqualitäten wie Tatkraft, Mut, Leistungswille und Kreativität, aber auch Aggressivität – jene dunkle Seite des Testosterons und der Männlichkeit schlechthin – gehen verloren.

Als Idealbild des alternden Mannes entstand der Typus des »weisen alten Mannes«. Ein Trugbild – denn hier handelt es sich um einen Mann, der seine nachlassende Männlichkeit infolge der erschöpften Testosteronproduktion durch »Lebenserfahrung« kompensiert, die – zugespitzt formuliert – nichts anderes darstellt als die billigen Ratschläge eines Mannes ohne Hormone an Geschlechtsgenossen, die ihre noch besitzen, damit aber nicht umgehen können.

Verlorene Wunschbilder ...

Die meisten alten Männer leiden unter einem Verlust an Geist, Seele, Körper und Manneskraft. Dieses Schicksal muss jedoch nicht zwangsläufig sein. Vielmehr kann der Mann eine Menge dagegen tun und mit Präventivmaßnahmen, Fitnessprogrammen, Ernährungsumstellung oder Hormontherapien sein männliches Outfit verändern. Angesichts solcher Tipps wäre allerdings die Frage nach dem Unterschied zwischen *Absolut Mann* und all den anderen Männer-Büchern, die es auf dem Markt gibt, durchaus berechtigt.

Um die Besonderheit dieses Buches zu erklären, wollen wir Sie ein Stück in Ihre Vergangenheit zurückführen. Jeder Mann baut in seiner Kindheit Vorstellungen und Wunschträume über sein zukünftiges Leben zu einem Inneren Bild, dem Inner Image, zusammen. Mit zunehmendem Alter und unter dem Einfluss von Eltern und Freunden, Schule und Ausbildung, Beruf, Partnerschaft und Familie macht er aber tagtäglich Abstriche von diesem Idealbild – er verliert sich aus den Augen. Statt sein Leben aus eigener Kraft zu gestalten, reagiert er meist mit Kompromissen und mit Konsumverhalten.

...und wie man sie wiederfindet

Wir als Autoren wollen Sie, den Leser, dort abholen, wo Sie sich verloren haben, um Sie in kleinen Schritten zu sich selbst zurückzuführen (siehe Kapitel *Lebensstil und Renaissance des Inner Image,* Seite 76). Dabei werden Ihnen weder Heilslehren vermittelt, noch sollen Sie sich sklavisch starren Alltagszwängen unterwerfen. Wichtig ist in unseren Augen, dass Sie Ihren eigenen Lebensplan wieder entdecken. Denn nur Sie persönlich haben ihn entworfen, und nur durch Sie selbst kann er jemals in die Tat umgesetzt werden. Sie beginnen praktischerweise mit einer kritischen Eigenbilanz und formulieren Ihre Wünsche, wie Sie die äußere Erscheinung verändern wollen; die Seele folgt hier quasi dem Körper – mens sana in corpore sano. Schließlich sagt ein Körper sehr viel über das Leben aus, das sein Besitzer führt oder früher geführt hat.

Was dieses Buch kann ...

Und genauso ehrlich, wie Sie Ihre Eigenbilanz aufgestellt haben, wollen wir als Autoren Ihnen aufzeigen, was Sie tatsächlich in Form eines gezielten Anti-Aging-Programms umsetzen können. Dieses Konzept lässt sich in jeder Lebensphase des Mannes *peu à peu* in sein Leben integrieren.

Nehmen Sie Ihr Leben in die Hand und gestalten Sie es nach Ihren Wünschen!

Das Programm entwickelt sich auf vier Ebenen. Jeder Mann kann sich aussuchen, auf welcher Ebene er beginnt. Der Erfolg auf der einen und der dadurch gewonnene Genuss an Lebensqualität machen ihn süchtig danach, auch andere Ebenen zu betreten und sie in sein Alltagsleben zu integrieren. »Leben aus erster Hand statt sinnlosem Secondhand-Konsum«, so lautet die Devise.

Ebene 1 besteht aus der Umsetzung der eigenen Erbanlagen. Der Mann ist nicht das Produkt seiner Gene, sondern dessen, was er letztlich daraus macht – schließlich bestimmen nur etwa 35 Prozent seiner Gene, wie alt er wird, den Rest bestimmt seine Biographie. Wenn er dementsprechend mit sich selbst umgeht, dann erhöhen sich seine Chancen, Gene, Zellen und Organe vor Altersschäden zu schützen.

Absolut Mann will helfen, alt machenden Stress zu vermeiden, und zeigt, wie man einerseits Autorität ohne Gewalt ausübt und sich andererseits bestehenden Autoritäten unterordnet, ohne unterwürfig zu sein. Das hier vermittelte Konzept gegen Stress nimmt die aktuellen Ethikprinzipien des Weltethos auf, die jeder in den Alltag eines vertrauensvollen Männerlebens integrieren kann. Das Buch richtet sich auch gegen die modernen Methoden der Konditionierung zur Angst, wie sie auf vielen Führungsseminaren angeboten werden. Als Alternative beschreibt es eine Lebensform, die aus dem Gleichgewicht von Entspannung und Hochspannung besteht.

Auf der zweiten Ebene aktiviert der Mann die Kraftquellen seines Lebens. Eine wichtige Kraftquelle ist die im Muskel gespeicherte Energie. Muskeltraining und -aufbau liefern dem Mann die für den heutigen Lebensstil erforderliche rasch verfügbare Energie, sodass er männlicher auftreten und überzeugende, wohlüberlegte Entscheidungen treffen kann. Ausdauer ergänzt das Krafttraining, aber nicht als Marathon, um den lädierten Körper weiter ins Abseits zu treiben. Ausgewogener Fitnesssport verhindert Krankheiten effektiver als alle Medikamente.

Auf der dritten Ebene wird es um die richtige Ernährung gehen. Dadurch werden Fettdepots in Muskelmasse umgebaut. An Stelle des üblichen *Junk Food* wird das Konzept vorgeschlagen, alle drei Stunden eine wertvolle Kost zu sich zu nehmen, die Energie und elementaren Zellschutz liefert. Herkömmliche Nahrung macht den Mann krank, durch diese neue Form des Essens bleibt er jung und elastisch.

Auf der vierten Ebene vermittelt das Buch einen fundierten Überblick über das Hormonsystem und die Möglichkeiten von Hormonersatztherapien. Aufgrund der persönlichen Erfahrung eines der Autoren als langjähriger Spezialist für Hormonerkrankungen wird der Leser in diesem Buch kompetent informiert; statt zweifelhafter Ratschläge erhält er Informationen, die auf persönlicher wissenschaftlicher Erfahrung und ständiger Beratung von Männern beruhen. Testosteron ist dasjenige Hormon, das den Mann ausmacht, und Testosteronmangel tritt viel häufiger auf als bislang angenommen. Deshalb wird diesem Hormon hier viel Platz eingeräumt; jedoch ist eine Testosteronbehandlung nur einer von vielen Anti-Aging-Bausteinen und kein Ersatz für die anderen.

Um das Ganze abzurunden, haben wir einige kompetente Vertreter der Männerwelt gebeten, Ihnen in Form von Kurzinterviews Infos zu aktuellen Trends aus erster Hand zu liefern. Diese Interviews zielen darauf ab, dass dieses Buch bei aller beabsichtigten Subjektivität immer den Horizont anderer Sichtweisen einbezieht.

Ihr Selbstwertgefühl soll nicht erst dann entstehen, wenn Sie das vorgestellte Programm nach Art eines Pflichtpensums absolviert haben. Hauptsache, Sie haben überhaupt damit begonnen, etwas davon in die Tat umzusetzen!

...und was nicht

Auf esoterische Theorien, Wunderdiäten oder Programme »Wie verliere ich dreißig Kilo in dreißig Tagen« verzichten wir. Medizinische Anti-Aging-Maßnahmen beruhen nicht auf Heilslehren zum Erlangen der Ewigen Jugend; zwar wird die Gentechnik sicherlich einige Erfolge in puncto Langlebigkeit verbuchen, sie wird den einzelnen Menschen aber auch nicht unsterblich machen können.

Daher wollen wir Ihnen, vor allem den älteren Männern, in *Absolut Mann* Konzepte unterbreiten, wie Sie gesund und in Bestform alt werden. Wir können den Alterungsprozess verlangsamen, aber nicht gänzlich aufhalten. Versprechen können wir Ihnen, dass Sie in einem gesunden Körper auch mit zunehmendem Alter mehr Lebensqualität haben werden – sei es als anerkannte Kapazität im Beruf oder als Liebhaber. Und wenn alles gut geht, schlagen Sie vielleicht sogar für sich und Ihre Lieben ein paar lebenswerte Jahre mehr aus dem Lebensabend heraus.

Biblisches Anti-Aging

Synonym für hohes Alter ist der im Alten Testament erwähnte Methusalem, der Großvater Noahs. Methusalem, der 969 Jahre alt wurde, zeugte im hohen Alter von 187 Jahren seinen ersten Sohn.

Was bedeutet Altern?

Schon immer haben die Menschen davon geträumt, ewig jung zu bleiben und unsterblich zu sein. Sie werden immer älter, aber es geht ihnen oft nicht gut dabei. Worin bestehen die schwach und krank machenden Alterungsprozesse im menschlichen Organismus? Wie lassen sich diese Vorgänge beeinflussen? Interessante Forschungsergebnisse geben Hoffnung für die Zukunft. Die medizinischen Möglichkeiten werden weiterentwickelt, und vielleicht wird man eines Tages die Gene, die für das Altern verantwortlich sind, direkt beeinflussen können. Schon heute jedoch hat jeder Mann die Möglichkeit, auf diese Gene durch seine Lebensweise einzuwirken und auch im Alter »jung« zu bleiben.

In unserer heutigen jugendlich orientierten Welt hat der Begriff Altern einen negativen Beigeschmack. Dieser bezieht sich meist auf das soziobiologische Phänomen des Altwerdens mit seinen Begleit- und Folgeerscheinungen – nachlassende körperliche und geistige Funktionen, Krankheiten und schließlich Tod. Älter werden bedeutet aber auch, dass wir aus den Kinderschuhen heraus- und zu Erwachsenen heranwachsen, um selbst wieder eigene Kinder zu bekommen. In der steten Abfolge von Generation um Generation entwickelt jede Altersgruppe eigene Lebensvorstellungen, Ansichten und Ideale, was zwangsläufig zu Spannungen untereinander führt. Derartige Generationskonflikte prägen ebenfalls unsere Auffassung vom Alter.

Ungeachtet der individuellen und sozialen Konsequenzen, die das Alter für den Menschen mit sich bringt, sollten wir uns als biologische Wesen dessen bewusst sein, dass die Zellen unseres Körpers natürlichen Verschleißerscheinungen unterliegen.

Die Biologie des Alterns

Der menschliche Körper ist ein sinnvolles Produkt der Evolution. Mit hoher Effizienz nimmt unser Organismus Nahrung, Wasser und Sauerstoff auf, Organe wie beispielsweise Herz, Lungen und Nieren arbeiten Tag und Nacht, ohne auch nur eine einzige Pause einzulegen. Die »Maschine Mensch« muss im Gegenzug aber auch permanent gewartet und erneuert werden. Die Bausteine des Organismus sind unsere Zellen, die durch Teilung entstehen.

Zellen können sich auf zweierlei Weise teilen – durch Mitose (Reifeteilung, die Teilung der erwachsenen Zelle) und durch Meiose (Reduktionsteilung, eine Teilung, die nur bis zur Befruchtung wichtig ist). Beide Teilungen beginnen zwar ähnlich, verlaufen dann jedoch auf unterschiedliche Art und Weise. In bei-

Die Mitose

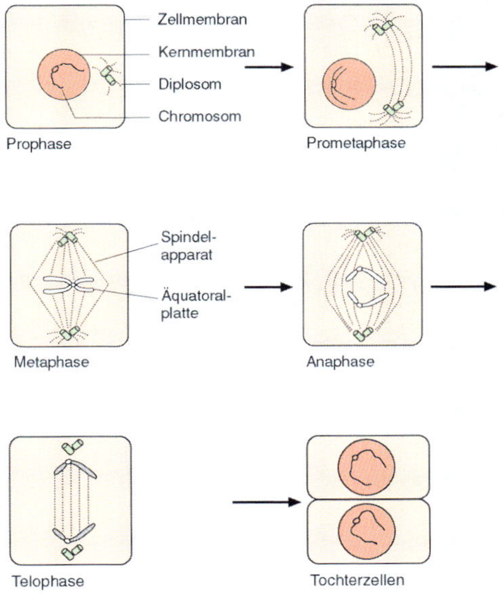

Schon in alten Zeiten war der Mensch von der Vorstellung begeistert, seine Jugend ewig zu erhalten. Im Mittelalter entstand der Begriff des Jungbrunnens, einer Art Lebensbad, in dem alte Menschen auf der einen Seite eintauchten und auf der anderen jung und knackig wieder herauskamen.

den Fällen wird die Erbinformation, die in Form von DNA-Sequenzen auf den Chromosomen im Kern einer Zelle gespeichert ist, auf die beiden Tochterzellen verteilt.

Jedes Chromosom besteht aus zwei Hälften, den so genannten Chromatiden, die in einem bestimmten Abschnitt des Chromosoms, dem Centromer, miteinander verbunden sind. Diese Struktur steuert im weiteren Verlauf der Kernteilung die Bewegungsabläufe im gesamten Chromosom.

Bei der Mitose handelt es sich im Grunde um eine Zellverdopplung, denn dabei entstehen aus einer Zelle zwei neue, die beide die gleiche Zahl an Chromosomen besitzen. Nur aufgrund dieser Zellteilung kann ein Organismus wachsen und seine Zellen erneuern. Dieser Prozess bestimmt vermutlich auch das Altern.

Lebewesen benötigen neben diesem reinen Zellteilungsmechanismus zur Fortpflanzung eine weitere Form der Teilung, aus der die Keimzellen (Gameten) hervorgehen. Diese brauchen keinen doppelten (oder diploiden) Chromosomensatz, sondern lediglich ein einfaches (haploides) Set an Chromosomen. Die hierfür erforderliche Zellteilung wird als Meiose (oder Reduktionsteilung) bezeichnet. Dabei teilen sich die einzelnen Chromosomenstränge nicht, sondern lagern sich ihrem jeweiligen Ergänzungsstrang an. Dieser Vereinigungsprozess wird als Synapsis bezeichnet. Zu einem späteren Zeitpunkt können dann die Chromosomenpaare mit Hilfe so genannter *Cross-Over* ihre Teilstränge (Chromatiden) teilweise oder ganz austauschen. Diese Cross-Over-Vorgänge sind für die Rekombination der Gene verantwortlich; sie ermöglichen die Vielfalt genetischer Kombinationen und lassen immer wieder neue Merkmale entstehen – eine Ursache für die Vielfalt der Menschheit.

Wir erhalten von unseren Eltern nicht nur Erbmaterial, das den Körper gesund erhält und schützt, sondern oft auch krank machende Erbanlagen, zum Beispiel »Risikogene« für das Altern.

Alterungsprozesse und unsterbliche Zellen

Angesichts dieser einfachen Prozesse könnte man meinen, Mitose und Meiose liefen bis in alle Ewigkeit ab. Tatsächlich aber ist die Lebensdauer der meisten Zellen begrenzt, wie Zellkulturversuche beweisen. Embryonale Zellen teilen sich in Kultur etwa 50-mal. Die Zellen älterer Menschen hingegen machen nur noch wenige Teilungen durch. Wenn man diesen Vorgang beeinflussen könnte, so wäre ein Mittel gegen das Altern gefunden. Genau hier liegt der Ansatz der so genannten Stammzellen-Theorie.

Bei mehrzelligen Lebewesen sind es nur die wenigen vorhandenen Keimzellen, die potenziell unsterblich bleiben. Keimzellen dienen der fortlaufenden Arterhaltung und sind totipotent, das heißt, aus ihnen können durch eine funktionelle Spezialisierung (Differenzierung) während der folgenden Teilungen Zellen mit völlig verschiedenen Aufgaben werden – zum Beispiel Nerven-, Skelett-, Muskel oder Schleimhautzellen. Während dieser Differenzierungsprozesse verlieren die meisten Zellen der höheren Metazoen (Mehrzeller) ihre Totipotenz und somit auch ihre unbegrenzte Teilungsfähigkeit. Diese zeitlich nur begrenzt lebensfähigen Somazellen können nun jedoch – quasi als Trostpreis für den Totipotenzverlust – mit anderen Zellen Informationen austauschen und kommunizieren, ein Dialog, der letztlich das Leben ausmacht.

Aufgrund dieser Tatsache stellten Wissenschaftler die Hypothese vom »programmierten Zelltod« auf, wonach die Lebensdauer von Zellen genetisch bestimmt wird. Der programmierte Zelltod, wissenschaftlich als Apoptose bezeichnet, geht von der Zelle selbst aus, er wird durch intrazelluläre Prozesse herbeigeführt. Als Auslöser können dabei sowohl intra- wie auch extrazelluläre Reize (Stimuli) dienen. Äußere Einflüsse, wie beispielsweise Verletzungen, führen zu einem Zelltod, den die Wissenschaftler als Nekrose bezeichnen. Eine mögliche Ursache für den Zelltod sieht man in der Ansammlung von Oxidationsprodukten. Dieser »Zellmüll« kann die Zelle irreversibel (in einem nicht umkehrbaren Prozess) schädigen, sodass sie entweder repariert oder »abgeräumt« werden muss.

Doch wie stellt der Körper fest, wann eine Zelle verschlissen ist und erneuert werden muss? Eine entscheidende Kontrolle erfolgt während jeder mitotischen Teilung. Denn bei jeder Zellteilung kommt es zu einer geringfügigen Verkürzung an den Enden der Chromosomen, den so genannten Telomeren. Wenn bei diesem »Abwetzen« die durch die Telomere geschützte DNA freigelegt wird und abgeräumt werden muss, bevor weitere Schäden auftreten, dann tritt der Zelltod ein.

Welchen Einfluss die Gene letztlich auf den Alterungsprozess haben, werden wir später erfahren.

Altern historisch betrachtet

Wenn wir heute von Altern und alternden Menschen sprechen, meinen wir meist weniger die oben beschriebenen biologischen Vorgänge als vielmehr jenes äußere (phänotypische) Erscheinungsbild des Menschen, wie es im Alter zwischen 40 und 60 Jahren beginnt. In der Umgangssprache wird »Altern« also in erster Linie als soziokultureller Begriff verwendet – alte Menschen werden jedoch als «Senioren« bezeichnet, da unsere Gesellschaft dazu neigt, die Dinge nicht beim Namen zu nennen, sondern schönfärberisch zu umschreiben.

Der Wunsch nach einem langem Leben, nach ewiger Jugend und Unsterblichkeit ist so alt wie die Menschheit selbst. Viele Märchen und Mythen handeln von Menschen, die dem Tod ein Schnippchen schlagen und sich selbst oder andere vor ihm retten wollen – beispielsweise der griechische Sänger Orpheus, der seine geliebte Frau Eurydike aus der Unterwelt zurückholen wollte. Bei den Kelten erweckte ein Bad im Zauberkessel des Magiers Bran tote Krieger wieder zum Leben. Elemente dieser Sage tauchen auch in der Legende vom Heiligen Gral auf, dessen jeweiliger Besitzer unsterblich war.

Wahrscheinlich sind die großen Weltreligionen aufgrund der Ungewissheit der Menschen angesichts des Todes und eines »Lebens danach« entstanden. Schließlich spenden Religionen dem Sterbenden in den letzten Stunden Trost, indem sie ihm das Gefühl geben, dass sein irdisches Dasein nicht vergeblich war, sondern in irgendeiner Form fortgesetzt wird – sei es bei den Christen als Auferstehung der Toten oder als Wiedergeburt bei den Hindus und Buddhisten.

Jahrhundertelang waren die letzten Lebensjahrzehnte der Menschen geprägt von schmerzhaften Krankheiten. Trotz des medizinischen Fortschritts bleibt auch in der säkularisierten westlichen Welt die Urangst vor dem Sterben bestehen; sie wird nur weitgehend verdrängt. Ältere Menschen werden allerdings zunehmend von Ängsten geplagt im Hinblick auf die letzte Zeit ihres Lebens – sie wollen im Alter weder pflegebedürftig noch bettlägerig oder geistig umnachtet, sondern voller Gesundheit alt werden und »gesund sterben«.

Anti-Aging – Kann man dem Altern vorbeugen?

Altern ist ein sehr komplexer Prozess, der in unterschiedlichen Organen zu unterschiedlichen Zeitpunkten in verschiedenem Maße abläuft. So altert beispielsweise das Gehirn bereits ab der Geburt mit rasanter Geschwindigkeit, während die Alterungsvorgänge bei den Knochen erst ab dem 20. Lebensjahr einsetzen. Hauptsächlich sind es nämlich Schäden am Genom, die uns altern lassen. Solche Gendefekte können von den Eltern vererbt sein – man spricht dann von angeborenen Mutationen. Hierunter fallen auch genetische Veranlagungen für Krankheiten (wie beispielsweise Krebs, Arthrose, Diabetes und Glaukom).

Die so genannten Polymorphismen (von altgriechisch *polys* = »viel« und *morphe* = »Gestalt«) repräsentieren nicht nur die genetische Vielfalt der Menschheit, sondern bedingen auch die Unterschiede zwischen menschlichen Individuen, denn sie bergen Körper- und Gesundheitsmerkmale, aber auch Krankheitsrisiken in sich. Bei Männern kann beispielsweise eine kleine Mutation im Gen, das für den Östrogen-Rezeptor zuständig ist, eine vorzeitige koronare Herzkrankheit auslösen. Weitere angeborene Mutationen führen zu Darmkrebs, vorzeitiger Arteriosklerose, Alzheimer-Krankheit und Amyloidose, einer krankhaften bindegewebsartigen Ablagerung faseriger Proteine an Organen wie Leber, Herz, Lunge oder Nieren.

Mutationen an bestimmten Genen können Alterungsprozesse bewirken. Ein Schutz dieser Gene ist heute möglich geworden.

Schließlich können genetische Defekte aber auch im Verlauf einer Zellteilung spontan auftauchen; in diesem Fall spricht man von einer erworbenen somatischen Mutation. Hierbei kann es sich nur um einen kleinen Schaden handeln; treten Mutationen aber vermehrt auf, so bewirken sie das Altern der Zelle. Ein Schutz der Gene, ein »Erbschutz«, ist also »Altersschutz« – es gibt heute gute Möglichkeiten, in diesem Sinne schützend tätig zu werden.

Wie können sich Gendefekte überhaupt bemerkbar machen? Wie bereits erwähnt, legen sich bei der Kernverschmelzung die entsprechenden (analogen) Chromosomenstränge aneinander, dabei können auch ganze Genabschnitte gegeneinander ausgetauscht werden (freie Rekombination der Gene). Gene sind aber nicht gleich Gene: Man kennt so genannte dominante Erbanlagen, die ihr entsprechendes Gegenstück auf dem Schwesterstrang »unterdrücken« und nur die eigenen gespeicherten Merkmale ausprägen. Das ist ein sehr sinnvoller Mechanismus der Natur, da auf diese Weise geringfügige Mutationen, die sehr häufig auftreten, durch die unveränderten, nicht mutierten Gegenstücke kompensiert werden. Die unterdrückten, im Fachjargon als rezessiv bezeichneten Gene haben aber dennoch eine Chance, sich zu »verwirklichen«: nämlich wenn bei der Rekombination zwei rezessive Gene aufeinandertreffen – oder wenn das Gegenstück ein Y-Chromosom ist.

Das Y-Chromosom – ein natürlicher Nachteil für den Mann?

Das männliche Genom besitzt im Vergleich mit dem Gen-Kit einer Frau weniger Komponenten: Im menschlichen Chromosomensatz befinden sich neben den normalen Chromosomenpaaren auch zwei so genannte Geschlechtschromosomen oder Heterosomen. Diese bestehen bei Frauen aus zwei X-Chromosomen, bei Männern hingegen findet man anstelle des zweiten X-Chromosoms ein Y-Chromosom, das etwas kürzer als sein Gegenstück ist; folglich enthält es auch weniger Gene. Dieser Gen-Baustein macht den Mann aus, birgt aber auch seine Mängel.

Dieses Manko hat zur Folge, dass alle hier vorkommenden Gene nur auf dem entsprechenden Abschnitt des X-Chromosoms ausgeprägt werden, weil sie ja nicht auf dem Y-Chromosom vorkommen. Das gilt auch für rezessive, oftmals mutierte Gene. So ist eine Reihe von Erbkrankheiten entstanden, von denen in der Regel nur Männer betroffen sind – beispielsweise Bluterkrankheit, männlicher Schwachsinn (betrifft einen von tausend Männern) und Rot-Grün-Blindheit, aber auch angeborener Pigmentmangel der Augen (das bekannteste Beispiel ist der Schlagersänger Heino) oder Hyper-Gamma-Globulinämie. Bei all diesen Krankheiten werden kranke Gene direkt ausgeprägt. Darüber hinaus bergen die bereits erwähnten Polymorphismen stille Krankheitsrisiken, die erst im Laufe eines Lebens zum Tragen kommen können. Genetisch betrachtet sind Männer also von Natur aus Frauen gegenüber im Hintertreffen.

Die Entstehung somatischer Mutationen

Neben den bereits genannten »Rekombinations-Malheuren« bei der Zellteilung können Gene auch während der anschließenden molekularen Prozesse mutieren. Der genetische Code besteht aus einer Abfolge von Desoxyribonukleinsäure-Molekülen (DNA-Sequenz); im Einzelnen sind das je eine Stickstoffbase (Adenin, Thymin, Guanin und Cytosin), kombiniert mit einem Zuckermolekül und einem Phosphatrest. Dieses Dreierset aus Base, Zucker und Phosphat wird als Nukleotid bezeichnet und bildet den Grundbaustein des DNA-Stranges. Zwei dieser Stränge lagern sich zur DNA-Doppelhelix zusammen, und zwar immer Adenin mit Thymin und Cytosin mit Guanin. Die Doppelhelix erinnert an eine um ihre Längsachse verdrillte Strickleiter, deren Holme aus den Basenpaaren und deren Stränge aus dem Phosphat-Zucker-Gerüst bestehen.

Die in der DNA festgelegte Information muss »gelesen« und in Proteine umgesetzt werden. Dies geschieht in zwei Schritten, zunächst während der Transkription, der sich die Translation anschließt, bei der aus den Eiweißbausteinen (Aminosäuren) Proteine zusammengebaut werden. Die Vorgänge sind im Prinzip mit Fließbandarbeiten vergleichbar, bei denen – vereinfacht gesagt – die Sequenzen der DNA-Molküle als Baupläne dienen, die mehrfach umkopiert und abgelesen werden. Am Ende des Fließbands kommen lange, kettenförmige Moleküle heraus, die Proteine. Den eigentlichen Zusammenbau erledigen Enzyme, die Polymerasen.

Diese hoch komplizierten Vorgänge sind natürlich störanfällig, und so kommt es bei der Proteinsynthese leicht zu Lesefehlern oder zum Einbau einer falschen oder zusätzlichen Aminosäure. Das Resultat kann (in seltenen Fällen) eine Mutation sein.

Milieubedingte Mutationen

Im Laufe seines Lebens sammelt der Mensch unzählige gute wie schlechte Erfahrungen, die in ihrer Summe und Qualität seine Biographie prägen: Man buddelt im Sandkasten, spielt Fußball, schleppt sich zur Penne, balgt sich mit dem Hund und versöhnt sich mit dem besten Freund, feiert Partys, bekommt Pickel und Liebeskummer, das erste Gehalt und Stress mit dem Chef, erlebt die Geburt des eigenen Kindes und beerdigt die Eltern. Dass die Umwelteinflüsse und -reize uns mal beflügeln und mal ausbremsen können, wissen nicht nur frisch Verliebte und Langzeitgestresste. Die Umwelt beeinflusst uns sowohl körperlich als auch seelisch, und ihre Informationen können über ein dynamisches Kommunikationsnetz auch in die Regulation der Gene eingreifen – wie dies genau geschieht, erfahren Sie weiter unten in diesem Kapitel.

Die Umwelt enthält darüber hinaus eine Reihe äußerer Faktoren und körperfremder Substanzen, die gezielt unsere Erbmasse angreifen und zusätzliche

Mutationen auslösen. Solche Faktoren werden als mutagen bezeichnet. Bekannt sind etwa radioaktive und UV-Strahlung, Asbest, mutagene Chemikalien wie Pyridin, Phenole und andere Toxine. Als Faktoren, die Mutationen auslösen können, gelten auch Stress, starker Nikotingenuss und alles, was die Zellteilung ankurbelt: Hormone, Entzündungen, Verletzungen und erhöhter Stoffwechsel. Beispiel für ein Lebewesen, das pathogene (krank machende) Eigenschaften besitzt, ist das Bakterium *Helicobacter pylori*, das nachweislich Magengeschwüre verursacht, die in Krebs übergehen können. Noch dramatischer ist der Einfluss von Virus-DNA auf unser Erbmaterial; am besten untersucht ist hier das AIDS auslösende HI-Virus, doch gibt es noch zahlreiche andere Viren, die Tumoren und Alterungsprozesse entstehen lassen können.

Individuelle Vorbeugemaßnahme gegen umweltbedingtes Altern

Bei den oben geschilderten Phänomenen handelt es sich um Schäden am Erbgut (Genom). Man sollte diesen genetischen Nachlass, den man von Vater und Mutter mitbekommen hat, so gut wie möglich pflegen, um im Vollbesitz seiner Gesundheit alt zu werden. Zu dieser sehr wichtigen Genpflege gehört beispielsweise eine gesunde Lebensweise, die durch ausgeglichene Ernährung, ausreichend Bewegung und Schlaf, Verzicht auf Rauchen und Vermeidung von Stress und Alkoholmissbrauch gekennzeichnet ist.

Dass eine Reihe von Umweltfaktoren die Menschen vorzeitig altern lässt, ist bekannt: So verursachen Toxine im Zigarettenrauch Krebs und Gewebealterung. Diese Wirkung beruht auf ihrer chemischen Struktur, die sie sich bevorzugt auf Membranen, Lipide, Proteine und DNA stürzen lässt. Infolgedessen passiert es beispielsweise, dass die oben erwähnten Polymerasen, die als »Fließbandarbeiter« für den Aufbau neuer Proteine zuständig sind, durch das Toxin in ihrer Funktion beinträchtigt, völlig lahmgelegt oder sogar irreversibel zerstört werden. Bei der Anlagerung an DNA und Telomere kann es zu so starken Schädigungen kommen, dass ein vorzeitiger Zelltod eintritt.

Aber auch für Fehl- und Mangelernährung zahlt man oft einen hohen Preis: Zu viel falsches Fett in der Nahrung (beispielsweise ein erhöhter Anteil gesättigter tierischer Fette, wie sie in vielen Fastfood-Gerichten enthalten sind) führt nach und nach zu Übergewicht, die im Blut transportierten Fette schädigen die Gefäße durch Ablagerung von Cholesterin (besonders LDL-Cholesterin); als Folgeschäden können sich Bluthochdruck und Altersdiabetes einstellen, und auch das Risiko für Schlaganfall und Herzinfarkt nimmt zu.

Neben der absoluten Menge entscheidet die Art der Fette darüber, ob sich Herz-Kreislauf-Krankheiten ausbilden beziehungsweise fortschreiten. Entscheidend ist die Balance zwischen gesättigten tierischen Fettsäuren (aus Fleisch, Milch, Käse, Eiern) und ungesättigten Fettsäuren, die aus Pflanzen (zum Beispiel Oliven, Leinsamen, Disteln) und Meeresfischen (Dorsch, Hering, Lachs) stammen. Von den ungesättigten Fettsäuren wird meist zu wenig aufgenommen. Insbesondere die Omega-3- und Omega-6-Fettsäuren – die gehäuft in Meeresfischen, in geringeren Mengen auch in Soja und Hülsenfrüchten vorkommen – braucht der Körper zur Synthese wichtiger hormonähnlicher Substanzen, die einen günstigen Einfluss auf Blutgerinnung, Blutfettwerte und hohen Blutdruck haben.

Die Forschung wurde auf diese Fettsäuren aufmerksam, als man entdeckte, dass bei den Inuit auf Grönland Herzinfarkt, Schlaganfall und andere Herz-Kreislauf-Erkrankungen so gut wie unbekannt sind. Die Menschen verzehren dort viel fetten Fisch mit einem hohen Gehalt an Omega-3-Fettsäuren. Wer also viel Seefisch isst (hier sind vor allem die oben genannten fetten Sorten gemeint), betreibt aktive Gesundheitspflege, weil sich der Körper mit den aufgenommenen Fettsäuren gegen einen hohen Blutfettspiegel schützt.

Alterungsprozesse werden aber auch durch andere exogen (von außen kommende) verursachte Mutationen ausgelöst. UV- und radioaktive Strahlungen (Röntgen) und chemisch reaktive Substanzen wie Ozon (O_3), freie Sauerstoff-Radikale oder Wasserstoffperoxid (H_2O_2) rufen vorzeitigen Verschleiß an Zellen und Zellbestandteilen hervor.

Treibende Kraft und Auslöser für die Schädigung von Zellmembranen, Rezeptoren, Enzymen und anderen Proteinen ist auch hier wieder die Reaktionsbereitschaft der Toxine: Freie Radikale und

Inuit beim Fischfang mit der Harpune

Ozon sind chemisch so gebaut, dass sie zielgerichtet solche Abschnitte einer Zellmembran ansteuern, die so genannte Doppelbindungen enthalten; Doppelbindungen sind aber sehr wichtig, um die Membran elastisch zu halten. Als Folge dieser Kollision wird die Membran unelastischer, starrer – sie beginnt zu altern. Ähnliche Wirkungen zeigen UV- und Röntgenstrahlen, die aber auch andere Bindungsformen innerhalb eines Proteins zerstören können.

Gene für vorzeitiges Altern, aber auch für Langlebigkeit

Der Löwenanteil der Ursachen des menschlichen Alterns besteht also, wie wir gesehen haben, nicht in der Erbmasse als solcher, sondern in den Schäden am Erbgut. Altern erfolgt demnach durch Mutationen.

Auch hier gibt es wieder Gendefekte, die bereits von den Eltern geerbt, und solche, die im Laufe des Lebens erworben werden. Die Übergänge sind oft fließend. Die Telomere etwa, die Lebensuhren der Zelle, werden mit zunehmender Zahl von Zellteilungen immer kürzer. Wenn sie nach bis zu 80 Zellteilungen verbraucht sind, geht die Zelle in die Apoptose. Soll man dies nun als erworbenen Schaden am Genom definieren, oder liegt es nur daran, dass das Enzym Telomerase, das unsere Telomere »repariert«, im Leben nach dem Fötalstadium fehlt? Wenn das Abschalten der Telomerase-Synthese genetisch vorprogrammiert wäre, müsste man diesen Prozess als Komponente eines genetischen Alterungsprogramms verstehen.

Neben diesen Genen beziehungsweise Genveränderungen, die offenbar auf eine Verkürzung des Lebens zielen, gibt es aber auch so genannte Methusalem-Gene, die eine Langlebigkeit bewirken. Erste Gene aus dieser Gruppe wurden bei Hefepilzen und der Taufliege *Drosophila* gefunden. Von ihren Eigenschaften her handelt es sich um Gene,

Kaviar, Telomerase und unsterbliche Zellen

Indem sie große Mengen Kaviar verzehrten, demonstrierten die Adligen im zaristischen Russland nicht nur ihren Reichtum, sondern taten unbewusst auch etwas für ihre Gesundheit. Denn die Eier des Störs – und das ist nun mal Kaviar – enthalten reichlich Telomerase, eben jenes Enzym, das die abgenutzten Chromosomen-Kappen wieder flickt. Dies ist der Grund, warum die so genannte Zarendiät die Bojaren jung und fit hielt.
Telomerase kann nicht nur die Abnutzung der Telomere bei jeder Zellteilung stoppen, sondern die Telomere auch wieder verlängern, sodass sich diese Zellen im Prinzip immer wieder teilen können. Gefunden wurde dieses Enzym nicht in nur in embryonalen Zellen (wo Teilung unbedingt erwünscht ist), sondern auch in Krebszellen.
Derzeit arbeiten Forscher daran, Telomerase gezielt als Anti-Aging-Substanz einzusetzen. Allerdings bleibt die Frage, ob der vermehrte Einsatz des »Flick-Enzyms« das Krebsrisiko erhöht, bisher unbeantwortet.

die einen Zellschutz bewirken und die Baupläne für Enzyme tragen, die wichtig für die intrazellulären Antioxidationsmechanismen sind, zum Beispiel das age-1-Gen bei *Drosophila*.

Eine besondere Rolle in diesen lebensverlängernden Prozessen spielen offenbar Rezeptoren, die sich auf der Oberfläche der Zellmembran befinden. Ein Rezeptor ist eine Andockstelle für Moleküle, zum Beispiel für ein Hormon. Rezeptoren sind so spezialisiert, dass sie nur diese Moleküle »anlegen« lassen, welche dann von ihnen ins Zellinnere eingeschleust werden. Eine Besonderheit dieser »Methusalem-Rezeptoren« ist die Häufigkeit, mit der sie Signale erhalten. Über eine rhythmisch erfolgende so genannte Pulsamplituden- und Frequenz-Codierung gelangen Botenstoffe, welche die Zellen gegenseitig informieren, über den Rezeptor in die Zelle hinein und beeinflussen die Genexpression.

Neben dem genetischen Code gibt es also auch eine Codierung der Informationen, welche die Gene als Bestandteile des Lebens reguliert, ihre Aktivität bestimmt und sie ein- oder abschaltet. Dieser so genannte dynamische Code ist eine hochentwickelte Informationslandschaft im Körper, lokalisiert im Gehirn und in den Organen. Unsere Biographie, das heißt unser mit den Sinnesorganen in unterschiedlichen Umwelten erfahrenes Leben, teilt sich unserem Erbgut über den dynamischen Code mit und beeinflusst es dadurch. Die ständig zu- und abnehmenden Konzentrationen von Botenstoffen in Blut, Gehirn, Muskelgewebe, ja in allen Zellen gewährleisten die Stabilität des Lebens, sie sorgen für Reparatur und Erneuerung – aber auch für das Altern. Auch der dynamische Code zeigt mit zunehmendem Altern Verschleißerscheinungen, er degeniert – und als Folge gelangen weniger Informationen an die Zellen, bis sie schließlich sterben.

Das Konzept vom dynamischen Code verdeutlicht die wechselseitige Regulation von wichtigen Abwehr- und Funktionssystemen und zeigt, wie man vielleicht in Zukunft auch beim Menschen Langlebigkeit von außen steuern kann. Führt man etwa einem Mann einen sexuell anregenden Film vor, so ändert sich die Pulsamplituden- und Frequenz-Modulierung in seinem Hormonsystem. Dieser Befund hat zunächst nichts mit dem Altern zu tun, demonstriert jedoch, wie einfache äußere Erfahrungen über die Rezeptoren in das Innere der menschlichen Zellen gelangen und dort wirken können. Warum sollte es uns langfristig nicht gelingen, auf ähnlichem Wege adäquate Informationen für gesundes Altern in jede Zelle unseres Körpers zu transportieren?

3

Biologie und Sexualität des Mannes

In all seinem Handeln wird der Mann stets von einem archaischen Gefühl bestimmt: der Angst vor der Frau, vor dem Fremdartigen in ihr und davor, ihr gegenüber sexuell zu versagen. Er unterdrückt sie, um sich von dieser Angst zu befreien. Er wird beherrscht von seinen männlichen Hormonen. Statt eines zweiten X-Chromosoms besitzt er nur ein unvollständiges Y-Chromosom.

Ein trauriges Bild?
Die Autoren sind überzeugt von einem zukünftigen kulturgeschichtlichen Wandel in der Biologie des Mannes, der ihn aus seiner Versagensangst gegenüber der Frau erlöst und ihn von dem Zwang, Gewalt auszuüben, befreit. Erektionsfördernde Mittel können – wenn auch nicht als Patentrezept – in Zukunft zu einer gesunden und glücklichen Sexualität beitragen.

Interview

Das folgende Interview führte Prof. Rolf-Dieter Hesch mit Prof. Bo Coolsaet, Mediziner und Urologe aus Amsterdam, der mit seinem »Penis-Buch« *Der Pinsel der Liebe* Furore gemacht hat.

Hesch: *Warum haben so viele Männer eine fundamentale Angst vor der Frau?*

Coolsaet: Dem Anschein nach ist der Mann nicht ängstlich. Er hat die Kunst beherrscht, die Frau aus der sozioökonomischen Machtpyramide herauszuhalten. Einerseits eignete er sich Macht an, andererseits nahm er die Funktion des Versorgers auf sich, im Tausch gegen Treue. Über das biologische Privileg der gebärenden Mutter fielen der Frau die Aufgabe und die Möglichkeit zu, ihre Dominanz in der kleinen Gruppe, der Familie, geltend zu machen. Das Ehesystem mit der ursprünglich ungleichen Verteilung der Werte wurde vom Mann kreiert und aufrechterhalten, um sein Machtmodell zu realisieren. Er bekam nahezu jede politische Macht, bis vor kurzem genossen ausschließlich Männer das Wahlrecht. Der Mann war der Befruchter mit grenzenloser sexueller Ausstrahlung, er eroberte und verteidigte sein Territorium – und er war der Vertreter Gottes. Die Frau war zu irdisch, zu verführerisch und daher des Teufels. Noch heute gestattet man ihr in der römisch-katholischen Kirche nicht, ein Priesteramt zu bekleiden.

Dieses wohlausgewogene Weltbild geriet jedoch durch den Emanzipationsprozess der Frau ins Wanken. Die Frau qualifizierte sich an Hochschulen und im Beruf und erzielte oftmals bessere Resultate als der Mann. Sie eroberte Positionen in der politischen Machtpyramide, sie übernahm leitende Funktionen in Firmen. Sie demonstrierte, dass sie den Machtkampf mit einem größeren Waffenpotenzial – nämlich mit ihrer Intelligenz, ihren sozialen Fähigkeiten und ihrer Schönheit – bestreiten konnte als viele Männer. Bis zu diesem Zeitpunkt hatte sie den meist kurzen, unzureichenden und triebhaften Sexualverkehr mit ihrem Mann klaglos über sich ergehen lassen. Man schenkte ihr weder Aufmerksamkeit noch gestattete man ihr die Zeit, den Sex selbst zu genießen – sie wurde gezwungenermaßen befruchtet. Ununterbrochen war sie schwanger und kam nieder, was ihre ganze Aufmerksamkeit und Energie erforderte. Je mehr Kinder da waren, desto stärker nahm auch die Abhängigkeit vom Mann zu.

Allerdings trieben wissenschaftliche Eitelkeit und wirtschaftliche Interessen die Männer dazu, eine empfängnisverhütende Pille für die Frau zu entwickeln. Die Wirkung dieser Schöpfung verlief jedoch völlig anders als erwartet. Die Frau wurde von jenem Zwang befreit, sich auf Befehl des Mannes hin fortzupflanzen, nun war sie endlich in der Lage, ihre sexuellen Fähigkeiten zu entdecken und auszuleben. Die Sexualität, die ihr nun Vergnügen bereitete, wurde zu einer ihrer größten Waffen. Die Frau entscheidet, ob sie schwanger werden will oder nicht. Sie allein bestimmt, ob sie ihr Kind in einer Ehe, einer lockeren Partnerschaft oder als Alleinstehende großziehen will. Derjenige, der ihr Ei befruchtet, erwirkt dadurch kein Recht auf ihre Treue. Darüber hinaus hat er die Mittel verloren, sie im Rahmen der Ehegemeinschaft abhängig im Haus zu isolieren. Er kann sie nicht mehr davon abhalten, in die Öffentlichkeit zu treten, um sich da zur Geltung zu bringen.

Niki de Saint-Phalle: Eine der »Trois Nanas« (drei Freiplastiken, 1974), Hohes Ufer, Hannover.

Fruchtbarkeit und Macht waren assoziiert mit dem erigierten Glied (Phallus) des Mannes, dem sichtbaren Zeichen seiner Potenz, als Symbol für seine sexuelle Überheblichkeit. Allerdings stellt sich jetzt – in dem Moment, wo die Frau den Mann in ihrem grenzenlosen Garten der Lüste verführen kann – heraus, dass er versagt. Der Mann kann ihren Wünschen nicht genügen und macht schlapp aus Angst zu versagen.

Das fundamentale Minderwertigkeitsgefühl des Mannes der Frau gegenüber entsteht aus seiner unterwürfigen, von Abhängigkeit gekennzeichneten Leidenschaft, die er als Kind in der Liebesbeziehung zu seiner Mutter erfuhr. Das Unvermögen, sich aus dieser Bindung zu lösen, ist eine wichtige Quelle unbewusster sexueller Hemmungen. Der Weg in die Unabhängigkeit vom Einfluss der Mutter verläuft bei Mann und Frau auf deutlich unterschiedliche Art.

Die Quelle der Mutter-Sohn-Bindung ist eine verschmelzende Liebesbeziehung. Er ist, wer er ist, durch sie; sie ist, wer sie ist, durch ihn. Das Ziel dieses Liebesmodells ist allerdings nicht die Fortsetzung, sondern die Auflösung. Die Mutter muss ihren Sohn loslassen und zurückkehren zu ihrem Mann, seinem Vater, seinem Rivalen, seinem autoritären Vorbild. Der Sohn muss sie loslassen und sich aus der Erfahrung der vollständigen Liebe wie auch der Befreiung von dieser aufmachen, um eine neue Liebesbeziehung zu finden. Er erfährt die Untreue seiner Mutter und registriert diese Erfahrung in seinem Gehirn, das sich in der vollen Entwicklung befindet. Zwar sehnt sich der Sohn nach einer absoluten Liebesbeziehung – die Angst vor jener Bindung jedoch, die Angst, zurück in die mütterliche Arme zu fallen, wird ihn ein Leben lang verfolgen. Darin besteht die fundamentale Angst des Mannes, sich an die Frau zu verlieren. Solange seine Mutter als Frau präsent ist, wird diese Angst ihn begleiten und sein Weltbild weiterhin prägen.

Die Beziehung des Sohnes zur Mutter wird seine späteren Frauenbeziehungen prägen.

Hesch: *Welches sind die häufigsten Gründe für eine Erektionsstörung bei älteren Männern?*

Coolsaet: Der Mann gestaltet seine Welt selbst. Wir erleben während des Heranwachsens und des Erwachsenseins unsere ganz persönlichen Geschichten, die unser Selbstverständnis prägen. Viele älter werdende Menschen entfernen sich von dem, was sie einmal waren. Eine neue Geschichte beginnt und erstreckt sich meist über eine Krisenphase in der Lebensmitte (um die Vierzig). Diese Übergangszeit ist eine Zeit für viele Fragen. Vor seinem inneren Auge lässt man alles Erreichte Revue passieren; manchmal fragt man sich auch, was es eigentlich genutzt hat, sich im Streben nach übermäßigem Wohlstand selbst zu verlieren. Klammheimlich und *peu à peu* haben sich diese Männer aus dem Liebesszenario zurückgezogen. Die Partnerin wurde zur Mutter, Sex in der Partnerschaft selten oder eintönig. Wer da keine neue Geschichte anfängt, belässt es bei der Suche nach Ersatzbefriedigungen – er flüchtet in lockere Beziehungen, in Luxus und Vergnügen, richtet sein Augenmerk auf die Enkel und schmiedet Zukunftspläne, die irgendwann realisiert werden sollen. Jedoch machen sich beim alternden Mann unwiderruflich Falten, sichtbare Spuren der Alterung, bemerkbar. In neuen Beziehungen wird sein sexuelles Leistungsvermögen von meist jüngeren Partnerinnen auf die Probe gestellt. Gut 52 Prozent dieser Männer haben Erektionsschwierigkeiten. Diese reichen von unvollständiger Rigidität bis hin zur völligen Unfähigkeit, den Penis zu erigieren. Die Impotenz ist für sie eine Quelle von Frustration und Versagensängsten. Manche verlieren ihre Partnerinnen und werden durch den Trauerprozess vorübergehend unbewusst gehemmt. Selbst nach dem Tod der geliebten Partnerin bedeutet die vermeintliche Untreue einen echten Hemmfaktor. Bis Ende des 20. Jahrhunderts hat man sich zu wenig um die Begleitung des älter werdenden Mannes gekümmert. Andererseits haben die Männer auch nicht darum gebeten, sondern trösteten sich mit der Illusion ihrer Allmacht und Unverletzbarkeit über diese Schwäche hinweg. Seitdem sich die Forschung dieser Angelegenheit angenommen hat, werden die Verfallsmechanismen deutlicher und Vorbeugemaßnahmen ermöglicht. Bei einem bedeutenden Prozentsatz ist eine hormonelle Insuffizienz nachweisbar. Neben den klassischen Symptomen dieses Leidens – wie Hitzewallungen, Veränderungen in Knochenbau, Muskulatur und Fettverteilung – kommt es auch zum Schwinden von Libido und Erektionsvermögen. In diesem Fall ist eine therapeutische Intervention mit Hormonen möglich.

Darüber hinaus machen sich auch Veränderungen der arteriellen Gefäßwände an den Schwellkörpern des Penis erst relativ spät bemerkbar. Die Strömungsgeschwindigkeit in den Arterien verringert sich; gelegentlich geht dies mit Bluthochdruck einher. Falsche Ernährung, Alkoholmissbrauch und Rauchen verringern die Chancen auf Heilung. Auch die Gewebeelastizität verschlechtert sich zusehends. Sie macht sich an Falten auf der Haut bemerkbar, gefährdet aber auch die Venen der Corpora cavernosa. Das venöse Klappensystem arbeitet immer schlechter, wodurch auch die Rigidität nachlässt. Diabetes stellt eine zusätzliche Bedrohung der Erektionsqualität dar, da durch »Alterszucker« sowohl Blutgefäße als auch Nerven in Mitleidenschaft gezogen werden. Doch im gleichen Umfang, in dem Leistungszwang und Erektionsqualität abnehmen, verwenden älter werdende Männer oft mehr Aufmerksamkeit auf Intimität und trauliches Zusammensein. Die Versagensängste werden geringer, und das Minderwertigkeitsgefühl verschwindet. Wo Männer unter Vierzig nur allzu oft in eine alles lähmende Ödipus-Beziehung zu ihrer Mutter zurückfallen oder dort verhaftet bleiben, sind älter werdende Männer endlich in der Lage, diese rückwärts gewandte Bindung zu überwinden. Befreit von Zwängen genießen sie wollüstig, was ihr Alter ihnen noch erlaubt.

Hesch: *Wie kann ein Mann mit gestörtem Verhältnis zu seiner Partnerin die Gründe in seiner persönlichen Biographie finden?*

Coolsaet: Während der Wachstumsphase des Gehirns entsteht das Bewusstsein. Die Erfahrungen in dieser Phase beeinflussen weiterhin über das Bewusstsein unser Fühlen und Handeln. Es kommt uns zwar unwahrscheinlich vor, dass der jeweilige Vater- bzw. Muttertypus, mit dem wir aufgewachsen sind, die Dynamik des Gehirns entscheidend beeinflussen könnte. In der Beziehung zur Partnerin kann man jedoch eine Vielzahl von Auswirkungen des Elternhauses beobachten. Jedes Kind beginnt sein Wachstum in einer Phase der fürsorglichen, warmen Zuneigung seitens der Mutter. Manche Männer bleiben in dieser Phase hängen und suchen sich Frauen aus, die diesem Bild entsprechen. Sexuelle Kontakte sind diesen Männern im Grunde genommen unwichtig – ihr Wunsch besteht darin, dass die Frau ihnen die Windeln wechselt. So können manche Männer erst dann zum Orgasmus kommen, wenn sie tatsächlich »Pampers« tragen.

Die Erfahrung der »Untreue« der Mutter, welche die erotische Sehnsucht des Sohnes nicht erfüllen kann, ist für Männer unter Umständen Anlass genug, sich gegenüber Frauen aggressiv zu verhalten. Sie benutzen Frauen als Objekte und erleben Lust mit sadistischen Spielchen. Das verschafft ihnen jedoch keine Selbstachtung, und einige gleiten in eine Depression ab. Manche Männer erleben ihre Abhängigkeit über masochistische Wünsche, machen sich sklavisch abhängig von der Frau (Domina) und den eigenen sexuellen Gelüsten. Die sexuellen Kontakte, die sie hier erfahren, haben nichts mehr mit Intimität zu tun, sondern sind Ausdruck anonymer Abhängigkeit. Diese Abhängigkeit kann genauso gut über andere Wege erfolgen – wie beispielsweise Alkohol, Zigaretten, Drogen oder Glücksspiel. Der quälende Loslösungsprozess bringt manche Männer dazu, Hassgefühle gegen sich selbst zu entwickeln, sie neigen zur Selbstverstümmelung, piercen oder tätowieren sich oder haben Essstörungen. Hier handelt es sich nicht um ausgeglichene, warmherzige Partner, vielmehr leben sie mal über kürzere oder längere Zeit mit jemandem zusammen, von Verbundenheit kann aber keine Rede sein. Stattdessen machen sich Einsamkeit und Langeweile breit, für die der Partnerin die Schuld in die Schuhe geschoben wird. Manchmal wird sie genötigt, Partnertausch zu betreiben, an Gruppensex teilzunehmen oder Swingerclubs zu besuchen. Hierbei handelt es sich insgesamt um Versuche, etwas zu finden, was nicht gefunden werden kann.

Den wichtigsten Einfluss auf die Biographie haben so genannte narzisstische Projektionen, die meist von einer narzisstischen, dominanten oder kühlen Mutter stammen. Narzissten benutzen ihre Partner, um das Bild des eigenen Wertes aufzupolieren. Zwar bewundern sie die Gaben ihres Partners, lieben ihn aber nicht. Ihr sexuelles Interesse beschränkt sich nie auf eine einzige Person; ihr sexuelles Verlangen ist diffus. Das sexuelle Gemeinschaftserlebnis ist für sie eine Quelle der Frustration. Sie sind habgierig, ängstlich und deswegen aggressiv.

Hesch: *Die moderne Gesellschaft und das Berufsleben lösen bei manchen Männern einen teilweise extremen Stress aus; diese Männer leiden im Anschluss oft an sexuellen Störungen. Wie kann der Mann diesem Stress entkommen?*

Es geht für den Mann darum, aus dem Zwang zu immer mehr Produktion und Konsum auszusteigen und die Kontrolle über Zeit und Freizeit zurückzugewinnen.

Coolsaet: Man hat den Eindruck, dass die Menschen früher genauso viel, wenn nicht sogar mehr arbeiteten als heute. Allerdings gibt es deutliche sozioökonomische Unterschiede. In dem politischen System einer Scheinfreiheit wird uns von den Wirtschaftskonzernen über die Werbung eine Kultur des maximalen Konsums aufgezwungen. Wir sollen so viel wie möglich so schnell wie möglich produzieren, verbrauchen und genießen. Der Zeitdruck ist außerordentlich hoch. Materieller Wohlstand kennt keine Grenzen, man will immer mehr haben. Dieses Szenario führt zwangsläufig zu Unzufriedenheit. Männer können aus dem lähmenden Stress befreit werden, indem sie lernen, Werte zu relativieren und verschiedene Belange reiflich gegeneinander abzuwägen. Männer sollten sich über ihre Zielvorstellungen klar werden, um sich vor Enttäuschung, Frustration und Unsicherheit zu schützen, andernfalls wird es in Zukunft immer gravierende Depressionen geben. Wir müsssen die Kontrolle über Zeit und Freizeit wieder zurückgewinnen. Freizeit bedeutet für manchen noch mehr Stress als die eigentliche Arbeit, und nicht vielen gelingt es, den Rhythmus selbst zu bestimmen. Durch gutes Zeitmanagement werden Männer in der Lage sein, einen anderen Umgang mit ihrer Arbeit, aber auch mit Partnerin, Kindern, Freunden und Bekannten zu pflegen.

Was den Mann ausmacht

Dass es männliche und weibliche Menschen gibt, beruht auf einer Laune der Natur, der »Idee«, auf diese Weise die Fortpflanzung und Weiterentwicklung von Lebewesen zu ermöglichen. Dabei arbeitet die Natur wie ein Meisterkoch, der bewährte Erfolgsrezepte je nach Jahreszeit und verfügbaren Zutaten abwandelt und neu ausprobiert. Das Prinzip, die Gene eines weiblichen und eines männlichen Organismus in neuer Kombination zusammenzusetzen, sodass neue Organismen mit besseren Überlebenschancen entstehen, hat sich als geniales Prinzip erwiesen.

Zwei Geschlechter, zwei Gestalten – Sexualdimorphismus

In der Natur können Männchen und Weibchen gleich aussehen oder aber sich äußerlich sehr auffällig unterscheiden – dann spricht man von einem so genannten Sexualdimorphismus. Ein Partner, meist das Männchen, ist von der Statur her größer und äußerlich anders gestaltet als seine Partnerin. Manchmal kann sich dieser Dualismus in der Natur auch fatal auswirken: Beispielsweise sind in der Familie der Hühnervögel, zu denen Fasan, Haushuhn und Pfau zählen, die Männchen (Hähne) oft farbenprächtig gefiedert. Ihr schillerndes Federkleid zieht aber nicht nur Hennen magisch an, sondern auch eine beachtliche Anzahl von Raubtieren. Anders ausgedrückt, nach erfolgreicher Begattung hat der Hahn seine biologische Schuldigkeit getan und muss sich unter Umständen für seine unscheinbar gefärbte Henne und die Nachkommenschaft aufopfern. Da er sich nicht um die Aufzucht der Küken kümmert, würde sein vorzeitiger Tod für deren Entwicklung nicht nachteilig sein.

Nur ein großer Vater ist ein guter Vater...

Der Sexualdimorphismus beim Menschen ist eine frühe Entwicklung innerhalb der Evolution. Als Beweis für diese These berufen sich Wissenschaftler auf die Funde versteinerter Skelette von Frühmenschen (Hominiden), die vor drei Millionen Jahren lebten und als direkte Vorfahren der heutigen Menschen gelten. Die Skelette der weiblichen waren nur etwa halb so groß wie die der männlichen Hominiden.

Die anatomischen Unterschiede zwischen Mann und Frau mögen ihnen unterschiedliche biologische Rollen zugewiesen haben, als Team wirkten beide bei der gemeinsamen Aufzucht der Kinder aber hervorragend zusammen.

Gut, dass so etwas nicht bei jeder Form von Sexualdimorphismus vorkommt, denn auch beim Menschen unterscheiden sich beide Geschlechter deutlich voneinander: Männer sind im Durchschnitt größer und schwerer als Frauen, sie haben mehr Muskelmasse, und auch Gehirn und innere Organe sind beim Mann geringfügig größer als bei der Frau.

Shareholder's Value – biologisch betrachtet

Da Männer unendlich viele Spermien produzieren können, haben sie rein biologisch betrachtet ein Interesse daran, möglichst viele Nachkommen in die Welt zu setzen, ohne sich darum zu kümmern. Bei der Frau, die vergleichsweise über nur wenige Eizellen verfügt, ist die biologische Investition schon allein aufgrund der neunmonatigen Schwangerschaft größer. Zum Ausgleich scheint ihnen die Natur jedoch ein längeres Leben als den Männern gegeben zu haben.

Der typisch menschliche Sexualdimorphismus ist von der Evolution aber so angelegt, dass Väter – im Gegensatz zum Gockel – stets an der Aufzucht und Erziehung des Nachwuchses beteiligt sind. Der Urtyp unserer sozialen Lebensform ist die so genannte Kernfamilie, die aus einem Mann und ein bis (meistens) zwei Frauen bestand. Die Evolution sorgte dafür, dass Männer größer und kräftiger als Frauen wurden, da sie auf diese Weise ihre Familie besser gegen Raubtiere und Konkurrenten schützen, aber auch größere Beutetiere leichter überwältigen und diese Beute dann besser nach Hause tragen konnten. Allerdings gibt es auch Verfechter der Theorie, dass Männer, sobald es zwei Frauen in dieser Kernfamilie gab, als Ernährer sozusagen ins zweite Glied gedrängt wurden, da die Frauen durch Sammeln von Früchten, Wurzeln, Pilzen und Eiern die Familie dauerhafter und regelmäßiger ernährten als der Mann mit seinen sporadischen Jagderfolgen. Primär wäre der Mann somit als Kindsvater und erst an zweiter Stelle als Ernährer gebraucht worden.

Sexualdimorphismus bei Partnerwahl und Nachkommensstrategie

Letztendlich bewirkte dieser körperliche Unterschied der Geschlechter bei den Frühmenschen, dass sich zwei verschiedene Verhaltensmuster in puncto Sexualverhalten und Partnerwahl entwickelten. Jede Liebesbeziehung und andere Formen der menschlichen Sexualität sind im Grunde nichts anderes als eine Art Dauerkompromiss zwischen Mann und Frau, wobei keiner Partei sämtliche Wünsche erfüllt werden, beide jedoch letztlich zufriedener sind, als wenn sie allein geblieben wären.

Biologisch entscheidend für die verschiedenen Verhaltensweisen von Mann und Frau, so die These des Evolutionsbiologen Robert Trivers, sei der krasse Unterschied zwischen Spermien und Eizellen. Zur Reifung einer weiblichen Eizelle, die viele Nährstoffe enthält, wird weitaus mehr Biomasse und Energie benötigt als zur Spermiogenese (Bildung der Spermien): Die Frau produziert während ihres gesamten Lebens nur etwa 400 reife Eizellen, bei einem Mann dagegen können in einem einzigen Ejakulat bis etwa 600 Millionen Spermien vorkommen.

Die Diskrepanz im biologischen Aufwand für den Nachwuchs setzt sich auch nach der Befruchtung fort. Kann eine Frau in ihrem ganzen Leben theoretisch maximal 20 Schwangerschaften austragen, so ist die Anzahl Kinder, die ein Mann zeugen könnte, nur durch die Zahl der von ihm geschwängerten Frauen beschränkt. Biologisch gesehen investiert eine Frau in ein einzelnes Kind viel mehr als ein Mann – wenn man neun Monate Schwangerschaft, dann Geburt und Stillzeit bedenkt und auch die damit zusammenhängenden Risiken. So waren bis vor nicht allzu langer Zeit Komplikationen bei der Geburt die häufigste Todesursache junger Frauen.

Aufgrund dieser biologischen Kosten-Nutzen-Rechnung entscheiden Männer und Frauen nicht zufällig, welche Merkmale sie an einem Partner attraktiv finden. Da für Männer – fortpflanzungsbiologisch gesehen – die Einehe mit einer fruchtbaren Partnerin am meisten Sinn macht, neigen sie unbewusst dazu, bevorzugt junge, gesunde Frauen auszuwählen. Die weiblichen Rundungen als Aushängeschild für Fruchtbarkeit: Zwar achtet ein Mann auch auf äußerliche Kennzeichen wie klare Augen, volle Lippen und eine makellose glatte Haut als Kriterien für Jugend und körperliche Gesundheit; entscheidend ist aber in erster Linie das Hüfte-Taille-Verhältnis (die Hüften etwa ein Drittel breiter als die Taille). Als visueller Maßstab hat sich diese charakteristische Verteilung der Fettpölsterchen seit Urzeiten nie verändert.

Ausgehend vom Fortpflanzungsziel einer Frau machen äußere Faktoren wie Jugend und Gesundheit den Mann ihrer Wahl nur unwesentlich attraktiver, denn er kann ja bis ins hohe Alter noch Kinder zeugen. Da ihre eigene Fortpflanzungsperiode jedoch begrenzt ist und sie nur eine Hand voll Kinder bekommen kann, wird sich eine Frau zu dem Partner hingezogen fühlen, der am besten geeignet scheint, den gemeinsamen Nachwuchs materiell abzusichern – ob nun mit Mammutfleisch, Geld oder sozialem Prestige. Bestimmte körperliche Merkmale spielen dabei aber durchaus eine Rolle: So erweckt ein schmalhüftiger, sportlicher Mann bei einer Frau die Ur-Assoziation, er sei ein guter Läufer und somit auch ein guter Jäger, der sie und ihren Nachwuchs ausreichend mit Fleisch versorgen kann.

Schmale Hüften statt Waschbrettbauch

Eifrige Besucher von Fitnessstudios werden jetzt wahrscheinlich eine herbe Enttäuschung erleben: Nicht muskelbepackte Arme und Waschbrettbauch machen Männer in den Augen einer Frau attraktiv, sondern schmale Hüften und ein knackiger Po – steinzeitliche Aushängeschilder mit dem Hinweis, dass ihr Besitzer einen guten Ernährer abgibt.

Bei der Partnerwahl bevorzugt die Frau also instinktiv nicht allzu junge, erfahrene und materiell abgesicherte Männer. Wichtig sind eine gewisse Reife, ein hoher Sozialstatus und eine starke berufliche Position.

Männliche Geschlechtsorgane und Hormone

Eine wichtige Rolle bei der Prägung des männlichen wie des weiblichen Paarungsverhaltens dürften Stoffe gespielt haben, die auch bei der Individualentwicklung eines Menschen von großer Bedeutung sind – die Hormone, speziell die Sexualhormone (Androgene und Östrogene). Am deutlichsten wird der Einfluss dieser Substanzen bei der Entwicklung des menschlichen Fötus. Wie bei allen Wirbeltieren sind auch beim Menschen die Harnwege und Geschlechtsorgane, der so genannte Urogenitaltrakt, aus ursprünglich paarigen Organen entstanden. Die Differenzierung in männliche und weibliche Wesen bewirkte, dass je nach Geschlecht verschiedene Organe (Genitalorgane) mit unterschiedlichen Funktionen entstanden: Bei der Frau Eierstöcke mit Eileitern, Gebärmutter und Scheide, beim Mann Hoden und Nebenhoden mit Samenleiter und Penis. Die Urzellen, aus denen die einzelnen Organe entstehen, befinden sich beim Embryo stets in derselben Zellregion. Die Klitoris der Frau stellt beispielsweise das »Zell-Pendant« des männlichen Penis dar. Mitunter werden auch Merkmale und Organe ausgebildet, die bei dem jeweils anderen Geschlecht keine biologische Funktion mehr haben: So sind die Brustwarzen beim Mann denen der Frau homolog, obwohl Männer natürlich keine Babys säugen können.

Die geschlechtsspezifische Reifung der eigentlichen Geschlechtsorgane (Gonaden) geschieht während der Embryonalentwicklung. Hierbei spielen Hormone eine wichtige Rolle. Da die ersten Zellteilungen und Entwicklungsphasen des Embryos durch die Struktur der mütterlichen Eizelle bestimmt werden und erst später die Erbfaktoren des väterlichen Spermiums zum Tragen kommen, muss sich der Embryo auf beide Möglichkeiten vorbereiten. Daher wachsen ihm parallel beide Geschlechtsorgane (Hoden und Ovar) mit den jeweiligen Ableitungswegen (Samen- bzw. Eileiter); später werden dann die nicht mehr benötigten Organteile zurückgebildet.

Während der Embryonalentwicklung reifen die primären und sekundären Geschlechtsmerkmale fast an letzter Stelle heran. Die unterschiedlichen Wachstumsgeschwindigkeiten sind verständlich, weil manche Organe schon im Embryonalzustand oder spätestens bei der Geburt funktionieren müssen, während die Geschlechtsreife erst viel später eintritt.

Der Penis – das »beste Stück«

Wie die männlichen Fortpflanzungsorgane im Detail aussehen, zeigt die Abbildung auf Seite 44. Der Penisschaft besteht aus zwei Schwellkörpern aus schwammigem Gewebe, welche die Harnröhre umgeben, sowie einem weiteren mittig verlaufenden Harnröhrenschwellkörper, der in der Eichel ausläuft. Der Schaft ist deshalb schwammig, weil die Schwellkörper im Inneren aus zahlreichen Hohlräumen bestehen. Diese sind mit Zellen aus glatter Muskulatur ausgekleidet. Bei der Erektion, die durch Reize über spezielle Nerven ausgelöst wird, entspannt sich die glatte Muskulatur. Die Hohlräume füllen sich mit Blut, das über zahlreiche Arterien rasch hereinströmt. Gleichzeitig wird ein Abfluss verhindert, indem die Schwellkörper die abführenden Venen abdrücken. Der Penis richtet sich auf und schwillt an. Die Schwellkörper sind von einer festen elastischen Haut umgeben, die sie in Form hält.

Entwicklung der Gonaden

Die inneren Geschlechtsorgane entstehen in der Leibeshöhle des Fötus aus paarigen, längs verlaufenden Leisten, die sich dann in kurze, kompakte Organe, die späteren Gonaden, umwandeln. Diese Genitalleisten überzieht bzw. durchdringt ein Deck- und Stützgewebe, das Keimepithel, in dem so genannte Zwischenzellen entstehen. In den Zwischenzellen wird das »Männerhormon« Testosteron gebildet, das – wie wir sehen werden – eine Schlüsselrolle in fast allen Lebenslagen des Mannes spielt.

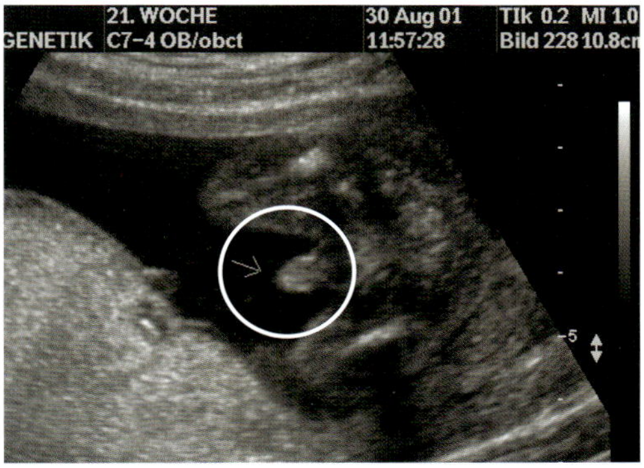

Ultraschallbild eines männlichen Fötus: Die Penisanlage ist bereits deutlich zu sehen.

Die Eichel wird von der Vorhaut geschützt (sofern diese nicht durch Beschneidung entfernt wurde), die bei der Erektion über ein Bändchen (Ligament) zurückgezogen wird. Bei manchen Männern ist die Vorhaut krankhaft verengt, sodass eine Erektion nur sehr schmerzhaft oder gar nicht möglich ist. Bei einer solchen Phimose (Vorhautverengung) sollten die Eltern eventuell schon im Knabenalter des Sohnes das Problem durch einen kleinen operativen Eingriff (Beschneidung) beheben lassen. Auf der Innenseite der Vorhaut sondert eine Anzahl von Drüsen Sekrete ab, welche die Eichel schlüpfrig halten. Bei Phimose, aber auch bei Männern, die sich im Genitalbereich selten waschen, kann sich hier ein käsiger Belag absetzen, das so genannte Smegma.

In den eiförmigen Hoden findet die eigentliche Bildung der Spermien statt, die in den Nebenhoden auf der Rückseite der Hoden quasi nachreifen. Die reifen Spermien werden über die Samenleiter zur Prostata geführt, die im Inneren des Beckenbereichs liegt. Dort münden die Samenleiter in die Harnröhre, wo sich zu den Spermien Sekrete aus Prostata und Samenbläschen gesellen, die einen Großteil der Ejakulatsflüssigkeit ausmachen und die Spermien mit Energie versorgen. (Im Ejakulat verbleibt letztendlich nur ein Anteil an Spermien von drei bis fünf Prozent.) Die Harnröhre wird unmittelbar vor der Ejakulation durch Sekrete der so genannten Cowperschen Drüsen durchgespült und sozusagen rutschbereit gemacht. Hoden und Nebenhoden liegen im Hodensack, auch als Scrotum bezeichnet. Spermien werden übrigens nicht in Sekunden gebildet, sondern brauchen von der ersten Teilung einer Ursamenzelle bis zur Befruchtungsreife etwa zwei bis zweieinhalb Monate. Pro Sekunde entstehen im männlichen Körper etwa 1000 neue Spermien, also ca. 100 Millionen am Tag. In einem Männerleben reifen durchschnittlich 380 bis 600 Milliarden Spermien heran.

In einem Ejakulat werden etwa 600 Millionen Spermien ausgestoßen, minimal muss es 20 Millionen enthalten, damit eine Befruchtung stattfinden kann. Von dieser gewaltigen Zahl kann nur ein einziges mit der Eizelle verschmelzen, der Rest geht zugrunde. Die Lebensdauer der kleinen Racker hängt von ihrem Aufenthaltsort ab: Im Nebenhoden beträgt sie etwa einen Monat, in der Scheide vier Stunden und im Gebärmutterhals (Cervix) bis knapp eine Woche.

Physiologie der männlichen Sexualität

Der Penis ist für seine Aufgabe, die innere Befruchtung und somit die Fortpflanzung zu garantieren, sehr gut gerüs-

Die Prostata liegt direkt unter der Harnblase. Sie gehört mit den Hoden, Nebenhoden, Samenleitern und Samenbläschen zu den männlichen Geschlechtsorganen.

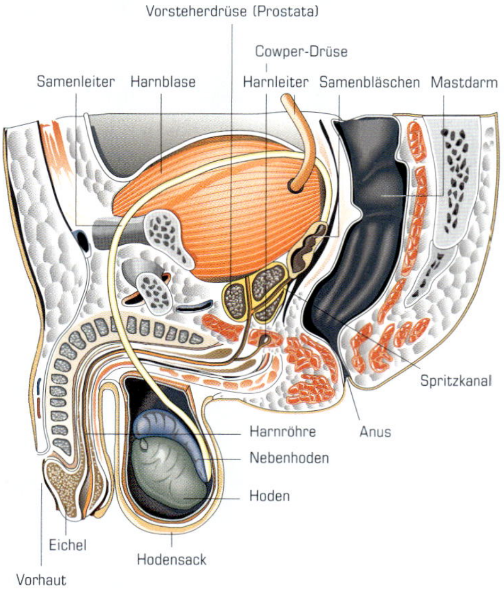

tet – mit einem kleinen Makel. Im Gegensatz zu den meisten Säugetieren hat der Mann keinen Penisknochen. Dieses so genannte Baculum verleiht dem Penis die erforderliche Härte, um in Sekundenschnelle in die Vagina der Partnerin eindringen und den Samen ejakulieren zu können. Bei den Menschen sind derlei Blitzaktionen nicht vorgesehen; dafür hat die Evolution unsere Sexualität dahingehend moduliert, dass der Sex sowohl Mann wie Frau Spaß machen kann. Durch den Lustfaktor wurde die Sexualität von der reinen Fortpflanzung entkoppelt – ein Merkmal, dass wir übrigens auch bei den nahe verwandten Primaten finden (siehe Abschnitt »Ein Blick zu den Verwandten«, Seite 61f.). Die Sexualität des Mannes besteht also daraus, seine Lust (Libido) allein oder im sexuellen Kontakt mit einem Partner zu erleben und bis zur Befriedigung auszuleben. Potenz ist die Kraft der Lust zur Ausübung der Sexualität, die sich in der Erektion des Penis als körperlicher Erregung äußert. Erektile Dysfunktion, im Volksmund als Potenzstörung bezeichnet, ergibt sich aus einer komplexen Störung der Libido und jener Regulation, die neurovaskulär (das heißt über Nerven und Blutgefäße) die Blutfülle (Tumeszenz) und Gliedsteife (Rigidität) des Penis kontrolliert. Von erektiler Dysfunktion kann man jedoch erst sprechen, wenn die Beschwerden über längere Zeit anhalten.

Nach heutigem medizinischen Kenntnisstand wird die Sexualität des Mannes durch drei wesentliche Elemente gesteuert:

1. In erster Linie ist eine androgengesteuerte neuronale Vernetzung des

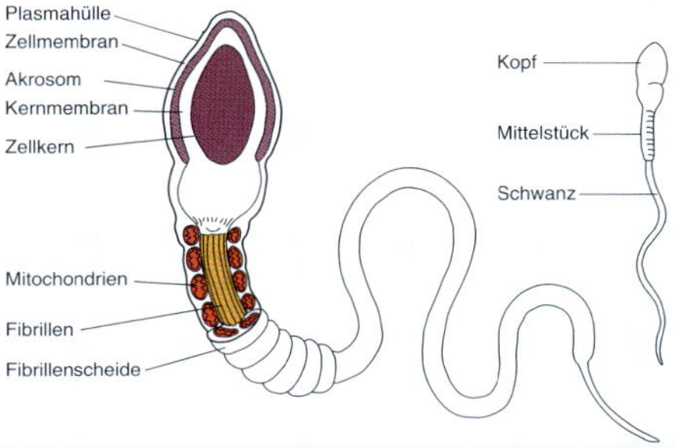

Steckbrief – Das Spermium

Wie ein Spermium gebaut ist, zeigt die untere Abbildung. Die insgesamt etwa 50 bis 60 Mikrometer (= 0,05–0,06 Millimeter) langen Spermien bestehen aus einem tränenförmigen Kopf, einem zylindrischen Mittelstück und einem geißelförmigen Schwanz. Der Kopf besitzt in seinem Zellkern einen einfachen, also 23 Chromosomen enthaltenden Chromosomensatz. Da das 23. Chromosom entweder ein X- oder ein Y-Chromosom ist, ist die eine Hälfte der Spermien weiblich, die andere männlich. Den Zellkern umhüllt das sackförmige Akrosom; die darin enthaltenen Enzyme werden benötigt, um die Hülle der Eizelle aufzulösen und die Verschmelzung von Ei und Spermium zu ermöglichen. An den Spermienkopf schließt sich der Hals an, in dem sich zahlreiche Mitochondrien befinden – jene »Motoren«, die die Energie zur Fortbewegung liefern. Diese erfolgt durch peitschenförmige Bewegungen des Schwanzes. Dabei legt er 3 bis 4 Millimeter pro Minute zurück – was angesichts der zähen Samenflüssigkeit, die eine Konsistenz wie Honig hat, eine recht beachtliche Leistung darstellt.

Männergehirns dafür verantwortlich, dass männliche Lust erlebt werden kann. Diese Hormonsteuerung verläuft anders als im weiblichen (von Östrogenen) geprägten Gehirn. Der entscheidende Faktor ist Testosteron, das Hodenhormon.

2. Im androgengeprägten Gehirn kommt es bei sexueller Reizung zu einer Erregung typischer Zentren. Diese neuronale Erregung des Gehirns programmiert eine Reihe vegetativer, hormonaler und vaskulärer Vorgänge, die darauf abzielen, Emotion und körperliche Funktionen in Richtung eines sexuellen Erregungsablaufs zu koordinieren.

3. Ein wesentlicher Bestandteil des sexuellen Erregungsablaufs ist die Erektion. Bei sexueller Erregung läuft eine Kaskade aus komplexen körperlichen Vorgängen ab. Sie ist ein wünschenswerter Zustand, um einen Geschlechtsakt abzuschließen, für lustvoll empfundene Sexualität jedoch nicht zwingend notwendig – also von ihrer sexuellen Bedeutung eher zweitrangig. Für den Mann, insbesondere für Männer aus dem westlichen Kulturkreis, wurde die Erektion zunehmend zu einer zwingend erforderlichen *Conditio sine qua non*, ein absolutes Muss, ohne die er bildlich wie ein Waschlappen dasteht. Von ihrer kulturhistorischen und kulturellen Bedeutung steht die Erektion somit auf Rang 1.

Die Erektion – Messlatte für die Männlichkeit?

Medizinisch betrachtet verläuft jede sexuelle Reaktion beim Mann in vier Phasen, die jedoch fließend ineinander übergehen. In der Erregungsphase kommt es als sichtbares Zeichen zur Erektion, die Muskeln spannen sich an, Herzschlag und Blutdruck steigen, und an manchen Stellen rötet sich die Haut; diese Phase kann ohne körperliche Stimulation, also allein schon durch erotische Gedanken eintreten; die folgenden Phasen werden aber nur durch körperliche Reize (Berührung erogener Zonen, Küsse) erreicht. In der zweiten so genannten Plateauphase stabilisiert sich die Erregung auf einem stabilen, hohen Level, Atemfrequenz, Blutdruck und Muskelspannung nehmen weiter zu, und in den Geschlechtsorganen wird die bevorstehende nächste Phase vorbereitet. Die Cowperschen Drüsen geben ihr Sekret ab, um den Spermien den Weg durch die Harnröhre zu glätten. Die dritte Phase, der Orgasmus, stellt den eigentlichen sexuellen Höhepunkt dar; obwohl er nur wenige Sekunden dauert, gilt er als das angenehmste und intensivste Gefühl, das vom gesamten Körper empfunden werden kann. Dabei erfolgt die Ejakulation, das rhythmische Ausstoßen des Spermas durch die Harnröhre. Alle Muskeln sind stark angespannt, Blutdruck, Puls und Atmung beschleunigen noch mehr, und mitunter nimmt man seine Umwelt für einen kurzen Moment nicht wahr – weswegen der Orgasmus manchmal als »kleiner Tod« bezeichnet wird. Fast sofort nach dem Orgasmus werden alle Systeme des Körpers wieder heruntergefahren. Eine erneute Erektion ist infolge der abgeschalteten Nervenerregung erst nach einer Erholungspause möglich. Diese so genannte Refraktärphase dauert bei jedem Mann unterschiedlich lang – von einer halben Stunde bis zu mehreren Stunden.

Neurobiologisch betrachtet verläuft die Steuerung der Erektion in Gehirnregionen, in denen Vorgänge programmiert werden, die nicht dem Willen unterliegen. Infolge dessen entzieht sich auch die Erektion weitgehend den Wünschen und dem rationellen Denken des Mannes, was – wie wir noch sehen werden – ein sehr entscheidender Punkt ist. Allerdings haben auch biographische Komponenten (beispielsweise Lebensstil, Gesundheit, Entwicklungsstand der Persönlichkeit) und psychologische Faktoren (Gefühlsleben, Einstellung zum Partner, Ambiente) Einfluss auf die Erektion.

Die Geschichte des Mannes ist eine Geschichte der Versagensangst. Da seine Erektion nicht bewusst gesteuert werden kann, sondern von der sexuellen Erregung abhängt, müssen sich sinnliche Eindrücke (Lust und Liebe) und körperliche Bereitschaft (Physiologie des Penis) addieren, damit die Erektion zustande kommt und (im wahrsten Sinne des Wortes) aufrechterhalten werden kann. Der Vorgang der Erektion ist ein wesentliches, wenn nicht das Sinn stiftende Identifikationsmoment im Leben eines jeden Mannes. Das Erlebnis, hierbei zu versagen, dürfte demnach als tiefstes männliches Trauma überhaupt gelten. Darüber hinaus liegt in dieser Versagensangst letztlich die Ursache für die Entstehung aggressiver männlicher Verhaltensweisen, wie der folgende kulturhistorische Abriss der männlichen Sexualität zeigt.

Kulturgeschichte der männlichen Sexualität

Die entscheidenden Weichenstellungen in der Geistes- und Kulturgeschichte der westlichen Gesellschaft erfolgten vordergründig fast ausschließlich unter dem Einfluss von Männern. Ganz gleich, ob es sich um Persönlichkeiten der Antike, des Mittelalters oder der Neuzeit handelt – stets waren es Männer, die die Geschichte wesentlich prägten. Ein paar bekannte Beispiele sind Sokrates, Platon, Aristoteles, Paulus, Augustinus, Thomas von Aquin, Luther, Kopernikus, Galilei, Bacon, Descartes, Newton, Locke, Hume, Kant, Darwin, Marx, Nietzsche und Freud.

Der Apostel Paulus

Unterschwellig wird der Mann in all seinem Handeln von einer Grundtendenz bestimmt, nämlich der fundamentalen Angst vor der Frau. Wie schon aus den frühen Mythen der Neusteinzeit hervorgeht, waren die Frauen Symbole der Fruchtbarkeit (»Mutter Erde«), des Okkulten, Geheimnisvollen. Schließlich musste es einem Mann unheimlich werden, wenn seine Frau einmal im Monat plötzlich zu bluten begann, ohne dass sie verletzt war. Dann wurde sie plötzlich dicker und runder, um nach etwa neun Monaten unter höllischen Schmerzen ein kleines schreiendes Wesen auszustoßen. Der Urmann empfand sich gegenüber der Frau als minderwertig, da er das alles nicht konnte. Deshalb glaubte er sie um jeden Preis, notfalls mit Gewalt und Unterdrückung, beherrschen zu müssen.

Im Wesentlichen basiert die heutige westliche Sexualmoral auf dem religiösen Moralkodex der Israeliten. Die frühen jüdischen Schriftgelehrten unterschieden einerseits zwischen der überlieferten reinen Lehre, die in der Thora festgehalten wird, und andererseits den im Talmud fixierten Interpretationen der Thora und den gesetzlichen Verhaltensregeln, die man daraus für den Alltag ableitet. Der Talmud wurde stets von Zeitströmungen und Modeerscheinungen beeinflusst.
Ähnlich verhält es sich in der christlichen, insbesondere in der katholischen Kirche: Das Wort Gottes steht in der Bibel; Richtlinien und Verhaltensmaßregeln, die für Glauben und Lebensweise der Gemeindemitglieder verbindlich sind, finden sich im so genannten Kanon.

Talmud wie später auch Kanon waren die Plattformen, auf denen ängstliche, sexuell gestörte Männer das Bild der Frau modulierten und verformten. Aus der theologisch verbrämten Urangst des Mannes kristallisierte sich das Bild einer sündigen Eva, die letztlich für das ganze Elend der Menschheit verantwortlich ist. Auf einen einfachen Nenner gebracht wurden die Frau und ihre Sexualität – abgeleitet vom biblischen Sündenfall – als von Natur aus schlecht und sündig dargestellt, und ihr Pakt mit dem Bösen – zum Schaden der Männer – galt als gesichert.

Lust- und Sexualfeindlichkeit wie auch Sexualpessimismus hatten die frühen Kirchenväter von einigen griechischen, römischen und jüdischen Philosophen der Antike übernommen. Ihr Grundgedanke war, dass Ehelosigkeit und damit verbundene sexuelle Enthaltsamkeit moralisch höher zu bewerten sind als die Ehe selbst – eine der Überlegungen, auf denen der Zölibat beruht.

Sexualität und Ehe waren eins, außerehelicher Geschlechtsverkehr wurde kirchlicherseits verboten. Stark beeinflusst wurde dieses Bild einer Sexualität, die nur zum Zwecke der Fortpflanzung erlaubt ist, durch den Apostel Paulus. Einen ebenfalls starken Einfluss auf die Tabuisierung von Frauen und Sex übten der Kirchenvater Augustinus und der Scholastiker Thomas von Aquin aus. Der Legende nach widerstand der 430 verstorbene Augustinus, der in jungen Jahren selbst ein Lebemann und Weiberheld gewesen war, nach seiner Bekehrung erfolgreich dem Teufel, der ihm in Gestalt einer Frau erschien. Infolge dieser Vision formulierte Augustinus seine philosophischen und theologischen Argumente für den so genannten Dämonenpakt (Frau und Teufel sind eins), der in späteren Jahrhunderten zum kriminellen Tatbestand des *Maleficium* (Übeltat, Verbrechen) definiert wurde und so zu Hexenwahn und Teufelshysterie führen sollte.

Der Scholastiker Thomas von Aquin († 1274) vermachte der Nachwelt das Bild vom Sukkubus, einem weiblichen Dämon, der seine Opfer im Schlaf sexuell heimsucht. Solche pseudowissenschaftlichen Theorien ließen das frauenfeindliche Bild des lüsternen Weibes, das von Natur aus zur geschlechtlichen Verbindung mit dem Teufel neigt, wiederaufleben. Schließlich hatten nach-augustinische Theologen für lange Zeit (400 bis 1230) die Realität der Hexerei widerlegt und den Hexenglauben als Teufelswerk ad acta gelegt. Erst als im 13. Jahrhundert die Autorität der Kirche durch Sektierer bedroht wurde, nutzte man die Thesen des Thomas von Aquin, um Hexen und Ketzer in einen Topf zu werfen und zu vernichten. Oft ging es bei dieser Verquickung von Männerphantasien aus sexueller Frustration und Mystizismen nur um die knallharte Durchsetzung von Machtinteressen.

Die Zeit der Hexenprozesse, die 1232 mit Übertragung der Inquisitionsgewalt an die Dominikaner begannen und rund 500 Jahre lang immer wieder geführt wurden, fand ihren Höhepunkt in dem 1487 in Straßburg gedruckten »Hexenhammer«, einem Gesetzeskodex zur Legalisierung von Folter und grausamer Hinrichtung einer Vielzahl von Menschen.

Interessanterweise erfolgte parallel zur Verdammung der Frau schlechthin die

Die eine Seite des Frauenbildes der Kirche zeigt die idealisierte Jungfau Maria, die andere die sündige Eva, Sinnbild für die Frau, wie sie von Natur aus ist.

Glorifizierung und Mystifizierung der Jungfrau Maria. Eine Frau, die den Erlöser zur Welt gebracht hatte, konnte nach Meinung von Kirchenvätern, Päpsten, Geistlichen und Theologen keine Erbschuld tragen und musste folglich rehabilitiert werden. Die Vorstellung einer idealen, unbefleckt empfangenden, quasi asexuellen Mutter in der Person der Jungfrau Maria war notwendig, um die Angst vor der Frau loszuwerden. Eine solche Frau konnten dann auch die Kleriker angstlos verehren; die normale Sexualität wurde tabuisiert und der Moralkontrolle unterworfen.

Auffallend ist, dass Marienbilder und -skulpturen im Spätmittelalter zunehmend attraktiver und verführerischer wurden. Kein Wunder, dass sie bei vielen jungen Geistlichen, aber auch bei bedeutenden Kirchenmännern »heilige« Visionen hervorriefen, deren sexueller Unterton aber nicht zu übersehen ist. Offenbar war bei manchen Kirchenoberen doch noch ein Funke normaler männlicher Sexualität vorhanden, den sie unter dem Deckmäntelchen des Mystizismus schamlos auslebten. Allerdings hatten viele Geistliche offenbar Angst vor ihrer eigenen, angeborenen Sexualität, die ihnen schwer zu schaffen machte. Ständig mussten sie gegen sexuelle Regungen ankämpfen; manche versuchten sie durch Geißelungen zu unterdrücken, andere badeten in kalten Bächen. Denn auch Masturbation und unfreiwilliger Samenerguss wurden bestraft. Eine besonders drastische Schutzmaßnahme war die Selbstkastration, mit der sich Kirchenmänner wie beispielsweise Origines, ein früher Geistesgelehrter († 254), für immer von diesen Versuchungen zu erlösen suchte. Andererseits hatten tatsächlich entmannte Geistliche, wie auch etwa Abaelard († 1142), große Bedenken, ob sie als Eunuchen überhaupt von Gott akzeptiert würden.

Bei der männlichen Frauenphobie handelt es sich nach der Auffassung des Philosophen Richard Tarnas um etwas Archaisches, das schon vor den großen Religionen bestand. Der Mann, so Tarnas, sucht durch Deduktion und logisches Handeln immer nach Freiheit und Fortschritt für sich selbst. Dabei ist er darauf bedacht, sich von seinem schützenden Ursprung – sprich dem Mutterleib, der Frau, dem Unbewussten – gezielt abzugrenzen und ihn unter Kontrolle zu halten. Um dies zu erreichen, musste der männliche Geist offenbar den weiblichen unterdrücken. Stets beruhte die Herausbildung des Geistes in der westlichen Welt auf der Verdrängung des Weiblichen, des Bewusstseins von Einheit und des mystischen Einklangs mit der Natur. Mit fortschreitender Entwicklung negiert der Mann alles Gegenpolige, das er nicht rationell erfassen und begreifen kann – alles Unterbewusste und Vieldeutige, aber auch Begrifflichkeiten wie Phantasie, Gefühl, Instinkt, Körper und Natur – und insbesondere die Frau.

Allerdings weckt die Trennung von Männlichem und Weiblichem zwangsläufig die Sehnsucht nach dem Verlorenen. Der postmoderne Mann befindet sich in einer dramatischen Krise, denn er muss erkennen, dass er sich mit seiner einschränkenden Rationalität völlig vom Rest der Welt und des Lebens abgeschottet hat. Diese Krise des modernen Mannes gerät aber zunehmend in eine Umbruchphase, in der sich das lange dominierende Männliche und das lange unterdrückte Weibliche wieder miteinander aussöhnen.

Der Einfluss von Testosteron auf das Wachstum des männlichen Körpers

Als rational denkende Menschen wissen wir um die Macht, welche die Androgene, die männlichen Hormone, auf den Körper des Mannes ausüben. Testosteron ist jenes androgene Hormon, das den Mann zum Manne macht. Alle Hormone im männlichen Körper kommen auch bei der Frau vor, Testosteron allerdings in einer weitaus niedrigeren Konzentration als beim Mann. Der männliche Körper synthetisiert auch das »weibliche« Östrogen, und zwar immerhin in einer halb so hohen Konzentration wie

Auch wenn die Größe ihres Penis bei vielen Männern entscheidend für ihr Selbstwertgefühl ist, dürfte die relative »Winzigkeit« des Gliedes, wie hier beim David von Michelangelo, durch eine insgesamt sehr attraktive athletische Statur des übrigen Körpers mehr als wettgemacht werden.

bei der Frau. Östrogen hat im männlichen Organismus eine ähnliche Schutzfunktion wie bei der Frau; es schützt beispielsweise vor Krankheiten wie Osteoporose und Morbus Alzheimer.

Die Unterschiede sind also rein quantitativ – eine entscheidende biologische Tatsache. Letztendlich entscheidet die Menge des im Blut zirkulierenden und in den Zellen wirksamen Testosterons darüber, wie stark typisch männliche Merkmale bei einem Mann ausgeprägt werden. So hängt beispielsweise die Penisgröße eines erwachsenen Mannes direkt von der Testosteronmenge ab, die während seiner Pubertät wirksam war. Später wird die Größe des männlichen Gliedes nicht mehr durch Testosteron beeinflusst. Jungen, die unter viel Stress leiden und deren Pubertät verzögert eintritt, haben zeitlebens einen relativ kleinen Penis. Wenn man allerdings Jungen mit verzögerter Pubertät rechtzeitig mit Testosteron behandelt, beobachtet man bei ihnen ein deutliches Peniswachstum. Das vergrößerte Glied behielt auch später seine Größe bei, wenn es ausreichend gefordert wird, also häufig erigiert.

Wie bereits erwähnt, hat Testosteron beim erwachsenen Mann keinerlei Einfluss auf die Penisgröße – sämtliche obskuren Angebote, zu klein geratene Glieder mit diesem Hormon »aufzupäppeln«, lassen einzig und allein das Konto des Inserenten anschwellen. Zufriedenstellend lässt sich eine Penisvergrößerung übrigens auch auf mechanische oder chirurgische Weise nicht erreichen. Die Erektionsfähigkeit des Penis hängt im übrigen nicht von seiner Größe ab, und diese ist schon gar nicht entscheidend für die sexuelle Befriedigung einer Frau.

Hilfreich sind ein paar Tricks: Der Penis lässt sich optisch vergrößern, indem man seine Umgebung ein wenig verändert. Wenn man die Schamhaare oberhalb des Penisansatzes auf etwa 50 Millimeter bis einen Zentimeter stutzt und den Hodensack rasiert, so wirkt der »befreite« Penis deutlich größer – außerdem ist diese Intimrasur auch der Hygiene förderlich.

Während der Pubertät wächst zugleich mit den Hoden auch die Muskulatur, und die typisch männliche Behaarung des Körpers bildet sich aus. Testosteron kontrolliert lebenslang die Muskel- und Fettmasse, hauptsächlich über einen direkten Einfluss auf die Proteinsynthese und eine erhöhte Speicherung von energiereichem ATP und Glycogen, das in der vergrößerten Muskelmasse – quasi natürlichen, aus Protein bestehenden Energiespeichern – »gestapelt« wird. Unter Testosteroneinfluss kommt es zu einer so genannten Hypertrophie, einer Vergrößerung der einzelnen Zelle. Eine

Zellvermehrung findet in den Muskeln nicht statt. Die Anzahl der Muskelzellen ist genetisch geregelt, etwa durch das Myostatin-Gen – Testosteron ist an diesem Steuerungsprozess in keiner Weise beteiligt.

Bei Leistungssportlern herrschen manchmal übertriebene Vorstellungen von der Testosteronwirkung am Muskel. Bei älteren Männern mit niedrigem Testosteronspiegel kann eine Substitution mit diesem Hormon aber sehr wohl zu einem signifikanten Zuwachs an Muskelmasse und -kraft führen, da bei ihnen die gealterten Muskelzellen wieder mit Proteinen und Energie aufgetankt werden. Eine vergleichbare Wirkung wie am Muskel zeigt Testosteron auch an den Knochen älterer Männer. Testosteron steigert die Aktivität der knochenaufbauenden Zellen, der Osteoblasten, und hemmt die Wirkung der knochenabbauenden Zellen, der Osteoklasten. Demnach haben wir als Nettogewinn einen Knochenaufbau zu verzeichnen.

Testosteron wirkt nicht als Einzelsubstanz, sondern wird in bestimmten Geweben durch Enzyme in andere Hormone umgewandelt. Das wichtigste »Bruderhormon« ist das Dihydrotestosteron (DHT), das seine Wirkung vorwiegend in den Zielorganen Haut, Haar und Prostata entfaltet. Die typisch männliche Behaarung entsteht unter DHT-Einfluss; dieses wird durch das Enzym 5-alpha-Reduktase direkt vor Ort – also in der Haut – gebildet. Die 5-alpha-Reduktase ist vor allem jungen Männern mit Haarausfall gut bekannt, deren Problem man mit Propecia® (Handelsname des chemischen Wirkstoffs Finasterid) zu bekämpfen versucht. Da Propecia die Wirkung des Enzyms hemmt, gelang es ganz gut, den Haarausfall zu bremsen. Je nach genetischer Ausstattung mit 5-alpha-Reduktase wird der testosteronabhängige Haarwuchs gesteuert. Während der Pubertät nimmt die Körperbehaarung rasch zu, sie beginnt zunächst in der Schamregion und endet mit dem Bartwuchs im Gesicht.

Entscheidend ist, dass die 5-alpha-Reduktase in jedem Mann – abhängig von dessen Erbgut – eine unterschiedliche Aktivität entfaltet. Dies ist für den Haarausfall bei normalem Testosterongehalt verantwortlich. Eine hohe Aktivität bewirkt den typischen androgenetischen Haarausfall – Geheimratsecken und Glatzenbildung auf dem Hinterhaupt. Die vermehrte DHT-Bildung in der Kopfhaut lässt aber Männer nicht nur in typischer Weise kahl werden, sondern bedeutet auch ein erhöhtes Risiko für Verkalkung der Herzkranzgefäße, Herzinfarkt und Prostatakrebs.

Einen weiteren bedeutenden Einfluss übt Testosteron auf die Blutgefäße aus.

Das Hormon Testosteron ist mitverantwortlich für die Ausprägung von Aggression beim Mann.

Während man früher glaubte, dass Testosteron direkt für die erhöhte Herzinfarktrate bei Männern verantwortlich sei, belegen neuere Studien geradezu das Gegenteil. Testosteron wirkt nämlich schützend auf die Gefäße und beugt so tatsächlich einem erhöhten Infarktrisiko vor. Wahrscheinlich wird die Elastizität der Innenhaut und der Muskulatur der Blutgefäße unter dem direkten Einfluss des Testosterons verbessert. Darüber hinaus beeinflusst Testosteron die Blutfettwerte, indem es – durch Vermehrung des »guten« HDL – ein günstiges HDL/LDL-Verhältnis bewirkt. Diese Wirkung ist allerdings konzentrationsabhängig. So kann sich bei einer zu hohen Konzentration des Hormons – etwa infolge einer zu hoch dosierten Testosteron-Therapie – das Verhältnis der Blutfette umkehren.

Testosteron also macht den Mann aus und beeinflusst sein Verhalten wie auch seinen Körper in dessen typischem Erscheinungsbild. Das männliche Verhalten wird von den testosteronabhängigen Hirnarealen bestimmt, die in der Pubertät aktiviert werden, nachdem die Hoden vermehrt Testosteron ins Blut abgeben, über welches das Hormon ins Gehirn gelangt. Denken und Handeln des Mannes werden im Wesentlichen durch Testosteron im Gehirn programmiert. Darüber hinaus schlägt sich auch die Höhe des Testosteronspiegels direkt in der androgenen Aktivität des männliche Gehirns nieder. Daher ist es so wichtig, einen Mangel an diesem Hormon zu erkennen und ihn durch Substitution abzustellen, um Fähigkeiten wie Kreativität, Durchsetzungsvermögen und andere soziale Kompetenzen zu erhalten.

Bei einem Mann mit normalem Testosteronspiegel macht sich eine geringfügige zusätzliche Zufuhr von Testosteron kaum bemerkbar. Anders jedoch bei Bodybuildern, die große Mengen einnehmen – hier wird möglicherweise die Aggressivität gesteigert. Am deutlichsten ist die Wirkung der Einnahme von Testosteron bei solchen Männern, die niedrige oder grenzwertige Hormon-

spiegel haben. So bewirkte bei einem 60-Jährigen, dessen Testosteron nur noch bei 30 Prozent der Hormonmenge eines 30-Jährigen lag, die Zufuhr von Testosteron deutliche Verbesserungen auf emotionaler, kognitiver und sexueller Ebene. Die Testosteronzufuhr bringt das virile Verhalten sofort zurück, und zwar in allen Lebensaltern.
Auch die Stimmung des Mannes ist stark testosteronabhängig; zu wenig Testosteron geht oft einher mit Melancholie, die in Depression ausufern kann. Die Wirkung einer Testosteroneinnahme ist hier allerdings stark persönlichkeitsabhängig. Aggression und Testosteron sind aber auch in umgekehrter Weise miteinander gekoppelt: So können Situationen, die mit Aggression verbunden sind, zu einem Anstieg der Testosteronkonzentration führen, was man beispielsweise bei Sportlern vor einem Wettkampf beobachtet. Selbst bei mäßig betriebenem Sport waren erhöhte Testosteronwerte zu verzeichnen. Ab einer individuell variierenden Grenze kann jedoch bei Männern, die extrem viel Sport treiben (Stichwort »Overtraining«) das Testosteron drastisch abfallen, wie bei vielen Leistungssportlern, bei Marathonläufern und Bodybuildern.

Da die optimale Testosteronkonzentration individuell sehr verschieden ist, gestalten sich allgemein gültige Aussagen über die Wirkung von Testosteron äußerst schwierig, was bei der Labordiagnostik und vor allem bei der Beratung des einzelnen Mannes berücksichtigt werden muss. Nur bei ausreichender Kenntnis der dargestellten Sachlage ist eine individuell maßgeschneiderte Hormontherapie sinnvoll. Jeder, der eine Hormontherapie durchführen möchte, sollte sich immer an einen wirklich kundigen Fachmann wenden. Wenn die Symptome es erforderlich machen, ist eine Testosteronbehandlung für den älter werdenden Mann in den meisten Fällen das Richtige.

Warum sterben Männer eher als Frauen?

Trotz zahlreicher Veröffentlichungen zum »vorzeitigen Mannstod« – im Durchschnitt sechs bis acht Jahre vor der Frau – gibt es keine klaren Antworten. Gewiss ist immerhin, dass das Drama des männlichen Geschlechts schon im Mutterleib beginnt. So ist die Wahrscheinlichkeit, einen Sohn zu zeugen, unmittelbar vor dem Eisprung am höchsten. Der Grund liegt darin, dass männliche Spermien mit höherer Geschwindigkeit schwimmen als weibliche, dafür jedoch rascher absterben als diese. Auch männliche Föten weisen eine deutlich höhere Sterblichkeit auf als weibliche. Männer sind also insgesamt »lebensschwächer«. Sie liegen in der Statistik der Todesfälle stets vorn, sowohl was die natürlichen als auch die nicht natürlichen Todesursachen (zum Beispiel Unfälle, Selbstmorde) angeht.

Dieses Faktum zieht sich wie ein roter Faden durch die Geschichte der Menschheit: Auch bei allen Kriegen, Seuchen und Epidemien starben die Männer vor den Frauen. Das Paradigma der frühen Sterblichkeit des Mannes gilt für alle Altersklassen. Ganz gleich, ob im Mutterleib, in früher Kindheit und Jugend, im besten Mannes- oder Greisenalter, stets stirbt der Mann früher als die Frau.

Immerhin sorgt die Natur für einen gewissen Ausgleich (denn sonst wäre der Anteil der Frauen an der Weltbevölkerung ja überproportional hoch). So werden laut Statistik stets in geringem Umfang mehr Jungen als Mädchen geboren.

Genetisches Schicksal

Als Schicksal bezeichnen wir in diesem Zusammenhang das komplexe Wechselspiel von Erbe und Biographie. Laut dieser Definition wird das Leben eines jeden Menschen in unterschiedlichem Ausmaß durch das genetische Material (Genom) vorgezeichnet. Bereits während der Fötalentwicklung, aber auch nach der Geburt kommt es darauf an, wie die äußeren Lebensbedingungen unsere Gene an- bzw. abschalten. Diese ständig ablaufende, hoch komplexe Genexpression betrifft allerdings nur einen Bruchteil des Genoms. Gerade mal 10 Prozent aller Gene werden ständig durch Anpassung an die äußere Umwelt beziehungsweise als Reaktion auf inneren Stoffwechsel und Organfunktion an- und abgeschaltet. Diese Modulation der Genexpression haben wir den »dynamischen Code« genannt. Der genetische Code, also die in unseren Chromosomen verpackten DNA-Sequenzen, und der dynamische Code sind auf sehr komplizierte Weise miteinander verbunden. Biologisch macht die Interaktion beider Codes jenen Prozess aus, den wir als individuelle Lebensgeschichte oder Biographie bezeichnen.

Das Y-Chromosom – Bedeutung, Entstehung und Funktionen

Der schicksalhafte Unterschied zwischen Mann und Frau liegt im Erbgut, in erster Linie in den bereits erwähnten Heterosomen. Während die Frau an dieser Stelle zwei X-Chromosomen besitzt, verfügt der Mann über ein Y- und ein X-Chromosom. Die Abbildung auf Seite 57 zeigt, schematisch geordnet, die 23 Chromosomenpaare aus einer männlichen Zelle; hier kann man gut erkennen, dass das Y-Chromosom etwa nur halb so groß wie das zugehörige X-Chromosom ist. Aufgrund der Verkürzung des Y-Chromosoms fehlt dem analogen X-Chromosom ein passendes Gegenstück. Daher können sich alle

Gene des X-Chromosoms durchsetzen, auch solche, die auf dem entsprechenden Chromosomenabschnitt einer Frau rezessiv wären – das heißt von dominanten Genen unterdrückt würden. Das entsprechende Allel (Genbaustein) auf dem Y-Chromosom ist ja nicht vorhanden. Da dem Mann dieser genetische Joker fehlt, können Gene, die Krankheitsrisiken tragen oder zu Krankheitsgenen mutiert sind, ungehemmt ihre Wirkung entfalten und zur verfrühten Sterblichkeit des Mannes beitragen.

In diesem Zusammenhang ist es nun interessant zu wissen, wann sich das Y-Chromosom in seiner heutigen Form entwickelt hat. Während einer Untersuchung des menschlichen Genoms in Hinblick auf individuelle genetische Unterschiede fand eine Gruppe von Forschern heraus, dass das »aktuelle« Y-Chromosom vor etwa 50.000 Jahren entstanden ist. Die Ausbreitung dieses modernen Y-Chromosoms von Ostafrika aus über alle Kontinente der Erde war etwa vor 28.000 Jahren abgeschlossen. Erst vor kurzem zeigte eine Arbeitsgruppe der US-amerikanischen Stanford Universität, dass die Männer mit diesem Chromosom etwa vor 35.000 bis 89.000 Jahren Afrika verließen, um die Welt zu besiedeln.

Hingegen trat das X-Chromosom, so wie es heute auf der Welt vorkommt, erstmalig etwa vor 150.000 Jahren auf. Biologisch betrachtet, setzte die Entstehung des Y-Chromosoms, wie es in seiner heutigen Form den Mann prägt, also erst 100.000 Jahre später ein als die biologische Entwicklung der Frau. Während dieses langen Zeitraums wurden wahrscheinlich mehrere männliche Urlinien von der Evolution ausprobiert und wieder verworfen; das heutige Y-Chromosom trat dann etwa zu dem Zeitpunkt auf, als die Linie des Neandertalers ausstarb.

Hier sind alle 23 Chromosomen aus einer männlichen Zelle dargestellt. Unten rechts sieht man das 23. Paar, wobei das X-Chromosom links und das Y-Chromosom rechts im Bild zu sehen ist.

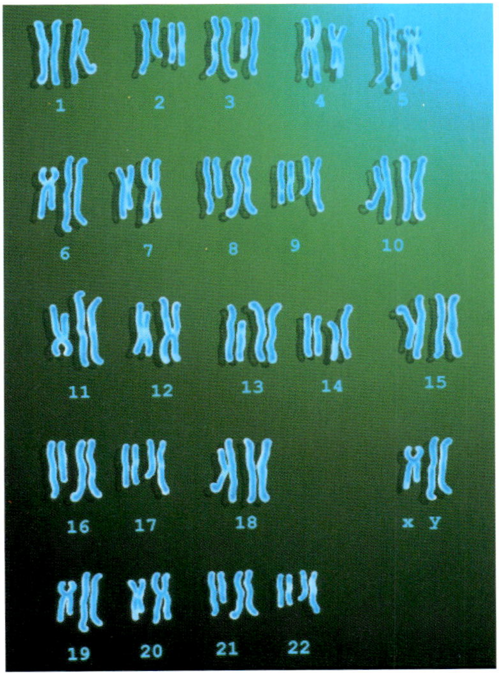

Die Vermännlichung des Gehirns

Neue Forschungsergebnisse deuten darauf hin, dass das Y-Chromosom Gene enthält, die im Gehirn männerspezifische Strukturen codieren.

Bisher war man von der Hypothese ausgegangen, dass der wesentliche Unterschied zwischen dem männlichen und dem weiblichen Gehirn von den Hormonen bestimmt wird, dass also das Männergehirn von Androgenen, das Gehirn der Frau hingegen von Östrogenen geprägt wird.

Allerdings weiß man seit mehreren Jahren, dass die Geschlechtshormone tatsächlich eine modulierende Wirkung auf bestimmte Gehirnareale ausüben und diese wie Knetmasse formen können. Dieser Einfluss besteht bereits in einer sehr frühen Lebensphase und ist später nicht mehr umkehrbar. Dabei werden offensichtlich nicht nur Sexualität und Fortpflanzung beeinflusst, sondern alle Verhaltensweisen – ein Phänomen, dass man auch bei vielen Säugetieren findet.

Wie alle Hormone sind auch Androgene und Östrogene darauf angewiesen, dass ihre Zielzellen spezifische Rezeptoren – man könnte auch sagen Androgen- und Östrogen-Andockstellen – besitzen. Die Feinregulation dieser Rezeptoren wird im Gehirn jedoch von dort vorhandenen Enzymen übernommen, hierbei handelt es sich um so genannte Aromatasen, die Testosteron in Östrogen und umgekehrt Östrogen in Testosteron umwandeln können.

Testosteron und das männliche Gehirn

Untersuchungen zur menschlichen Evolution zeigen, dass Testosteron die Gehirngröße beeinflusst. Die Größe des Gehirns sagt allerdings nichts über dessen Leistungsfähigkeit aus. Viel wichtiger ist, dass Testosteron ganz offenbar eine bestimmte Region im Gehirn bis ins Erwachsenenleben hinein beeinflusst. Bei dieser Region handelt es sich um den so genannten Mandelkern, die Amygdala. (Der Mandelkern befindet sich auf der Innenseite des Schläfenlappens, der der jeweils anderen Gehirnhälfte zugewendet ist.) Der Mandelkern gilt als Steuerzentrale für Aggressivität und Kampfverhalten. So konnte ein kanadisches Forscherteam bei jungen Mäusemännchen nachweisen, dass Dihydrotestosteron – das aus Testosteron gebildete »Zweithormon« mit elementarer männlicher Wirkung – über diesen Hirnabschnitt ein spielerisches Kampfverhalten der Nager auslöst. Darüber hinaus wird auch das Erinnerungsvermögen für Angst an dieser Stelle abgelegt. Von dort werden Signale in die Rinde des Frontallappens gesendet und Angstreaktionen beispielsweise in Gewalthandlungen umgesetzt.

Schon seit längerem vermuten die Neurobiologen im Gehirn einen Bereich, in dem soziales Verhalten codiert wird. Dieser Bereich ist ebenfalls in der präfrontalen Hirnrinde angesiedelt und wird auch vom Mandelkern gesteuert. Amerikanischen Studien zufolge ist dieser Hirnabschnitt bei Männern, die zu Gewalt neigen, kleiner als bei Männern, die weniger aggressiv sind. Dank dieser Untersuchungen werden heute jene biologischen Prozesse, die speziell im männlichen Gehirn zur Entstehung aggressiver Verhaltensweisen führen, besser verstanden.

Aufgrund des heutigen Kenntnisstandes der neuronalen und neuropsychologischen Forschung wollen wir die Theorie aufstellen, dass im Gehirn des Mannes spezifische Regionen vorhanden sind, die vom Y-Chromosom codiert werden und in denen »Gewaltinformationen« empfangen, in aggressive Handlungen programmiert und später umgesetzt werden können. Diese Art der Verarbeitung wird hauptsächlich durch zwei variable Stellglieder reguliert. Zum einen handelt es sich um emotionale, kognitive und sensorische Informationsinhalte aus der Umwelt – wie beispielsweise Erziehungs- und Partnerschaftseinflüsse, Stress, Bedrohung, aber auch Umweltgifte (Nikotin, das den Serotoninspiegel beeinflusst) und Drogen. Zum zweiten handelt es sich um eine endogene (das heißt im Körper vorhandene) Stellgröße, nämlich um die Menge an biologisch verfügbarem Androgen. In diesem zweiten Fall kann die Gewaltbereitschaft ab einem bestimmten oberen Schwellenwert schon durch minimale Anlässe ausgelöst werden. Androgene beeinflussen also die Schwelle des Gewaltzentrums. Belegt wird diese Hypothese durch zahlreiche Beispiele, in denen Männer, speziell Bodybuilder, sich mit Steroiden gedopt hatten.

Testosteron und Bewusstsein

Auch in der Bewusstseinsforschung versuchen die Biologen zu verstehen, welche Zusammenhänge und organisatorischen Wechselwirkungen zwischen Erbgut, Umwelt und Biographie eines Menschen einerseits und dem Stoffwechsel und Hormonsystem im Gehirn andererseits bestehen, sodass eine bewusste Konstruktion der erlebbaren Welt zu Stande kommt.

Die Interpretation der bewusst erlebten Welt erfolgt im androgengeprägten Gehirn völlig anders als im weiblichen, von Östrogen geprägten Gehirn; Denk- und Handlungsinhalte sind beim Mann anders gewichtet als bei der Frau. So sind Frauen eindeutig im Vorteil, wenn es um die Wahrnehmungsgeschwindigkeit ähnlicher Sinninhalte geht, während Männer meist beim räumlichen Vorstellungsvermögen besser abschneiden. Das weibliche Gehirn kann sich an zusammenhängende Gegenstände besser erinnern (beispielsweise an markante Punkte entlang einer Wegstrecke), während ein Männergehirn Gegenständen leichter ihre zugehörige Position zuordnen kann. Die Frau kann Ideen wortreicher und bildhafter umsetzen, während Männer eindeutig das bessere zielgerichtete motorische Talent haben – sprich, sie werfen Speere, Steine und Bälle mit höherer Treffsicherheit. Von Frauen gefertigte kunstvolle Handarbeiten sind der plastische Beweis, dass die feinmotorische Koordination ihres Gehirns im Allgemeinen besser ist, während das männliche Gehirn leichter einfache Formen und Strukturen auffindet. Das weibliche Gehirn erledigt Rechenaufgaben mit links, das männliche hingegen brilliert bei logischen Problemen und mathematischen Schlussfolgerungen. Männer vergleichen offenbar die reale Welt immer mit den Projektionen in ihrem Gehirn, die für sie die eigentliche Realität darstellen, was ihre erheblichen Probleme bei der Konfliktlösung erklärt. Passt die Umweltsituation nicht zum »Kopfbild«, so wird auf Konflikt geschaltet und versucht, die Umwelt dem Modell im Gehirn anzupassen.

Bemerkenswert ist auch die Tatsache, dass das weibliche Gehirn eine viel höhere Vernetzung der neuronalen Strukturen aufweist als das männliche. Zellkulturen von Gehirnzellen, die keine Östrogene enthielten, zeigten eine deutlich niedrigere Vernetzung als solche Kulturen, denen man Östrogen zugesetzt hatte. Dazu kommt, dass die rechte und die linke Hirnhälfte bei der Frau intensiv miteinander kommunizieren, was beim Mann nicht der Fall ist.

Männer sind vom Mars, Frauen von der Venus

Kein Slogan könnte den Sexualdimorphismus auf der Bewusstseinsebene besser beschreiben als der Titel jenes Buchs des amerikanischen Ehe- und Familientherapeuten John Gray, das vor ein paar Jahren wochenlang ein Bestseller der deutschen und internationalen Sachbuchliteratur war. Denn genauso krass wie die Unterschiede zwischen diesen beiden Planeten fallen auch die Handlungsstrategien von Männern und Frauen aus.

Während der Mann bei der gesellschaftlichen Gestaltung auf die Bildung von Hierarchien setzt, fußt die Frau ihr Tun und Handeln auf Kommunikation und Verständigung. Männer ordnen sich gerne einer Rangordnung oder einem festen, klar vorhersehbaren Schema unter, während für Frauen das Individuum mit all seinen Unwägbarkeiten die größere Rolle spielt. Die Handlungsabläufe von Männern unterliegen (oftmals rigiden) Regeln, während Frauen auf eine soziale Vernetzung untereinander ausgerichtet sind. Bei Regelwidrigkeiten neigen Männer zu Druck und Gewalt, um Probleme und Konflikte beizulegen, während Frauen soziale Probleme durch Erörterung und Beratung zu lösen suchen. Das männliche Gehirn bevorzugt in Konfliktsituationen Maßnahmen zur Unterdrückung, während das weibliche eher caritativ eingestellt ist. Wenn Männer ihre Rangordnung, Hierarchie oder ihr Regelwerk verletzt oder auch nur bedroht sehen, können sie regelrecht kriminell werden und rechtfertigen ihre Verbrechen mit einer speziell hierfür entworfenen Not-Ethik. Geschehen vorsätzliches Töten oder billigend den Tod Dritter in Kauf nehmende Gewalt – wie Juristen spitzfindig Mord und Totschlag definieren – für eine gute Sache, dann ist das bizarrerweise in den Augen der Männer kein krimineller Akt. Vielmehr wird die Tötung dann als moralisch wertvolle Handlung verstanden, die meuchelnde Männer in den Rang von Helden oder – im Fall, dass sie dabei selbst ums Leben kommen – sogar von Märtyrern erhebt.

Frauen brauchen für ihre Handlungen kein ethisch-moralisches Deckmäntelchen, da sie weniger zu Kriminalität und übertriebener Aggressivität neigen als Männer – sie denken anders. Das heißt nicht, dass Frauen bei ihren Handlungen keine Spielregeln kennen. Nur basieren die Gesetzmäßigkeiten ihres Handels nicht auf fixen, gesellschaftlich festgelegten ethischen Maßstäben, sondern laufen meist viel subtiler, individueller und moralisch losgelöst von männlich definierten Ethikkonzepten ab.

Geschlechterspezifische Konfliktbewältigung

Männer und Frauen lösen Probleme und Konflikte generell unterschiedlich. In Konfliktsituationen versucht der hierarchisch denkende Mann eine Lösung meist auf aggressiv-gewalttätigem Wege herbeizuführen, während die sozial vernetzte Frau den Konflikt erörternd-beratend zu schlichten sucht.

Ein Blick zu den Verwandten

Aggressives »manntypisches« Verhalten finden wir in ausgeprägter Form auch bei den nächsten Verwandten des Menschen, den Schimpansen (*Pan troglodytes*). Wie molekulargenetische Untersuchungen ergaben, stimmt das Genom des Schimpansen wie auch das des Bonobos mit dem menschlichen Erbgut zu 99 Prozent überein. Schimpansen sind sehr laute, rüpelhafte und jähzornige Affen. Die Männchen bilden Männerclubs, die von wechselnden Allianzen und Machtkämpfen geprägt sind, sich gegenseitig bekämpfen und regelrechte Kriege um Territorien anzetteln. Die ranghöchsten Tiere zeigen ihre Dominanz lautstark und mit großem Imponiergehabe, und sie scheuen auch nicht davor zurück, rangniedere Tiere mit Bissen kräftig in die Schranken zu weisen. Wie Hooligans durchziehen Banden halbstarker Schimpansenmännchen den Dschungel und machen erbarmungslos Jagd auf einzelne Affen, kleine Antilopen und andere Kleintiere, die zum Teil auf sehr brutale Weise getötet und gefressen werden.

Schimpansenfrauen sind kleiner als die Männer und ihnen physisch unterlegen. Männliche Schimpansen beteiligen sich nicht an der Aufzucht des Nachwuchses, ja, sie können die Jungen sogar töten, wenn sie argwöhnen, dass diese nicht von ihnen gezeugt wurden. Im Bereich der Teambildung unter Schimpansenmännchen, die gemeinsam andere Männerteams bekämpfen, drängen sich starke Parallelen zu uns Menschen auf.

Bonobos, auch Zwergschimpansen genannt, wurden erst im letzten Jahrhundert als eigenständige Schimpansenart definiert. Genetisch stehen sie dem Menschen außerordentlich nahe, der Unterschied zwischen menschlichem und Bonobo-Genom beträgt nur knapp ein Prozent.

Streit schlichten wie die Affen

Zur Lösung von Spannung und Aggression haben unsere nächsten Verwandten, die Bonobos, unabhängig von Geschlecht und Alter mal kurz Sex miteinander – ein Verhalten, von dem sich die Menschen gelegentlich eine Scheibe abschneiden könnten.

Bei unserem zweiten nächsten Verwandten, dem Bonobo (*Pan paniscus*), werden Aggressionen und Spannungen hingegen auf verblüffende Weise abgebaut: Sobald sich ein Konflikt anbahnt, kommt es zu einem kurzen sexuellen Kontakt zwischen den Streithähnen – und zwar unabhängig von Geschlecht und Alter. Prinzipiell sind alle Kombinationen möglich: Männchen-Weibchen, Weibchen-Weibchen, Männchen-Männchen, Jung-Alt und umgekehrt. Die Bonobo-Frauen (wie auch die Schimpansenweibchen) bekommen jedoch nur alle fünf bis sieben Jahre ein Kind.

Die Beobachtung des Verhaltens dieser zweiten Schimpansenart, die in den Wäldern im Süden des Kongos lebt und erst Mitte des 20. Jahrhunderts als eigenständige Art klassifiziert wurde, wirft ein ganz neues Licht auf unsere Vorstellung von Sexualität. Der moralisch nutzbaren Theorie, dass Sexualität in der Natur allein fortpflanzungsorientiert und jede andere sexuelle Spielart widernatürlich sei, wird damit der Wind aus den Segeln genommen.

Auch unter einem anderen Aspekt sind Bonobos für die Soziologie von besonderem Interesse. Zum einen sind ihre Trupps von den Weibchen dominiert, die gemeinsam auch mal gegen ein aufmüpfiges Männchen (die männlichen Bonobos sind generell nicht so aggressiv wie die Schimpansen) vorgehen. Bonobofrauen erhöhen innerhalb der Gruppe ihren Status, indem sie Nachwuchs bekommen und ihre Söhne in Machtpositionen hieven. Daher bleiben männliche Bonobos – echte Muttersöhnchen – stets in dem Verband, in den sie hineingeboren wurden. Geschlechtsreife Weibchen hingegen können auch mal die Gruppe wechseln und müssen sich dann in anderen Gruppen sozial emporarbeiten. Inwieweit beide geschilderten Verhaltensmuster – die Aggressionen der Schimpansenmänner und die soziale Kompetenz der Bonobofrauen – hormonbedingt sind, ist leider bisher noch nicht untersucht worden.

Die Kultivierung der Gewalt beim Mann

Aus rein biologischer Sicht wird die menschliche Gesellschaft von drei Formen des Miteinanders geprägt – von Männerbünden, Frauenbünden und der Kernfamilie. Das erste Merkmal haben wir mit den Schimpansen gemein, das zweite mit den Bonobos, und die Kernfamilie ist eine typisch menschliche Erfindung, bei der Mann und Frau kooperativ bei der Aufzucht der Nachkommen zusammenwirken. Obwohl die Kernfamilie als Stütze der Gesellschaft in unserer von der christlichen Ethik geprägten Vorstellung monogam ist, also aus einem Mann und einer Frau und deren Nachwuchs besteht, ist die kulturell am meisten verbreitete Form die der Vielweiberei oder Polygynie.

Die Kernfamilie ist die Voraussetzung dafür, dass die Menschheit in ihrer heutigen Form entstanden ist: Möglicherweise bildete sich diese Lebensform heraus, weil einzelne Männer sich dazu entschlossen, die Frauen, mit denen sie sich gepaart hatten, samt dem dabei entstandenen Nachwuchs zu schützen. Die Frauen wurden zunehmend und über längere Zeiten paarungsbereit; das machte sie für ihre Männer attraktiv und hielt diese davon ab, mit der Nächstbesten (noch ohne Nachwuchs!) durchzubrennen. Im Laufe dieses Prozesses lernten Mann und Frau die Qualitäten des Partners kennen und schätzen, sei es nun, dass der Mann seine Familie als guter Jäger ab und zu mit einem großen Braten versorgte, sei es, dass die Frau als versierte Sammlerin den

Hunger der Meute mit Wurzeln, Obst und Wildgemüse stillen konnte, falls Vater mal ohne Beute nach Hause kam.

Wie alles auf der Welt hat auch dieses Szenario seinen Preis. Um biologisch erfolgreich zu sein, muss der Mann eine relative Gewissheit haben, dass die Kinder, die er großzieht, auch von ihm stammen. Jedes Kuckucksei wäre evolutionsbiologisch betrachtet eine völlige Fehlinvestition. Als die Jäger- und Sammlergesellschaften ihr Nomadendasein aufgaben und sich als Ackerbauern und Viehzüchter niederließen, kam neben der Kontrolle über die Herkunft der Nachkommenschaft noch die Sorge um materielle Güter hinzu. Männer vererbten nicht nur ihre Gene, sondern auch materielle Werte wie Hab und Gut oder Machtbereiche. Aus diesem Grund verschärften sich die männlichen Kontrollmechanismen, der Wunsch nach weiblicher Keuschheit und die Angst vor weiblicher Untreue nahmen beim Mann geradezu obsessiven Charakter an. Damit schlug die Geburtsstunde des Patriarchats. Jeder, der sich gegen die Werte auflehnte, die dieses System stützten, wurde mit typisch männlicher Aggressivität verfolgt. So wurden – und werden auch heute noch – untreue Ehefrauen und Frauen, die abgetrieben haben, in vielen Kulturen besonders hart bestraft. Zur Rechtfertigung dieser Gewalt entwickelten die Männer ethische und religiöse Konzepte, die ihr Unrecht im Nachhinein schönfärben sollten: So kommt es nicht von ungefähr, dass sich die Hexenprozesse, denen von etwa 1470 bis 1780 zwischen einer und neun (!) Millionen Menschen zum Opfer fielen, häufig gegen kräuterkundige Frauen richteten. Diese »Kräuterweiblein« kannten eine Menge Heilpflanzen, die zur Empfängnisverhütung oder zur Abtreibung verwendet wurden. Damit war den Männern die Kontrolle über ihren Nachwuchs genommen, und entsprechend brutal gingen sie gegen die Delinquentinnen vor.

Indianer weinen nicht

Ein echter Mann muss Schmerzen ertragen, besonders wenn er von anderen Männern akzeptiert werden will. Das beginnt mit einfachen Mutproben in Jungenbanden und gipfelt in Initiationsriten, in deren Verlauf Jungen oder männliche Jugendliche von älteren Männern auf das Männerleben vorbereitet und anschließend in den Bund der Erwachsenen aufgenommen werden. Dabei müssen die Jungen oft grausame Torturen erleiden.

Dies geschieht immer unter Ausschluss der Frauen. Initiationsrituale ziehen sich durch die ganze Menschheitsgeschichte und werden auch heute noch unter anderem bei den Massai und bei Volksstämmen auf Papua-Neuguinea praktiziert.

Welche Qualen ein Mann bei solchen Zeremonien manchmal erdulden musste, zeigen zum Beispiel die Reiseberichte von George Catlin, der Mitte des 19. Jahrhunderts zahlreiche Indianervölker besuchte, die in den Prärien des Mittelwestens der USA lebten. Er beschreibt den Initiationsritus der Mandan – eine mehrtägige Zeremonie, bei der den Kandidaten Hautfetzen herausgerissen und Finger abgehackt wurden. Ein anderes Beispiele ist die so genannte Äquatortaufe, bei der junge Matrosen, die zum ersten Mal den Äquator passierten, von der restlichen Mannschaft kielgeholt wurden, das heißt, man band ihnen ein Tau um die Brust und zog sie einmal unter dem Schiff durch. Als Initiationsriten könnte man auch die Mensuren ansehen, die auf den Paukböden schlagender Studentenverbindungen ausgetragen werden.

Moralisch und religiös verbrämte Legalisierung von Gewalt

Obwohl sie sich in der modernen Gesellschaft eigentlich erübrigen, funktionieren Mannbarkeitszeremonien heute noch wie vor Jahrtausenden – die Riten sind lediglich subtiler, dafür jedoch nicht minder brutal geworden. Ob unter Parolen wie »Deus vult«, »Freiheit, Gleichheit, Brüderlichkeit« oder »Für Gott, Kaiser und Vaterland«, ob mit dem Gedanken, Fackelträger der westlichen Demokratie zu sein, – immer hat es einen Anlass gegeben, den Enthusiasmus junger Männer vor irgendeinen ideologischen Karren zu spannen. Die bittere Erkenntnis, dass diese Aufnahme in den Männerclub oft viel zu teuer mit schweren Verletzungen, Verstümmelung oder gar dem Tod erkauft wurde, kam den Betroffenen, sofern sie dazu noch in der Lage waren, erst auf den großen Schlachtplätzen der Weltgeschichte – in Waterloo und Gettysburgh, Verdun und Ypern, im Kessel von Stalingrad und im Dschungel Vietnams. Derweil saßen die Initiatoren dieser Konflikte fernab von allem Kampfgeschehen am sicheren Herd und schmiedeten Durchhalteparolen für »unsere Jungs an der Front« – so wie schon die alten Römer den Leitsatz prägten: *Dulce et decorum est pro patria mori* (Süß und edel ist der Tod fürs Vaterland).

Die Aggressivität des männlichen Gehirns äußert sich auch in paramilitärischer Gewalt – ob sie nun von serbischer Soldateska auf dem Balkan oder den Todesschwadronen in Südamerika ausgeübt wird. Im gleichen Maße wie

Selbstmörderische Mutproben

Ihre testosterongesteuerte Gewalt richten Männer nicht nur gegen Frauen, sondern oft auch gegen sich selbst – ein Masochismus, der bis zur Selbstverstümmelung und -zerstörung geht und der Devise folgt: Ein Mann ist nur dann ein Mann, wenn er Schmerzen aushalten kann.

die Machtbereiche von Staat, Militär oder Sicherheitsorganisationen schwinden, wird das entstandene Vakuum von Drogenhändlern, Waffenschiebern und Mafiosi eingenommen, die sich Relikte des alten Systems durch Korruption und Erpressung zu Eigen machen und ihre Machtposition dadurch verbessern. Wenn es um Macht und Profit geht, werden offenbar sämtliche sozialen Kontrollmechanismen ausgeschaltet und bewusst Risiken für Leben und Gesundheit unzähliger Menschen in Kauf genommen.

In unserer leistungsorientierten demokratischen Gesellschaft beruft man sich gerne auf das Prinzip der Selbstverwirklichung, *Pursuit of Happiness*, wie es Thomas Jefferson (1743–1826) in der Unabhängigkeitserklärung der USA formuliert hat. Der Drang des aufgeklärten Menschen, seine Wünsche zu befriedigen, wird damit zu einem (göttlich verbrieften) Menschenrecht erhoben. Leider übersieht man dabei gern, dass die Erfüllung der eigenen Wünsche in einer Massengesellschaft wie der unserigen rasch an ihre Grenzen stößt. Um nun aber doch ihre individuellen Ziele zu erreichen, setzen sich Männer mit den altbewährten Mustern der Gewaltausübung durch: Männer gegen Frauen, aber auch «alte Hasen« gegen junge Männer, die sie zu ihrer eigenen Machterhaltung ausnutzen.

Aggression und Gesundheit

In Ländern mit besonders hohem Gewaltpotenzial und niedriger Aggressionsschwelle korrelieren diese beiden Faktoren offenbar mit einer deutlich geringeren Lebenserwartung des Mannes. In Russland ging die Lebenserwartung der Männer im Zeitraum von 1990 bis 1995 um 6,4 Jahre zurück, während sie in modernen Demokratien eher zunimmt. In Deutschland fällt allerdings beim Vergleich zwischen Ost und West auf, dass in den neuen Bundesländern doppelt so viele Männer an Selbstmord, Unfällen sowie Herz-, Leber- oder Lungenkrankheiten sterben wie Frauen.

Falls Gewalt und aggressives Verhalten nun nicht nur unmittelbar, sondern auch indirekt die Gründe für den frühen Tod des Mannes sind, kommt zwangsläufig die Frage auf, auf welche Art und Weise Gewalt krank macht. Eine Reihe von neuropsychologischen und neurobiologischen Untersuchungen hat ergeben, dass pathologischer emotionaler Stress eine so genannte neuronale Toxizität bewirken kann; anders ausgedrückt kommt es zu einer vorzeitigen Schädigung wichtiger Gehirnstrukturen. Aber auch das Erbmaterial ist angreifbar durch zu viel körperlichen Stress, der DNA-Moleküle und Proteine durch so genannte reaktive Oxidationsprodukte (ROS) früher als normal in Mitleidenschaft zieht. Das Schadensbild ist ähnlich wie bei vorzeitig ablaufenden Alterungsvorgängen. Gerade das Modell von den durch Stress entstandenen reaktiven Oxidationsprodukten zählt gegenwärtig zu den am meisten favorisierten Theorien über das Altern.

Der Phallus als männliche Bastion

Wie oben bereits geschildert, entsteht Gewalt im männlichen Gehirn auch infolge traumatischer psychischer Erlebnisse und krankhafter Verarbeitung von Angst. Die Urangst des Mannes besteht darin, seine Gene nicht vererben zu können und dabei durch männliche Mitkonkurrenten vom Fortpflanzungsprozess ausgeschlossen zu werden. Zwar haben Männer im Laufe der kulturellen Evolution Kontrollmechanismen entwickelt, um die Treue ihrer Partnerinnen und somit die exklusive Aufzucht der eigenen Nachkommen zu garantieren, doch die Angst vor der Frau wurde dadurch nicht aufgehoben.

Zur erfolgreichen Sexualität und Fortpflanzung ist der Mann zwangsläufig auf eine Erektion angewiesen, weshalb viele seiner Gedanken und Emotionen um die Erektion – oder schlimmer noch, um ihr Ausbleiben, die Impotenz, oder gar den völligen Verlust der Zeugungsfähigkeit, die Kastration – kreisen. Unzählige Männer identifizieren sich mit ihrem Penis, böse Zungen behaupten sogar, er wäre Sitz ihres Gehirns. In vielen Kulturen ist der erigierte Penis – der Phallus – aber nicht nur ein Symbol der Fruchtbarkeit, wie etwa bei den Hindus und den Römern, sondern wird auch zur Abschreckung übernatürlicher Kräfte eingesetzt.

Antiker Priapus mit Riesenpenis

In der Antike stellten die Griechen vor ihren Häuser so genannte Hermen auf, – Steinsäulen mit überdimensionalen Erektionen, die Diebe, Unheil und böse Geister abwehren sollten.
Bei den Römern galt der Phallus nicht nur als Fruchtbarkeits- und Glückssymbol (so ähnlich wie heute Kleeblatt, Schornsteinfeger oder Schweinchen), sondern sollte auch den bösen Blick abwehren und vor Neid und Missgunst

schützen. Möglicherweise sieht der Mann unterbewusst in seinem erigierten Penis die einzige Waffe, mit der er sich gegen alles Nicht-Rationale, von seinem Gehirn nicht Nachvollziehbare und ihm daher Angst Machende wehren kann – und nach Coolsaet gehören Frauen genauso in diese Sparte wie die Mächte der Unterwelt. Da auch viele Affenmännchen bei Streitigkeiten mit anderen Männchen ihren erigierten Penis als Imponiergeste einsetzen, scheint diese Überlegung biologisch betrachtet gar nicht so abwegig.

Aphrodisiaka zur Harmonisierung der körperlichen Liebe?

Zahlreiche Literaturstellen belegen, dass das Nichtzustandekommen einer natürlichen Erektion oder deren schuldhaft empfundenes Ausbleiben angstgesteuerte Mechanismen der Gewalt beim Mann freisetzt. In dieser Versagensangst ist dem Mann jedes Mittel recht, und das offenbar zu allen Zeiten: Im Mittelalter verspeiste man nicht nur Kichererbsen, Löwenmäulchen und Disteln zur Steigerung der Potenz, sondern auch gebratene Sperlinge oder Hirschhoden. Wie moderne Analysen erwiesen haben, kann man Lebensmitteln wie Austern, Sellerie, Chili, Petersilie oder Ingwer aufgrund ihrer Inhaltsstoffe eine gewisse aphrodisierende Wirkung nicht absprechen. Wenn man allerdings, wie auch heute noch in Ostasien weit verbreitet, zur Erhöhung der Manneskraft zerstoßenes Elfenbein und Rhinozeroshorn, Bären- und Tigerpenisse oder gar gemahlene Dinosaurierknochen verzehrt, zeugt das in der Tat schon von äußerster Verzweiflung.

Andererseits gibt es tatsächlich Heilpflanzen mit aphrodisierender Wirkung, etwa den afrikanischen Yohimbebaum (*Pausinystalia johimbe*), dessen Rinde den nachweislich potenzfördernden Wirkstoff Yohimbin enthält. Heutige erektionsfördernde Medikamente – deren Prototyp Viagra ist – sind oft auch bei Erektionsstörungen aufgrund von Krankheiten (wie Diabetes oder Depression) in der Lage, die Malaise zu beheben. Doch gerade auf psychologischer Ebene können sie dem Mann dabei helfen, jene Urangst, vor der Frau zu versagen, ein für allemal los zu werden. Aus diesem Grunde werden erektionsfördernde Medikamente zukünftig in der Kulturgeschichte des Mannes eine viel größere Bedeutung erlangen.

Darüber hinaus könnten erektionsfördernde Medikamente auch dazu beitragen, die Synchronisation der Orgasmen von Mann und Frau während des Verkehrs zu fördern. Da die Natur diesen (gemeinsamen) Lustfaktor offenbar nicht in das Vermehrungsszenario eingeplant hat, tritt der Orgasmus beim Mann häufig viel früher auf als bei der Frau – bei

Heilpflanzen gegen Männerleiden

Während der gesamten Geschichte haben Männer potenzfördernde Kräuterarzneien eingenommen, um in den Genuss eines gesunden Sexuallebens zu gelangen. In der medizinisch anerkannten Kräuterheilkunde gibt es einige Favoriten, deren Wirksamkeit durch moderne Forschungsergebnisse bestätigt wurde.
Die Früchte der aus Nordamerika stammenden Sägepalme (*Sabal serrulata*) haben stark tonisierende Eigenschaften, weshalb sie sich gut zur Kräftigung der männlichen Geschlechtsorgane und zur Potenzsteigerung eignen.
Schisandrabeeren, die Früchte von *Schisandra chinensis*, sowie Ginsengwurzeln wirken ebenfalls potenzsteigernd. Ginseng (*Panax ginseng*) gilt ohnedies als »Männerkraut« schlechthin und hilft auch gegen vorzeitigen Samenerguss.
Als Tonikum für Penis & Co. werden ebenso getrocknete oder pulverisierte Wurzeln von *Withania somnifera*, dem Indischen Ginseng, verabreicht. Der Hindi-Name dieser Pflanze, *aschwagandha*, zu deutsch »Pferdegeruch«, assoziiert eine gewisse »Pferdestärke«. Withania wird in Indien seit Jahrtausenden als Aphrodisiakum für Männer eingesetzt.

der dieser Höhepunkt durchschnittlich nach einem 20-minütigen intensiven Liebesspiel erfolgt. Er ist also oft schon fertig, bevor sie überhaupt richtig in Fahrt beziehungsweise zum Orgasmus gekommen ist. Zwar kann der Mann seiner Partnerin und sich selbst zuliebe den Orgasmus hinauszögern (was auch sehr viele Männer tun), da Erektion und Orgasmus aber nicht völlig dem Willen unterworfen sind, klappt das nicht immer. Erektionsfördernde Mittel können in Zukunft dazu beitragen, diese Asynchronität zwischen männlichem und weiblichem Orgasmus zu beseitigen, und möglicherweise werden dadurch auch Elemente der Gewalt aus dem Liebesakt verschwinden.

Man kann davon ausgehen, dass eine gesunde, glückliche und erfüllte Sexualität eine Grundvoraussetzung für erfolgreiche Anti-Aging-Programme beim Mann darstellt. In ein solches Programm gehört übrigens auch eine vom schlechten Gewissen bereinigte Masturbation. Denn wer buchstäblich »keinen mehr hoch bekommt«, ist schon »ganz schön alt«. Aber er sollte etwas dagegen unternehmen, anstatt still zu leiden oder andere leiden zu lassen.

4

Soul follows Body –

Der perfekte Liebhaber

Stress und physische Belastung bis an die Grenzen des Machbaren lassen viele Männer, junge wie alte, buchstäblich zu Schlappschwänzen werden – für viele ein fast unerträgliches Schicksal, sind sie doch von Kindesbeinen an darauf programmiert, in allen Lebenslagen zu funktionieren.

Spät, aber nicht zu spät kommt die Erkenntnis, dass der Raubbau am eigenen Körper die Seele in die Knie gezwungen hat. Hier sind neue – besser wieder neu erlernte – Körpererlebnisse ein Weg, die angeknackste Psyche der geschwächten Alltagskämpfer zu reparieren und aus ihnen perfekte Liebhaber zu machen.

»Wie werde ich ein perfekter Liebhaber?« ist nicht nur ein äußerst ergiebiges Thema in der einschlägigen Yellow Press, auch Ratgeber zu ausgetüftelten Sexualpraktiken bzw. Lust und Sinne aufkitzelnden, vielfach aus Fernost stammenden Liebestechniken lassen stets aufs Neue in Buchhandlungen, vor allem bei Vertreibern übers Internet, die Kassen klingeln. Schlussendlich befassen sich aber all diese Coffeetable-Bücher in Hochglanzformat nur mit jener Illusion, dass Man(n) ein erfülltes sexuelles Erleben ausschließlich durch Anwendung bestimmter »Techniken« zuwege bringt.

Kampf der Kulturen – oder Kampf der Geschlechter?

Reflektiert dieser literarische Trend einer kontinuierlichen Neuauflage des Kamasutra nun eine globalpolitische Strömung, wie sie etwa Samuel Huntington in seiner These vom *Clash of the Civilizations*, dem *Konflikt der Kulturen* (siehe Box) aufzeichnet? Denn obwohl in der westlichen Welt diese Jahrhunderte alten Liebestechniken immer wieder neu beschworen werden, funktionieren sie Mal um Mal umso schlechter. Fast hat es den Anschein, als ob das stete Anscheffeln von Macht und Geld bei Männern der westlichen Zivilisation zu unbefriedigender Sexualität und emotionaler Verarmung führt, während andererseits in der so genannten Dritten Welt die Menschen zwar zunehmend ärmer werden, in Punkto Sexualität jedoch um ein Vielfaches zufriedener und glücklicher sind.

Guter Sex allein macht aber nicht glücklich, und dass steigende Armut auch zu Verzweiflung und Aggressivität führt, zeigen sowohl die Angriffe des 11. Sep-

Der Konflikt der Kulturen

Bali nach dem Attentat im November 2002
Die vielbeschworene These des amerikanischen Politikwissenschaftlers Samuel Huntington rückt nach New York, Bali, Moskau und Djerba wieder in den Vordergrund: Im 21. Jahrhundert steht nicht das harmonische Zusammenwachsen einer global vernetzten Welt im Vordergrund, vielmehr muss diese die wachsenden globalen Konflikte bewältigen – Auseinandersetzungen, die nicht ökonomisch-ideologischer Art sind, sondern zwischen unterschiedlichen Kulturen, Religionen oder Gesellschaftsformen entstehen: oder zwischen Mann und Frau?

Fast hellseherisch, scheint es, hat der französische Autor Michel Houellebecq die Terroranschläge muslimischer Fundamentalisten auf Bali vorhergesehen und in seinem neusten Roman Plattform beschrieben.

tembers 2001 auf die Twin Towers als auch die Detonationen in den Diskotheken Balis im November 2002. Spätestens an diesem Punkt leuchtet jedem ein, dass Sextourismus niemals als Instrument funktionieren kann, quasi in Form eines Tauschgeschäfts »Harte Dollars gegen weiche Schenkel« jenen *Kampf der Kulturen* auszusöhnen. Gleichzeitig wird hier aber auch auf brutale Weise klar, in welch erschreckende Situation die unheilvolle Verquickung von Macht, Geld und gewaltsamer Sexualität den heutigen Mann gebracht hat. Dennoch trifft es nach Auffassung der Autoren nicht zu, dass es zu einem Kampf der Kulturen im Huntington'schen Sinne kommen wird. Im Westen ist die Frau gerade dabei, sich von der Sexualität des Mannes zu emanzipieren – eine Entwicklung, mit der die Männer einschließlich ihrer archaischen Sexualvorstellungen jedoch nicht Schritt halten können. Auf der anderen Seite führt der Mann in fundamentalistisch geprägten Weltbildern – muslimischen wie christlich-jüdischen – seinen Kampf zur Unterjochung der Frau mit der gleichen brachialen Gewalt fort, wie er sie seit Jahrtausenden praktiziert: Sex wird als verfügbare Ware angesehen, die Frau als minderwertiger Partner. Daher scheint es so, dass wir gegenwärtig nicht einen Kampf der Kulturen, sondern das letzte kämpferische Aufbäumen des Mannes gegen die Frau erleben.

Wie sollen sich nun die Männer von Heute in diesem Zwist verhalten, ehe es zu spät ist? Zunächst sollten sie einmal auf Entdeckungsreise gehen und ihr Selbst, ihren Körper und ihre Seele erkunden.

Das Selbstverständnis männlicher Sexualität

Männer betrachten mit der ersten Erektion ihren Körper als »Funktionsmaschine«. Sehr viele Pubertierende werden von ihrer Erektion überrascht und denken nach dem ersten nächtlichen Samenerguss, sie seien unheilbar erkrankt. Hier können einfühlsame Väter gute Aufklärungsarbeit leisten; in vielen Familien bleibt es immer noch bei einem lapidaren Hinweis durch Vater, Onkel oder ältere Brüder, man sei ja nun ein Mann – im Übrigen überlässt man unseren pubertierenden Jüngling den Nöten und Sorgen, die ein im Banne der Hormone stehender, sich täglich verändernder Körper so mit sich bringt. Nicht allein, dass der Jugendliche infolge von Stimmbruch und plötzlichen Wachstumsschüben nicht mehr weiß, was eigentlich gerade mit ihm passiert, nun stellen sich auch noch permanente Erektionen ein, die ihn oft wie unter Zwang »übermannen« und manche 13- bis 14-Jährigen drei bis fünf Mal am Tag masturbieren lassen. Zum ersten Mal wird jetzt unterbewusst starke

Scham entwickelt, und der Junge wird nicht lernen, ob diese neuartigen Gefühle nicht vielleicht auch schön und angenehm sein dürfen. Einerseits ahnt er, dass die Erektion ihn zum Manne macht, andererseits erschrickt er vor seiner Triebhaftigkeit, und obendrein darf niemand mitbekommen, dass er sich täglich mehrmals selbst befriedigt. Denn niemand klärt ihn darüber auf, dass Masturbation etwas ganz Natürliches ist und nichts mit Perversion zu tun hat.
Ohne behutsames Coaching einer männlichen Bezugsperson wird der Junge gezwungen sein, diese emotionale Zerreißprobe ganz allein zu bewältigen. In dieser Lebensphase gibt es für kaum einen Jungen eine hilfreiche Beziehung zum anderen Geschlecht, in sehr seltenen Fällen zur Mutter, und wohl niemals zu gleichaltrigen Mädchen. Ganz auf sich selbst gestellt, lernt er auf diese Weise früh, seine Gefühle zu verbergen und emotionale Probleme im Inneren zu verarbeiten – eine Erfahrung, die sicherlich seine Entwicklung zur Liebesfähigkeit beeinträchtigen wird. Kann aus solch einem Jungen je ein guter, ja überhaupt ein Liebhaber werden?

Was ist überhaupt ein Liebhaber?

Ein guter Liebhaber ist auf jeden Fall eine Persönlichkeit, die einem anderen Menschen, aber auch sich selbst – idealerweise beiden – eine besondere gefühlsmäßige und körperliche Zuneigung entgegenbringt, die zu einem Erlebnis mit höchstem körperlichem und emotionalem Genuss führen kann. So gesehen dürften nur wenige Männer eine »Naturbegabung« hierfür haben. Trotzdem gibt es manche Jungen, die in einer so glücklichen Pubertät und Adoleszenzzeit aufgewachsen sind, dass sie wie von selbst andere Menschen glücklich machen können. Die Gründe hierfür mögen bei Veranlagung, bei Eltern und Lehrern, Freunden und Freundinnen liegen. Den meisten Männern aber bleibt diese Kunst verschlossen. Da »Absolut Mann« kein Buch über Probleme der Pubertät ist, sondern sich an Männer mittleren und höheren Lebensalters wendet, sollte hier nur kurz skizziert werden, welche Weichen stellende Einflüsse diese jugendliche Phase auf die spätere Persönlichkeit der heute 50- bis 60-Jährigen (und älter) ausübt.

Trendwende bei den Männerwerten
Aus der Beratung von über 2000 Männern im Alter von 30 bis 70 Jahren ergab sich, dass eine zunehmende Anzahl der Befragten eine gefühls- und lustbetonte Beziehung zum eigenen Körper verliert. Andererseits zeichnet sich im Lebenskonzept des modernen Mannes momentan ein ausgeprägter Generationswandel ab; die zum Teil dramatischen Unterschieden zwischen den ein-

zelnen Altersgruppen reflektieren eindrucksvoll den raschen Umbruch der Gesellschaftsordnung.
Einer Erhebung der Zeitschrift *Men's Health* zufolge rangieren bei heutigen Männern Gesundheit, Genuss, körperliche Fitness, Freundschaften, Emotionalität, aber auch innere Ausgeglichenheit, Treue und guter Sex ganz oben auf der Wertetabelle. Noch vor 10 bis 20 Jahren war das ganz anders, damals legten Männer an erster Stelle Wert auf Designerwaren, Macht, Alleinsein, Partys, Karriere und ein tolles Auto. Fast könnte man meinen, die coolen Materialisten wurden von emotional gesteuerten Hedonisten abgelöst.

Der Kopf will, aber ...

Ungeachtet dieser seelischen Trendwende scheint selbst bei gutem Willen der Körper nicht mitziehen zu wollen. Denn in der Sprechstunde eines der Autoren, der u.a. als Männerarzt praktiziert, finden sich in zunehmendem Maße aber immer noch Männer, denen die Sexualität abhanden gekommen ist. Ihre Lust ist nur noch in der Erinnerung vorhanden, eine Erektion bringen diese Männer nicht mehr, verzögert oder nur in unbefriedigendem Maße zustande. Die »Maschine Körper« verweigert ihren Dienst, und dies schon auch bei den ganz Jungen, die sich, wie oben erwähnt, deutlicher um ihr Leben kümmern wollen.

Drei wichtige Punkte, auf die Man(n) achten sollte:

- Nächtliche und morgendliche Erektionen
- Spiegelbild seines Körpers
- Körpererlebnis

Die nächtliche und morgendliche Erektion ist ein Zeichen emotionaler und hormonaler Gesundheit; fehlt sie, muss man nach den Ursachen suchen. Erektionsprobleme, so der Kölner Urologe Frank Sommer, bei etwa 19 Prozent aller Männer ungeachtet des Alters auf und kommen demnach genauso häufig vor wie koronare Herzkrankheiten.

Stress und die Folgen

Stress kann schon *per se* in Gehirn und Nervensystem die physiologische Entstehung einer Erektion verhindern. Dies beschränkt sich meist aber nicht nur auf die »Morgenlatte«, gestresste vom *Burn-out-Syndrom* befallene (siehe Seite 99) jüngere und ältere Männer brauchen immer stärkere Reize, um überhaupt sexuell in Gang zu kommen. So entsteht eine teilweise ungewöhnliche, überraschend gewaltstarke Sexualität, welche die Männer nicht nur sich selbst zumuten, sondern auch von ihren Partnern abverlangen. Wesentlich gesünder ist es jedoch, den Stress abzubauen, anstatt ihn im sexuellen Bereich drastisch zu erhöhen. Dies soll nicht heißen, dass Sie weniger Sex haben sollen – ganz im Gegenteil, eine gewisse Abwechslung, Fetische und andere »Lustbarkeiten« stellen für viele Paare eine Bereicherung des sexuellen Erlebnisses dar. Wichtig ist, dass beide Partner diese sexuellen Varianten in gleichem Maße ausprobieren wollen.

Schlechter Lebensstil und die Folgen

Wie schon an anderer Stelle erwähnt (siehe *Komplexer Androgenmangel*, Seite 201 sowie im Kapitel Stress und Stressabbau, Seite 128), greift schlechter Lebensstil neben dem zentralen Einfluss aber auch direkt die Hodenfunktion an; der Spiegel des dort gebildeten »Männerhormons« Testosteron sinkt ab, sodass der männliche Stimulus im Gehirn ausbleibt, der Lust und körperliche Sexualität antreibt. Lassen Sie in jedem Falle bei einer derartigen Störung Ihren Hormonhaushalt durch einen entsprechenden Spezialisten checken.

Per Selbstanalyse zum idealen Lover

Versuchen Sie für den Anfang, sich morgens – am besten nach dem Aufstehen – völlig unbekleidet im Spiegel anzusehen. Für die meisten Männer ist das, was sie da sehen, weit von ihrer Traumvorstellung eines idealen Liebhabers entfernt. Infolge dessen geht meist die Seele in den Keller und bleibt dort für den Rest des Tages, vielleicht sogar bis in die Nacht hinein. Diesen Frust versuchen viele auf unterschiedliche Art und Weise zu kompensieren: Die einen reagieren sich aggressiv an ihrer Umwelt ab, indem sie ihre vorhandenen Machtpositionen schamlos und auf ungerechte Weise ausnutzen, um ihre Mitmenschen »fertig« zu machen, andere, die vielleicht keine derartige Stellung innehaben, flüchten in Alkohol, zu Zigaretten, in frustriertes Konsumverhalten oder werden gar zum »Frustfresser«. Aber hilft Ihnen das wirklich weiter, sollten Sie nicht erst einmal die äußeren Rahmenbedingungen verbessern, sprich Ihren Körper, damit Ihre Seele nachziehen kann?

Machen Sie sich dran, bauen Sie für Ihre Gesundheit, Ihre Seele und Ihre Sexualität einen Körper, der Sie schon morgens beim Ansehen erfreut. Denn nur wer sich selbst toll findet, kann erwarten, dass der Partner ebenso empfindet. Es gibt genug überzeugende Beweise dafür, dass in einen gepflegten, schönen Körper auch die Sexualität wie von alleine zurückkommt. Wie Sie Ihr anatomisches und physiologisches Outfit verbessern können, erfahren Sie in den Kapiteln *Körper und Bewegung: Das Training*, Seite 138 und *Manngerechte Ernährung*, Seite 180.

Durch Körpererlebnisse zu neuer Sinnlichkeit und gutem Sex

Was aber bleibt solchen Männern übrig, denen das Erlebnis ihres eigenen Körpers abhanden gekommen ist? Zunächst einmal sollten sie getreu den Worten Casanovas erst einmal lernen, sich selbst zu lieben – und das im buchstäblichen Sinne. Zum eigenen Körpererlebnis gehört die Selbstbefriedigung wie die Butter zum Brot. Wer es verlernt hat, seinen eigenen Körper als Lustobjekt zu sehen oder ihn also solches zu empfinden, kann von seinem Organismus kaum erwarten, dass dieser quasi auf Knopfdruck mit dem Partner genussvolle Sexualität produziert. Der Körper ist kein Lustautomat, und selbst wenn manche sexuellen Grundvoraussetzungen auf künstliche Weise angekurbelt werden – beispielsweise die Erektion durch Viagra –, ist der durchschlagende Erfolg einer ausgeglichenen Liebesnacht auf diese Weise mitnichten garantiert. Doch wie kann einem da noch geholfen werden?

Treten Sie morgens nackt vor den Spiegel und fragen sich selbstkritisch, ob das, was Sie da sehen, wirklich wie ein guter Liebhaber aussieht.

Stichwort Selbstbefriedigung: Im Gegensatz zu voll pubertierenden Jugendlichen, die bis zu fünf Mal am Tag und häufiger masturbieren, legen Männer über 40 nur noch ein paar Mal pro Woche Hand an sich, während dieser Trieb bei den über 50-Jährigen allmählich ganz nachlässt. Fast scheint es so, als ob es ihnen völlig gleichgültig wäre, ob und was sich da im Unterleib noch regt. Auffallend ist, dass parallel zu dieser zunehmenden sexuellen »Unlust« auch die nächtlichen und morgendlichen Erektionen abnehmen und auch der Testosteronspiegel sinkt. Aller Wahrscheinlichkeit nach besteht hier ein wichtiger Zusammenhang. Auf einen kurzen Nenner gebracht könnte man sagen: Je mehr Orgasmen ein Mann hat und je besser er sich um seinen Penis kümmert, desto höher ist seine Lebensqualität. Hinzu kommt, dass er offenbar auch größere Lebenschancen hat: Männer, die mindesten zwei Orgasmen pro Woche haben, leben deutlich länger als impotente Geschlechtsgenossen (siehe hierzu auch das Kapitel Biologie und Sexualität des Mannes, Seite 32.

Der Tipp der Autoren: Ziehen Sie sich also in aller Ruhe zurück, betrachten Sie Ihren Körper und Ihren Penis im

Patentrezept

Mindestens einmal pro Woche, unabhängig vom Alter sowie unabhängig vom Sex mit dem Partner, sollte jeder Mann masturbieren, wenn er den sexuellen Genuss des Lebens nicht bewusst aufgeben will.

Spiegel, gewinnen Sie vor allem wieder Zutrauen in sich selbst. Beginnen Sie am besten, indem Sie sich mit einem wieder intensiver werdenden Körpererlebnis verwöhnen.
Vorsicht ist allerdings bei dauerhaft ausbleibender Erektion geboten: Sollte dies bei Ihnen der Fall sein, müssen Sie den Arzt aufsuchen. Erst wenn organisch alles im grünen Bereich ist, kann auch die Masturbation funktionieren. Ihrem persönlichen Erfolg, ein guter Liebhaber mit einem erfüllten Sexualleben zu werden, steht dann aus dieser Sicht nichts mehr im Wege.

Spezialgymnastik und taoistische Tricks

Spätestens seit der Entwicklung von Viagra haben Potenzmittel eine gewisse Salonfähigkeit erreicht. Dennoch geht es oft auch einfacher und auch »ohne Chemie«, wie der Kölner Urologe Frank Sommer von der dortigen Universität in einer Studie an 120 Männern gezeigt hat: Einfaches Beckenbodentraining half etwa 80 Prozent der untersuchten Männer mit Erektionsstörungen; demgegenüber bewirkte die Einnahme von Viagra nur bei 74 Prozent der Probanden eine Verbesserung der Erektionsfähigkeit.

Eine besonders wirksame und erfüllende Befriedigung ist es, Orgasmus und Ejakulation zu trennen und so zu erhöhtem und verlängertem Genuss und mehrfachen Orgasmen zu kommen. Dies ist sowohl bei der Selbstbefriedigung ein schönes Erlebnis, maximiert aber auch beim gemeinsamen Sex den Lustgewinn. Dieses Training kann zu einer neuen Dimension intensiver körperlicher Sexualität führen. Mit zunehmendem Lebensalter wird die Methode sogar immer effektiver. Mantak Chia und Douglas Abrams Arava haben taoistische Weisheiten und praktische Ratschläge zusammengetragen, die Männern helfen sollen, so genannte multiple Orgasmen zu erleben. Mit einfachen Massagetechniken, knappen Handgriffen, Atemtechniken und Entspannungsübungen lernt man hier, wie sich der point of no return, wie es im Englischen anschaulich heißt, hinauszögern und das Orgasmusgefühl vervierfachen lässt. Bei entsprechender Übung sollte es dem körper- und lebensbewussten Manne, ganz gleich wie alt er ist, ein Leichtes sein, seinen Höhepunkt hinauszuzögern, um gemeinsam mit der Partnerin ungeahnte Glücksmomente zu erleben und gleichzeitig seiner eigenen Sexualität neue Dimensionen zu verleihen.

5

Anti-Aging für den Mann

Der jahrhundertelang geltende Generationenvertrag ist aufgekündigt, weil es zu wenige Erwerbstätige und zu viele Nicht-mehr-Erwerbstätige gibt. Alle Welt redet von privater Vorsorge. Diese sollte aber nicht nur in der finanziellen Absicherung bestehen, sondern vor allem auch in medizinischer Prävention, in einem Anti-Aging-Programm. Denn was nützt der Wohlstand, wenn man ihn aus Krankheitsgründen nicht mehr genießen kann? Ein gefragter Dienstleister ist hier der neue Männerarzt. Er kann dazu beitragen, die Krankheitszeit vor dem Tod zu verkürzen und einen Zugewinn an gesunder Lebenszeit zu erzielen. Aktives Anti-Aging bedeutet also viel mehr als reine *Life Extension* (Lebensverlängerung).

Was heißt eigentlich Anti-Aging?

In der modernen Medizin gibt es neben den klassischen Heil- und Vorsorgemaßnahmen (zu denen man auch im weitesten Sinne gesundheitliche Aufklärung und Gesundheitserziehung rechnen kann) eine neue Richtung, das so genannte Anti-Aging. Hierunter versteht man medizinische Interventionsmaßnahmen, die in der Lage sind, die Krankheitslast beim älter werdenden Menschen zu senken, also zu einer Kompression der Morbidität (Verkürzung der Krankheitszeit vor dem Tod) zu führen.

Obwohl man davon ausgehen darf, dass Anti-Aging-Maßnahmen auch zu einer Lebensverlängerung führen können, so gibt es hierfür (vor allem in den USA) eine weitere Strategie moderner Medizin, nämlich die sogenannte *Life Extension*. Ziel dieses medizinischen Trends ist weniger, gesund zu altern, als vielmehr das Leben zu verlängern. Lebensverlängerung wurde in den modernen Gesellschaften vorzugsweise durch die großen Errungenschaften der Medizin – wie beispielsweise Impfung, Antibiotika, Insulin und Hygiene – erreicht, während für die heute angepriesenen Maßnahmen eine solche Wirkung noch nicht bewiesen ist. Soweit dies erkennbar ist, hat *Life Extension* noch nichts dazu beigetragen, die unterschiedlichen Sterblichkeitsraten von Männern und Frauen in irgendeiner Weise zu beeinflussen.

Die Älteren in der Gesellschaft von heute

Der Gedanke, auch im fortgeschrittenen Alter etwas für sich und seinen Körper zu unternehmen, aus seinem Trott auszubrechen, etwas zu verändern, hat zunächst einmal persönliche Gründe. Allerdings sind auch gesellschaftliche und medizinische Argumente nicht von der Hand zu weisen, die für derartige Veränderungsprozesse sprechen. So ist es kein Vergnügen, während seiner letzten Lebensjahre aufgrund erhöhter Krankheitsanfälligkeit an Attraktivität, Leistungsfähigkeit und Wohlbefinden einzubüßen.

Tag für Tag mehren sich die Zeichen dafür, dass der Generationenvertrag – der über Jahrhunderte hinweg die Existenz derjenigen Mitglieder der Gesellschaft sicherte, die noch nicht oder nicht mehr im Arbeitsleben stehen – sich im Zustand der Auflösung befindet. Die Renten- und Sozialkassen sind nahezu leer, die Anzahl jüngerer Berufsanfänger, die einzahlen könnten, geht einerseits zurück, während andererseits immer mehr Ältere aus dem Berufsleben ausscheiden und in den Ruhestand gehen. Darüber hinaus zeichnet sich als neuer Trend in unserer heutigen Gesellschaft ab, dass immer mehr Verantwortung von der Gemeinschaft auf den Einzelnen abgewälzt wird.

Für aktive Individualisten bietet dies den Vorteil der Selbstverwirklichung, sie suchen sich die Ziele aus, die sie realisieren wollen, und setzen diese selbstbewusst in die Tat um. Die Nachteile dieses Trends sind aber auch absehbar: eine zunehmende Ellenbogenmentalität, eine Überforderung des Einzelnen und der Schwund des gesellschaftlichen Konsenses. Gerade ältere Menschen kommen mit dieser Entwicklung nicht gut klar, da sie ja von Kindheit an gewohnt sind, dass ihnen Vater Staat eine Rundumversorgung bietet. Inzwischen wird jedermann durch die Medien (von Versicherungen und Banken ganz zu schweigen) auf die Schwachstellen in der gesetzlichen Altersversorgung hingewiesen.

Allerdings dürfen unter dieser Entwicklung nicht diejenigen am meisten leiden, die sich bereits im Ruhestand befinden und ihre Lebenszeit entsprechend den Spielregeln des Generationenvertrags gestaltet haben. Sie besitzen einen Anspruch auf ein gewisses Minimum an sozialer Absicherung im Alter. Die mehr oder weniger unverblümte Aufforderung, man solle sich als 60-Jähriger schon mal um einen Pflegeplatz bemühen, ist letztlich ein Zeichen für das Versagen von Gesellschaft und Politik vor dem

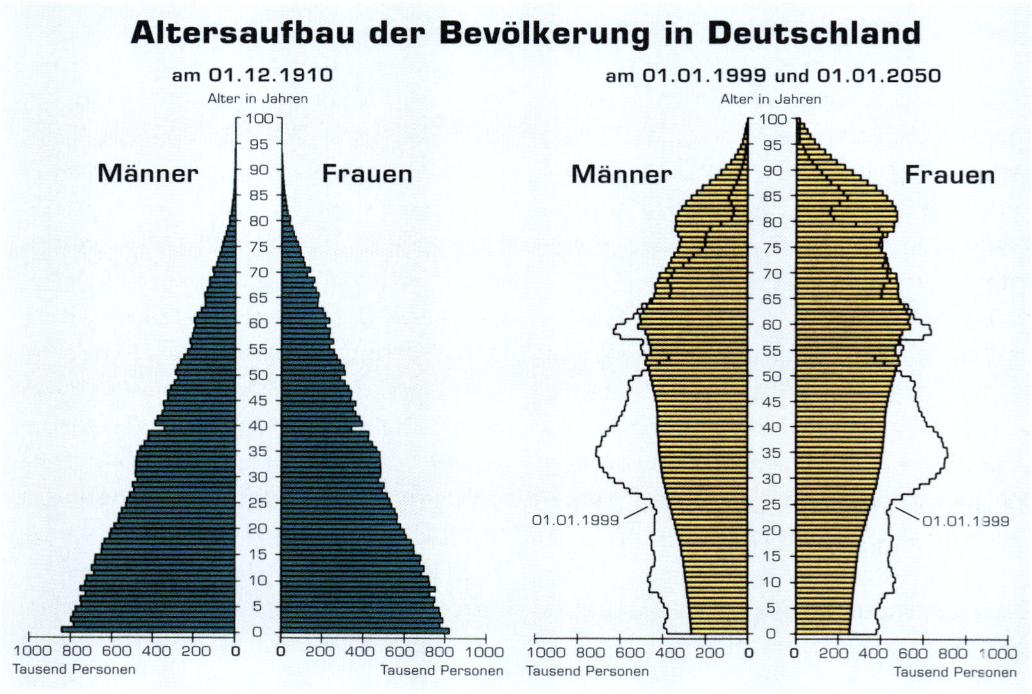

Statistisches Bundesamt 2000-15-0346

Lebens- und Gesundheitsanspruch des älter werdenden Menschen. Es verwundert nicht, dass bei den Betroffenen ein Gefühl des Unwohlseins und der Unsicherheit gegenüber dieser Gesellschaft spürbar wird.

Vergleicht man die Bevölkerungspyramide im Deutschen Reich um 1910 mit der heutigen Situation (2001) und der zukünftigen Entwicklung (2050), dann wird erkennbar, welche Problematik sich hier verbirgt. Zum erstgenannten Zeitpunkt wies die Bevölkerung einen starken Mittelbau auf, der Rentner und Kinder problemlos mit versorgen konnte; es war möglich, die Sozialkosten einigermaßen in den Griff zu bekommen.

In 50 Jahren jedoch wird der größere Teil älterer Menschen in Bezug auf seine soziale Sicherheit und die Gesundheitskosten von einem sehr geringen Bevölkerungsanteil von Arbeitenden getragen werden. Dies ließe sich nur durch enorm hohe Abgaben realisieren, um die überdurchschnittlich größere soziale Last aufzufangen. Statistisch betrachtet, würde ein Berufstätiger im Jahre 2050 Sozialabgaben für die Versorgung von zwei alten Menschen leisten. Finanziell sind solche Modelle utopisch.

Darüber hinaus wird unseres Erachtens ein weiterer Punkt übersehen, der den angeknacksten Solidarpakt gefährdet: Wenn die Gesellschaft, kurzsichtig und am falschen Ende sparend, zu wenig in die Ausbildung und Förderung von Kindern und Jugendlichen investiert, muss die gleiche Gesellschaft damit rechnen, dass die nachrückende junge Generation später kaum Solidarität mit den Älteren übt. Ein Verantwortungsgefühl kann schließlich nur entstehen, wenn man es am eigenen Leib erfahren hat. Wer die Jungen im Regen stehen lässt, darf sich nicht wundern, wenn später der Konflikt zwischen den Generationen eskaliert.

Individuelle Schutzmöglichkeiten und politische Maßnahmen

Was kann aber nun der Einzelne zur eigenen Absicherung tun? Vom medizinischen Standpunkt aus müssen die Menschen heute angeregt werden, bessere Vorbeugemaßnahmen zu treffen, um gesund bleiben. Ziel ist dabei, den Menschen auf subtile, nicht schulmeisterliche Weise nahezubringen, wie sie ihr Leben genussvoll *und* gesundheitsbewusst führen können. Um erfolgreich zu sein, müssen derartige Vorbeugemaßnahmen von den Menschen mit Wohlbefinden, vielleicht sogar Lebensglück assoziiert werden. Dieses Gefühl lässt sich nicht quantitativ bestimmen, schlägt sich aber indirekt im Gesundheitszustand der Bevölkerung nieder.

Politisch interessant – und quantitativ erfassbar – wird allerdings die Frage, ob sich Gesundheitskosten durch Prävention und Gesundheitserziehung senken lassen. Aufhänger ist hier das Konzept vom »Gesund altern und sterben«.

Wie schon im vorigen Kapitel erwähnt, fürchten sich viele Männer vor der Phase des Siechtums im Alter. Gerade Männer, die zeitlebens ihr eigenes Geschick bestimmt haben, sehen sich nun unfähig und hilflos in den Klauen eines Systems, das möglicherweise nichts mehr mit ihrer Vorstellung von Lebensqualität zu tun hat. Diese Männer, die sonst alles selbstständig geregelt haben, verlieren angesichts der eigenen Ohnmacht und Dysfunktionalität ihr Selbstwertgefühl.

Der Männerarzt – ein Beruf mit Zukunft

Gesund altern bedeutet, die Alterungsprozesse nicht zuletzt der Erbmasse so hinauszuzögern, dass ein derart geschütztes Individuum in der jetzigen Gesellschaft theoretisch ein Lebensalter von bis zu 120 Jahren erreichen könnte. Ungeachtet der medizinisch-sozialen Errungenschaften beträgt die Zahl der Krankheitsjahre bis zum Tode aber gegenwärtig 10 bis 15 Jahre. Es geht darum – gerade für den Mann, der früher als die Frau stirbt –, diese Leidensphase zu verkürzen.

Aufgrund der gut 35-jährigen beruflichen Erfahrung eines der Autoren als Arzt beginnt das »Gesund sterben« mit Beratung und Vorsorge – zwei in erster Linie menschlichen Aspekten, die leider nicht sehr hoch im Kurs stehen. Dabei sind Beratung und Vorsorge wesentlich preiswerter als jegliche Form der reparierenden Medizin. Männer müssen hier umlernen und in puncto Prävention in die Pflicht genommen werden. Was Beruf und Karriere anbelangt, haben sie die Eigenverantwortung durchaus verinnerlicht, in Sache Gesundheit besteht allerdings Nachholbedarf.

Das klassische Medizinsystem – ganz gleich, ob in Kliniken oder bei niedergelassenen Ärzten – hat in dieser Hinsicht versagt: Die neue Männermedizin muss, wie der Kundendienst fürs Auto, das technische Verständnis des Mannes in Bezug auf seinen Körper ansprechen. Hierfür brauchen wir einen neuen »Männerarzt« – so wie die Frauen den Frauenarzt – als Vertrauensarzt und sozusagen als Gesundheitscoach, der den Mann wie ein Kundendienstmanager durch das Leben begleitet. Nur so wird es gelingen, die Krankheitslast vom Mann zu nehmen. Gegenwärtig werden in Deutschland solche Männerärzte an der HOMMAGE-Academy ausgebildet (für weitere Informationen siehe die Internet-Website *www.mann-agement.com*).

Konsequenzen für den Einzelnen

Das Risiko, an einer der drei häufigsten Volkskrankheiten (Herzinfarkt, Schlaganfall und Krebs) zu erkranken, kann beim Mann durch ein aktives Lebensprogramm so beeinflusst werden, dass er lebensgesunde Jahre hinzugewinnt. Dieses Programm setzt sich aus vier Ebenen zusammen, nämlich der Umsetzung der eigenen Gene (Ebene 1), der Re-Aktivierung der Muskelkraft (Ebene 2), der richtigen Ernährung (Ebene 3) sowie einer geeigneten Hormonbehandlung (Ebene 4). Gerade letzteres wird in Zukunft eine viel größere Rolle spielen. Hormontherapien haben bei der Frau die Risiken für koronare Herzerkrankungen, Osteoporose und Alzheimer-Krankheit drastisch gesenkt – ein vergleichbares Programm muss nun auch für den Mann entwickelt werden.

Auch im fortgeschrittenen Alter ist es nie zu spät, den inneren Schweinehund zu überwinden und bequeme, aber schädliche Gewohnheiten gegen einen neuen aktiven – allerdings dem Alter entsprechenden – Lebensstil einzutauschen.

Während die Entwicklung derartiger Programme in den Aufgabenkreis der Mediziner fällt, bleibt die Frage offen, was der Einzelne – auch ein Mann der Altersgruppe 55 bis 65 – tun kann, um gesund alt zu werden. Wie aus zahlreichen medizinischen Studien bekannt ist, fördern vor allem Risikofaktoren wie Rauchen, Alkoholmissbrauch, Übergewicht und Bluthochdruck die vorzeitige Sterblichkeit des Mannes. Wer diese Risikofaktoren aus seinem Leben eliminiert, hat gute Chancen, an gesunder Lebenszeit hinzuzugewinnen.

Aktives Anti-Aging beginnt im Kopf und in der Seele des Einzelnen. Daher sollte jeder Mann die Voraussetzungen suchen, die in ihm selbst ruhen – damit er das Bild seines »Inneren Ichs« und die Wurzeln seiner Persönlichkeit wiederentdeckt, die ihm im Laufe seines Lebens abhanden gekommen sind.

6 Lebensstil und Renaissance des **Inner Image**

Wer möchte ich sein?
Wer das Wunschbild und die Erwartung an das eigene Leben – das *Inner Image* – aus Jugendtagen herübergerettet hat, statt in Routine und Resignation steckenzubleiben, der hat das Zeug zu einem Menschen mit Charisma. Dazu gehören Vitalität und Begeisterungsfähigkeit, aber nicht unbedingt Attraktivität. So geht Macht sehr häufig mit Körperfülle (in Verbindung mit höherem Alter) einher. Statt auf solche wenig positiven Vorbilder konzentrieren Sie sich jedoch lieber auf Ihr ganz persönliches Bild von sich selbst, auf Ihr Wohlbefinden und Ihre Kreativität, und arbeiten Sie an der Verwirklichung dieses Selbstbildes! Das ist die beste Grundlage für ein erfolgreiches Berufs- und ein erfülltes Privatleben.

Interview

Das folgende Interview führte Prof. Rolf-Dieter Hesch mit Dr. Frank Naumann, Kommunikationspsychologe in Berlin und Verfasser mehrerer Sachbücher.

Hesch: *In Ihrem Buch* Mann bist du schön *haben Sie viel über Charisma und Kommunikation geschrieben. Was verstehen Sie unter Charisma beim Mann?*

Naumann: Unter Charisma verstehe ich eine starke persönliche Ausstrahlung mit quasi magischer Anziehungskraft. Es entsteht, wenn ein unerschütterlicher Glaube an sich selbst durch selbstsicheres Auftreten auch auf andere Menschen wirkt. Da Charisma überwiegend durch Körpersprache ausgedrückt wird, lässt es sich nur unzureichend mit Worten beschreiben. Allerdings kann man es messen. Schon in Kleinkindergruppen ziehen einige Kinder quantitativ mehr Blicke und Interaktionen auf sich als andere; diese Kinder entwickeln als Heranwachsende mit hoher Wahrscheinlichkeit ein größeres Charisma als andere. Charisma darf nicht mit Attraktivität verwechselt werden. Auch kleine, dickliche und unansehnliche Männer haben Charisma, wenn sie in ihrem Verhalten Begeisterungsfähigkeit, Vitalität, Optimismus und eine originelle Persönlichkeit zeigen.
Im Altgriechischen bedeutete Charisma »Gnadengeschenk« – eine göttliche Eingebung, die sich große Heerführer der Antike, wie Alexander oder Cäsar, als Quelle ihrer Erfolge zuschrieben. In unserer Gesellschaft ist diese Rolle auf Medienstars und Prominente übergegangen. Sie stellt häufiger ein Produkt geschickter Inszenierung dar als ein Merkmal überragender Persönlichkeitsqualitäten. Andererseits verfügen rund fünf bis zehn Prozent aller Menschen über eine überdurchschnittliche, im Auftreten sofort erkennbare Ausstrahlung. Charismatische Menschen treffen wir folglich in jedem Bereich des Alltags. Sie setzen mit ihrem Optimismus, ihrer Fröhlichkeit und ihrer Vitalität kleine Glanzpunkte des Alltags und helfen uns, schlechte Stimmungen leichter zu ertragen und verlorenen Lebensmut zurückzugewinnen.

Hesch: *Charisma kann auch ein Gütesiegel für eine bestimmte Lebensart werden. Wie kann man diese lernen?*

Naumann: Die meisten von uns verfügen zumindest zeitweise über ein bisschen Charisma. Etwa, wenn eine Sache sie begeistert, wenn sie einen außergewöhnlichen Erfolg erzielen oder die Frau beziehungsweise den Mann ihres Herzens erobern. Das zeigt, wie Charisma gelernt werden kann: Aktiv sein, sich immer wieder kleine Erfolgserlebnisse verschaffen, über Misserfolge hinwegsehen oder ihnen eine heitere Seite abgewinnen, seine individuellen Eigenheiten pflegen und nicht etwa andere Leute nachahmen, offen sein und wagemutig auftreten – also auch mal einen Konflikt riskieren, aber ihn diplomatisch lösen.

Hesch: *Charisma bei sich selbst finden heißt zu seinen Jugendvisionen zurückzukehren und von dort neu zu beginnen. Wie kann man dieses erreichen?*

Naumann: Viele Männer sind als Jugendliche weltoffen, aktiv und begeisterungsfähig, während ab Mitte 20 Routine und Rückzüge in die eigenen vier Wände zunehmen. Sichere, eingefahrene Lebensgleise sind ein Todfeind des Charismas. Wer daher in späteren Jahren aus den immer gleichen Abläufen ausbricht, wird auch neue Ausstrahlung gewinnen. Es genügt jedoch nicht, die Wohnung, den Job oder die Ehefrau zu wechseln und unter den neuen Lebensumständen die alten Gewohnheiten leicht aufpoliert wieder aufzunehmen – man sollte immer auf der Suche nach neuen Einsichten und Erfahrungen bleiben.

Hesch: *Kommunikation, bei der Frau das wichtigste Mittel gegen Gewalt und Unterdrückung, wird heute auch für den Mann überlebenswichtig. Wie kann der Mann seine Kommunikationsfähigkeiten verbessern, was sind die Instrumente der Kommunikation?*

Naumann: Die Zeiten, da der Mann sich darauf verlassen konnte, alle zwischenmenschlichen Probleme mit einem Machtwort aus der Welt zu schaffen, sind vorbei. Der moderne Mann benötigt einen einfühlsamen Gesprächsstil, der nicht nur sachlich ist, sondern auch auf Gefühle und unbewusste Stimmungen Rücksicht nimmt. Diese Stilmittel lassen sich lernen. Es sind dies Techniken der offenen Frage, des Verbalisierens von Gefühlen, des Signalisierens von Verständnis, des konstruktiven Streitens und des bewussten Umgangs mit Körpersprache und Stimme.
Männer sollen nach unserem Wertesystem stark sein und mutig auf andere zugehen. Dabei kennt die Mehrheit der Männer aus eigener Erfahrung sehr wohl Hemmungen und Schüchternheit. Es lohnt sich daher, die eigene Kontaktfähigkeit im Alltag spielerisch zu trainieren. Gehen Sie nicht gleich auf die umschwärmte Blondine in der Disco los, sondern wechseln Sie zunächst einmal mit der Postfrau oder der Supermarktkundin in der Schlange vor der Kasse ein paar Worte – und beobachten Sie, wie die Angesprochene auf Sie reagiert. Nach einigen Wochen Erfahrung wird es Ihnen leichter fallen, jede attraktive Fremde geschickt in ein Gespräch zu verwickeln, eine eventuelle Abfuhr mit einem bedauernden Lächeln zu verkraften und die nächste Schönheit ins Auge zu fassen.

Das *Inner Image*

Wie das vorausgegangene Interview bestätigt hat, werden Erfolg und Charisma – und im Zusammenhang damit auch die Gesundheit – stark von den eigenen Vorstellungen und Erwartungen geprägt. Die Wunschbilder, die wir Männer in Kindheit und Jugend vor Augen hatten – Lokführer oder Astronaut zu werden oder auch etwas ganz anderes –, haben wir im Laufe unserer Mannwerdung *peu à peu* zu Grabe getragen. Das so genannte *Inner Image* – das Bild, das man von sich selbst in seinem Innern trägt – kristallisiert sich je nach Charakter mal früher, mal später heraus. Bei den meisten Männern ist es in der Jugendzeit entstanden, als sich die eigene Persönlichkeit in den Entwicklungsjahren der Pubertät und danach herausbildete: Wer möchte ich sein, wie möchte ich aussehen? Parallel dazu entsteht das Bild des Partners, beim Mann das »Anima-Bild«.

Dieses *Inner Image* beginnt stets in dem Moment zu verblassen, in dem der junge Mann mit äußeren Zwängen konfrontiert wird, die ihn prägen: Schule, Lehre oder Studium, Zivil- oder Militärdienst, dann das Berufsleben mit allen Nöten und Ängsten. Hinzu kommt das Privatleben – Partnerschaft, Familiengründung. In den Beziehungen zu anderen Menschen, sei es zu Lebenspartnern, Ausbildern oder Berufskollegen, muss man Kompromisse schließen. Diese fallen leider häufig zuungunsten der eigenen Persönlichkeit aus. Der Mann fühlt sich minderwertig, stellt geringere Ansprüche, als er könnte, und erhält letzten Endes noch weniger, als er eigentlich erwartet hat. So mehren sich Tag für Tag die kleinen Enttäuschungen, die am Inneren Bild zehren. Aber auch größere Enttäuschungen – wie der Ärger mit dem Boss, dem man sich zähneknirschend unterordnen muss – tragen dazu bei, dass man sich selbst verliert und den entstandenen Frust und Kummer durch inadäquate Versatzstücke kompensiert. Frustkäufe oder die tägliche *Couch-Potato*-Haltung vor dem Fernseher helfen dann allerdings genau so wenig, das *Inner Image* wiederzufinden, wie der sündhaft teure Urlaub auf den Bahamas, den man eigentlich nur gemacht hat, um seinen Bekannten zu im-

Entspannung tut gut – aber wenn sie in allgemeine Passivität ausartet, ist es höchste Zeit, aufzuwachen, um sich selbst wieder zu finden.

ponieren. Auch die sprichwörtliche Scheu des Mannes vor konstruktiven Auseinandersetzungen in der Partnerschaft trägt zur Resignation bei.

Selbstverständlich findet am *Inner Image* nicht ausschließlich ein konstanter Verschleißprozess statt, man baut und bastelt auch immer wieder daran herum – gute Erfahrungen und neue Wünsche können in den verschiedenen Altersstufen des Mannes auch einen positiven Einfluss ausüben. Und wer das innere Bild nie aus den Augen verloren hat, kann es wie eine Muskelgruppe beherrschen und als Richtschnur seines Denkens und Handelns verwenden. Darüber hinaus hat das *Inner Image* noch einen weiteren Vorteil – ein quasi unbegrenztes Verfallsdatum, denn es ist nie zu spät, es wieder hervorzukramen und die verblassten Farben aufzupolieren.

Wie Leitbilder das *Inner Image* verändern können

Einen nicht zu unterschätzenden Einfluss üben Idole auf das *Inner Image* eines Mannes aus – sowohl in die negative wie in die positive Richtung. Der biologische Mann, von Natur aus wie seine männlichen Verwandten unter den Schimpansen ein Rudeltier, sucht instinktiv nach Vorbildern in einer Gruppe, die aus Männern besteht. Er kennt die Spielregeln, die in diesen Gruppen herrschen, oder muss sie manchmal auf schmerzhafte Weise lernen. In diesem Sinne gibt es (rein biologisch betrachtet) keine Unterschiede zwischen den Machtkämpfen in einer Bande von Schimpansenmännchen und dem elaborierten Gerangel in der Vorstandssitzung eines großen Industriekonzerns. Gerade Jungen in der Pubertät, denen das plötzliche Ausbleiben des »Kindchen-Bonus« noch gar nicht völlig bewusst ist, die aber schon merken, dass plötzlich ein ganz neuer, wesentlich rauerer Wind weht – diese Jugendlichen suchen sich Leitbilder zur Orientierung.

Sicherlich geben solche Idole einem jungen Menschen das Gefühl einer gewissen Sicherheit und Geborgenheit, das ihn über den Verlust des bisherigen Schutzwalls der Kindheit hinwegtröstet. Sie können ihn aber auch in völlig falsche Bahnen lenken, vor allem die Ängstlicheren und die Männer mit geringem Selbstvertrauen, die den neuen Idolen blind-naiv vertrauen wie zuvor Vater und Mutter.

Das erste Idol im Leben eines jeden Jungen ist selbstverständlich der Vater, und dieser prägt das *Inner Image* seines Sohnes. Seine Stärke und Allmacht imponieren zunächst; so will der Sohn, wenn er groß ist, auch einmal sein. Dieses Bild erhält erste Risse, sobald dem Jungen auch die Schwächen seines Vaters bewusst werden. Das mündet oft in Ablehnung, Enttäuschung, Frust und führt dazu, dass man andere Vaterfiguren beziehungsweise starke Leitbilder sucht. Der junge Mann identifiziert sich in dieser Zeit mit Idolen und eifert ihnen eine Zeit lang nach. Oder er schließt sich in einer Gruppe mit anderen zusammen, die dann oft einem gemeinsamen Idol hinterherjagen.

Neben dieser Phase des geistig-emotionalen Umbruchs findet während der Pubertät auch der Umbau des männlichen Körpers statt – aus dem Knaben wird rein äußerlich ein Mann. Diese einschneidenden Veränderungen – Stimmbruch, Muskelzunahme, schnelles Wachstum der Gliedmaßen, plötzliche Körperbehaarung, Bartwuchs und nächtlicher Samenerguss – sind für den Pubertierenden zunächst beunruhigende und zum Teil unerklärliche Phänomene. Und da Männer – wie wir oben gesehen haben – sich generell vor allem Unerklärlichen fürchten, verspüren diese jungen Männer Angst. Idole oder Leitbilder, so glauben (oder lernen) sie, können ihnen bei der Überwindung dieser Ängste helfen.

So ist das Erwachsenwerden mit vielen Ängsten verbunden, die es zu überwinden gilt. Wenn der junge Mann diese Aufgabe bewältigt, ist er tatsächlich »erwachsen« und kann seine Psyche und seine Emotionen effektiv als Kraftquelle für den weiteren Lebensweg nutzen. Einen ähnlichen Lernprozess macht er mit seinen neuen physischen Ressourcen (also Muskeln und Körperkraft) durch – auch die muss er beherrschen lernen, um daraus Energie zur Lebensbewältigung zu ziehen. Auch hier gibt es Idole, denen er nacheifert – so möchte er aussehen, um erfolgreich zu sein.

Lasst dicke Männer um mich sein… Das Männerbild früher und heute

Wenn man bedenkt, dass körperliche, jugendliche Kraft eine wesentliche Ressource der Alltagsbewältigung darstellt und damit auch ein Garant für Macht und Einfluss ist, dann wundert man sich, dass es so viele dicke, hochbetagte

Wie zu Anfang der Menschheit tragen die Pygmäenmänner als Jäger ihren Teil zur Ernährung der Gruppe bei.

»No sports,« so lautet die klassische Antwort auf die Frage nach dem Geheimnis seines langen Lebens. Ein völlig unsportliches Leben führte der weltbekannte britische Staatsmann aber durchaus nicht, denn in seiner Jugend und Studienzeit war Winston Churchill ein engagierter Ruderer und Athlet.

Männer in mächtigen, einflussreichen Positionen gibt. Auch die Evolution des Menschen spricht eigentlich gegen diese Tatsache: Der Mann als Jäger und Sammler hatte nur dann Erfolg, wenn er rank und schlank war – denn dann war er flink genug, um Beutetiere zu jagen und möglichst viele davon nach Hause zu bringen. Das natürliche Athletentum unter Männern findet man auch heute noch bei Jäger- und Sammler-Kulturen wie den Pygmäen in Afrika oder den Ureinwohnern Australiens.

Je älter und schwerfälliger ein Mann ist, desto unwahrscheinlicher wäre demnach seine genetische Fitness. Gegen diese simple Schlussfolgerung spricht nicht nur die Realität in Form von dicken, alten Herrschern, sondern auch die Tatsache, dass Frauen oft einen älteren Mann als potenziellen Kindsvater in Betracht ziehen – dieser hat möglicherweise zwar weniger Körperkraft als ein junger Kraftbolzen, ist aber dafür reich an Erfahrung, die das physische Manko wieder wettmacht. Und bei einem scharfen Grips gepaart mit selbstsicherem Auftreten darf die Taille dann ruhig mal ein bisschen weiter ausfallen.

Körperfülle hat sich geradezu zu einem männlichen Statussymbol entwickelt, zu einem fleisch- (besser fett-) gewordenen Manifest der Macht des Geistes über den Körper: »Schaut her, ihr Schmachthaken und dünnen Heringe, ich kann es mir leisten dick zu sein, denn ich habe das Köpfchen und die Macht über andere, die für mich auf die Jagd gehen!« Allerdings haben Fettzellen und der Wille nach Macht eine unangenehme Gemeinsamkeit – sie streben danach, sich nahezu unbegrenzt auszudehnen. Damit ist es zu erklären, dass so viele mächtige Männer mit zunehmendem Alter noch machtbesessener werden – und in zunehmendem Maße die physischen Ressourcen junger, unerfahrener Männer ausbeuten, um den eigenen Einfluss zu stärken. Ein modernes Beispiel sind Klinikprofessoren, die ihre Assistenzärzte bis zum Umfallen schuften lassen und selbst die Lorbeeren des Erfolgs (und die Honorare) einheimsen. Die Ak-

Barocke Fülle als Zeichen der Emanzipation

Paradoxerweise sorgte die Kirche im Mittelalter dafür, dass die Menschen nicht übergewichtig wurden. Selbst hohe Würdenträger wie Päpste, Kaiser und Könige wurden zur Mäßigung angehalten, nicht nur was den Sex anbetraf: Die Wollust wie auch die Völlerei zählten zu den sieben Todsünden, die dem Frevler den Eintritt ins Himmelreich verwehrten. Regelmäßige Fastenkuren wie die 40-tägige Fastenzeit vor Ostern wirkten entschlackend; darüber hinaus durfte jeder Gläubige freitags kein Fleisch essen und musste auch an hohen Feiertagen wie Karfreitag und Allerheiligen streng fasten – da konnte man gar nicht dick werden. So nahm die Körperfülle der Menschen erst mit der Schwächung der Kirchenmacht zu – wozu sowohl Luther als auch Erasmus von Rotterdam, Kopernikus, Galilei und insbesondere Machiavelli beitrugen. Die geistige Emanzipation und Selbstverwirklichung der Herrscher in Renaissance und Barock äußerte sich auch in der verstärkten Körperlichkeit, alles wurde üppiger, die Statuen und Bilder genauso wie die Menschen selbst. Die Folge war aber auch, dass ernährungsbedingte Krankheiten zunahmen, so etwa die Gicht, auch »Krankheit der Könige« genannt, da sie unter anderem durch die bei der Fleischverdauung entstehenden Purine ausgelöst wird.

teure dieses Beispiels sind im heutigen beruflichen Alltagskampf beliebig austauschbar. Die Jungen ziehen mit, weil sie hoffen, im Alter eine ähnliche Machtposition wie ihre derzeitigen Ausbeuter einzunehmen – selbst wenn sie dabei ihre Gesundheit aufs Spiel setzen.

Rückkehr zum *Inner Image*

Um Ihr persönliches Körperwunschbild zu ermitteln, sollten Sie zunächst eine ehrliche Bilanz ziehen. Betrachten Sie sich dazu ruhig einmal, am besten nackt, im Spiegel und gestehen Sie sich kritisch – ohne den Bauch einzuziehen – alles ein, was Sie dort erblicken! Gefällt Ihnen der Kerl, der Sie da anschaut? Inwieweit ähnelt er jenem Idealbild, das Sie vor Jahren von sich selbst entworfen haben? Könnte Ihr Konterfei lieber ein paar Pfunde weniger auf die Waage bringen? Oder ein bisschen muskulöser sein? Gestatten Sie sich ruhig ein wenig Selbstverliebtheit. Schließlich müssen in erster Linie Sie höchstpersönlich mit Ihrem Ebenbild auskommen. Wer sich selbst nicht gefällt, strahlt dies auch nach außen ab – und braucht sich nicht zu wundern, wenn er sowohl im Beruf auf Kollegen wie auch privat auf Frauen und Männer nicht wirkt. Nur wenn Sie mit sich im Reinen sind, in sich »rund laufen«, kommen Sie erfolgreich und souverän bei anderen Menschen an.

Wichtig ist aber bei aller inneren Ausgeglichenheit, nicht die Realität aus den Augen zu verlieren. Wer jahrelang keinen Sport gemacht hat, darf nicht nach drei Wochen Fitnessstudio einen Waschbrettbauch erwarten. Wenn Sie einen schlanken, hochgewachsenen Körper haben, liegt es vielleicht in Ihren Genen, dass Sie trotz intensiven Trainings keine richtigen Muskelpakete ansetzen. Und wer von Natur aus eher eine leicht gedrungene, athletische Statur besitzt, sollte sich keine Illusionen darüber machen, dass er jemals schlanke, zierliche Beine haben würde.

Lasst dicke Männer um mich sein

Dicke Männer gelten bei vielen Frauen als knuddelig, liebenswert und werden oft als die besten Freunde angesehen – aber selten als potenzieller Lebenspartner in Betracht gezogen. Zudem werden Dicke oft von schlankeren Männern unterschätzt, da diese sie für gutmütig und phlegmatisch halten und keine Konkurrenten in ihnen sehen – eine mitunter fatale Unterschätzung, wie das Beispiel Julius Cäsar zeigt, auf den das als Überschrift verwendete Zitat zurückgeht. Denn gerade im Kreise der dicken Senatoren wurde seine Ermordung beschlossen und an jenen berühmten Iden des März (15. März) des Jahres 44 v. Chr. im Senatsgebäude von Rom ausgeführt.

Nach dieser visuellen Bestandsaufnahme taucht zwangsläufig die Frage auf, in welche Richtung Sie sich entwickeln möchten – kurzfristig und langfristig, beispielsweise wie Sie in 20 Jahren aussehen wollen. Aus den Antworten auf diese drei Fragen »Wer bin ich?«, »Wer möchte ich sein?« und »Wie sehe ich mich in 20 Jahren?« wird sich nach und nach ein Bild herauskristallieren, das durch das *Inner Image* der Vergangenheit und die heute (noch) realisierbaren Möglichkeiten vorgezeichnet ist.

Konzentrieren Sie sich bei dieser Zwischenbilanz darauf, welchen Sinn Ihr Leben damals für Sie hatte, was Sie ursprünglich einmal wollten. Lassen Sie sich nicht beirren von dem, was heute ist oder was andere denken – der Schlüssel zum Notausgang liegt einzig und allein bei Ihnen und nirgendwo sonst.

Folgen Sie keinen dogmatischen Anweisungen, was zu tun und zu lassen ist. In manchen Männer-Ratgebern wird die Individualität des Mannes zu wenig berücksichtigt – nicht jeder kann und darf alles machen, denn häufig sind ihm aufgrund seiner körperlichen Verfassung und seines Gesundheitszustands bestimmte Grenzen gesetzt. Außerdem kommt es infolge einer Dauerberieselung mit (gut gemeinten) Ge- und Verboten zu einem Gewöhnungseffekt – wie bei den Warnhinweisen auf Zigarettenschachteln. Wir möchten es Ihnen ganz allein überlassen, das für Sie Richtige auszuwählen. Motivation für alles, was Sie in Ihren Lebensplan einbauen können, sollte die reine Lust und nicht etwa ein schlechtes Gewissen sein.

Absolut Mann will Ihnen bei diesem Vorhaben ein wenig unter die Arme greifen: Ähnlich wie in einem Warenhaus brauchen Sie nur ins passende Regal zu greifen und das Gewünschte zu entnehmen. Doch Vorsicht: Da die Grenzen des Erreichbaren durch medizinische Gegebenheiten vorgezeichnet sind, werden Ihre Wünsche nur dann Erfolg haben, wenn Sie sich zuvor einer gründlichen ärztlichen Untersuchung unterzogen haben. Nur so ergibt sich ein sinnvolles Anti-Aging-Konzept. Ansonsten können Sie sich selbst entscheiden – für eine neu entdeckte Kreativität, eine wiedergewonnene Attraktivität und für persönliche Höchstleistungen auf allen Gebieten. Führen Sie Ihr Leben nicht fremdbestimmt, leben Sie nicht nach den Heilslehren und Dogmen anderer – in jeder Hinsicht.

Finden Sie Ihr *Inner Image* wieder und folgen Sie ihm dieses Mal. Beobachten Sie, wenn Sie sich nackt vor den Spiegel stellen, wie Ihr *Inner Image* nach außen strahlt, wie Ihr körperliches Wohlgefallen und erotisches Selbstvertrauen wachsen. Nehmen Sie den Dialog mit Ihrem Körper wieder auf – Sie sind Sie selbst, und niemand kann Ihnen dieses Selbstwertgefühl entreißen. Ganz gleich, ob Sie lieber »Schattenparker« oder »Eiswürfelduscher« sein wollen – frei nach Gertrude Stein gilt stets die Devise: *Ein Mann ist ein Mann ist ein Mann!*

Körper, Charisma und Erfolg

Neue Untersuchungen zeigen, dass Männer, die einen gepflegten Körper haben, bei Bewerbungen häufiger berücksichtigt werden und bis zu 25 Prozent mehr Gehalt bekommen. Wenn das Gesicht die stärkste Aussagekraft über das Wesen eines Menschen besitzt, so teilt der Körper minutiös mit, wie jemand geworden ist und was er aus seinen Veranlagungen gemacht hat. Das Körperbild eines Mannes ist ein Spiegel für Eigenschaften wie Fürsorge und Einfühlungsvermögen, Sorgfalt und guten Geschmack – Eigenschaften, die im Berufsleben immer wichtiger werden und die auch ein genussreiches Privatleben ermöglichen.

7 Anti-Aging-relevante Diagnostik

Um Ihr individuell maßgeschneidertes Anti-Aging-Konzept zu entwickeln, muss zunächst eine umfassende Diagnose durch den Männerarzt erfolgen. Dabei werden Ihre Lebensumstände und Ihre Lebensweise detailliert erfragt. Beim H-Scan hingegen erfasst der Arzt anhand einer computergestützten Analyse zwölf »Altersmarker« und ermittelt damit Ihr sogenanntes biologisches Alter. Eine Reihe weiterer diagnostischer Maßnahmen – etwa zur Erkennung alterungsbedingter Genschäden –, die Feststellung des Körperfettanteils sowie die Knochendichtebestimmung sind wesentliche Bestandteile des Diagnosepakets. Damit haben Sie den ersten Schritt zum Anti-Aging getan.

Der im Kapitel *Biologie und Sexualität des Mannes* beschriebene Männerarzt oder Androloge muss, wenn er sich an dem in diesem Buch beschriebenen Anti-Aging-Konzept orientieren will, bei der Diagnose seiner Patienten einige besondere Aspekte berücksichtigen.

Fragebögen in der androgenen Diagnostik

Grundsätzlich muss der Männerarzt das Befinden seines Patienten anders erfragen als der klassische Hausarzt. Die lapidare Frage »Wie geht's uns denn heute?« hat die Männer in der Vergangenheit erwiesenermaßen nicht gesünder sterben lassen. Männer neigen erziehungsbedingt und aufgrund gesellschaftlicher Zwänge dazu, keine Schwäche zu zeigen und Fehler nicht zuzugeben, und leben diesen Charakterzug aus bis zum Selbstbetrug.

Um in der Leistungsgesellschaft reibungslos als »Maschine Mann« funktionieren zu können, definieren sie ihre Männlichkeit krampfhaft an Hand von Imperativen, die der Amerikaner Herb Goldberg in einer Art Sieben-Punkte-Katechismus zusammengefasst hat (siehe Box oben rechts).

Der Männerarzt sollte sich bei der Untersuchung seines Patienten nicht allein auf dessen allgemeine Befindlichkeit konzentrieren, sondern sich vor allem stärker in die männliche Fühl- und Denkweise hineinversetzen. Bei seiner Anamnese darf er auch keinesfalls die besonderen Lebenseinflüsse, die Beruf, Partnerschaft, Familie und Sexualität auf die männliche Befindlichkeit ausüben, unberücksichtigt lassen.

Als gute Orientierung bietet sich hierbei der HOMMAGE-Männerfragebogen (siehe Seite 96) an. Einen weiteren fundierten Fragebogen haben Wissenschaftler der Lübecker Universität in jahrelanger Zusammenarbeit mit der Deutschen Gesellschaft für angewandte Endokrinologie sowie der Firma Pharmacia & Upjohn (Erlangen) erstellt. Zur Beurteilung des männlichen Gesundheitszustands ist dieser so genannte Vita-Fragebogen, der auf Seite 97/98 abgebildet ist, ebenfalls sehr aussagefähig.

Katechismus der Männlichkeit

(1) Je weniger Schlaf ich benötige,
(2) je mehr Schmerzen ich ertragen kann,
(3) je mehr Alkohol ich vertrage,
(4) je weniger ich mich darum kümmere, was ich esse,
(5) je weniger ich jemanden um Hilfe bitte und von jemandem abhängig bin,
(6) je mehr ich meine Gefühle kontrolliere und unterdrücke,
(7) je weniger ich auf meinen Körper achte, desto männlicher bin ich.

Herb Goldberg

HOMMAGE-Männerfragebogen

1. Kraft
- ❍ Ich habe viel Kraft
- ❍ Meine Kaft lässt gelegentlich nach
- ❍ Ich bin kraftlos

2. Gedächtnis
- ❍ Ich vergesse oft Daten und Namen
- ❍ Ich vergesse nichts und kann über alles nachdenken
- ❍ Ich suche öfter nach Worten und Gegenständen

3. Lust und Liebe
- ❍ Ich habe fast täglich Lust
- ❍ Meine Lust lässt doch nach, aber es stört mich nicht
- ❍ Ich habe keine Lust mehr und beginne zu leiden

4. Potenz
- ❍ Ich kann immer, wenn ich willl
- ❍ Ich möchte wohl noch, aber es geht nicht mehr so gut
- ❍ Ich habe nur noch selten Sexualität, sie fehlt mir

5. Angst
- ❍ Ich habe keine Angst
- ❍ Bisweilen mache ich mir Sorgen
- ❍ Ich brauche viel Kraft, um meine Alltagsängste zu überwinden

6. Schlaf
- ❍ Ich schlafe wie ein Bär
- ❍ Mein Schlaf reicht mir oft nicht
- ❍ Ich schlafe schlecht ein
- ❍ Ich wache oft auf

7. Stress
- ❍ Ich bin eigentlich dauernd überfordert
- ❍ Ich fühle mich beruflichem und privatem Stress immer weniger gewachsen, packe es aber noch
- ❍ Mein Stress im Beruf und privat macht mir Spaß

8. Arbeit
- ❍ Meine Arbeit macht mir eigentlich keinen Spaß mehr
- ❍ Ich arbeite gerne und packe meine Alltagsaufgaben ohne Mühe
- ❍ Ich muss mich zunehmend bei der Arbeit anstrengen

9. Stimmung
- ❍ Meine Stimmung ist überwiegend ausgezeichnet, ich freue mich meistens am Leben
- ❍ Ich bin gelegentlich niedergeschlagen, überwinde dies aber meistens wieder in den Erholgungsphasen
- ❍ ich fühle mich überwiegend deprimiert und »ausgebrannt«

10. Zigaretten
- ❍ mehr als 20
- ❍ 10–20
- ❍ keine

11. Alkohol
- ❍ mehr als 50 g regelmäßig
- ❍ 20–50 g regelmäßig
- ❍ 20–50 g gelegentlich
- ❍ weniger als 20 g gelegentlich

12. Sport
- ❍ hin und wieder
- ❍ manchmal zu Hause
- ❍ 2- bis 3-mal pro Woche
- ❍ täglich

13. Mein Penis
- ❍ Ich habe häufig Erektionen, egal wie es mir geht
- ❍ Ich habe keine Erektionen
- ❍ Ich habe Erektionen, wenn es mir gut geht, sonst aber nur selten (weniger als 2x/Wo.)

14. Mein Beruf
- ❍ Selbstständig
- ❍ Beamter/Angestellter/Arbeiter
- ❍ Ruhestand

15. Mein Körper

Größe	cm
Gewicht	kg
Bauchumfang	cm
Bizeps (rechts)	cm
Brustumfang (Brustwarzenhöhe)	cm

16. Mein Lebenspartner/Ehepartner
- ❍ Liebe und Sexualität passen noch gut
- ❍ Wir lieben uns noch, haben aber selten Sex
- ❍ Liebe und Sexualität sind unwichtig geworden

17. Mein Alter

Ich bin Jahre alt
Ich fühle mich körperlich wie -jährig
Ich fühle mich geistig wie -jährig

Mit dem HOMMAGE-Männerfragebogen (siehe auch im Internet unter www.mann-agement.com) werden auch Probleme in den Bereichen Beruf, Partnerschaft, Familie und Sexualität abgefragt.

VITA – Der Fragebogen zur Lebensqualität

In diesem Fragebogen möchten wir Ihnen einige Fragen zu verschiedenen Lebensbereichen. z. B. zu Ihrer Gesundheit oder möglichen Krankheiten, zu Freizeit und Hobbies, zu Freunden und Bekannten, und auch zu Sexualität und Körpergefühl stellen. Bitte gehen Sie die Fragen der Reihe nach durch und beantworten Sie die Fragen, indem Sie das entsprechende Kästchen ankreuzen

Gesundheitszustand und Wohlbefinden

	sehr gut	gut	zufrie-den-stellend	weniger gut	schlecht
Wie würden Sie im großen und ganzen Ihren Gesundheitszustand beschreiben! Würden Sie sagen, er ist zur Zeit	❍	❍	❍	❍	❍

Bitte überlegen Sie, wie Sie sich in der letzten Woche im Allgemeinen gefühlt haben. Geben Sie dann bei den einzelnen Aussagen an, inwieweit Sie ihnen zustimmen können.	trifft voll und ganz zu	trifft eher zu	trifft eher nicht zu	trifft überhaupt nicht zu
Mein Körper ist robust	❍	❍	❍	❍
Ich habe einen erholsamen Schlaf	❍	❍	❍	❍
Mich kann kaum etwas aus der Ruhe bringen	❍	❍	❍	❍
Ich wache morgens ausgeschlafen auf	❍	❍	❍	❍
Mein Körper ist widerstandsfähig	❍	❍	❍	❍
Ich fühle mich innerlich im Gleichgewicht	❍	❍	❍	❍
Ich habe ein sicheres Gefühl für das, was meinem Körper guttut	❍	❍	❍	❍
Ich erlebe meinen Körper als leistungsfähig	❍	❍	❍	❍
Nach dem Aufwachen bin ich ausgeruht	❍	❍	❍	❍
Ich bin körperlich belastbar	❍	❍	❍	❍
Ich nehme mir Zeit, meinem Körper Gutes zu tun	❍	❍	❍	❍
Ich wache morgens energiegeladen auf	❍	❍	❍	❍
Ich kann es mir körperlich richtig gutgehen lassen	❍	❍	❍	❍
Ich habe ein gutes Gefühl für das, was meinem Körper guttut	❍	❍	❍	❍
Ich bin ruhig und gelassen	❍	❍	❍	❍
Ich bin ausgeglichen	❍	❍	❍	❍

Stimmung und Vitalität

Bei den nächsten Fragen geht es darum, wie sie sich fühlen und wie es Ihnen in der vergangenen Woche ergangen ist.

Wie oft waren Sie in der vergangenen Woche...	immer	meistens	ziemlich oft	manchmal	selten	nie
voller Schwung?	❍	❍	❍	❍	❍	❍
sehr nervös und abgespannt?	❍	❍	❍	❍	❍	❍
ruhig und gelassen?	❍	❍	❍	❍	❍	❍
niedergeschlagen oder deprimiert?	❍	❍	❍	❍	❍	❍
voller Energie?	❍	❍	❍	❍	❍	❍
entmutigt und traurig?	❍	❍	❍	❍	❍	❍
glücklich und zufrieden?	❍	❍	❍	❍	❍	❍
müde und erschöpft?	❍	❍	❍	❍	❍	❍

Kreuzen Sie bitte bei jeder der folgenden Aussagen an, ob diese für Sie zutrifft (JA) oder nicht zutrifft (NEIN). Wenn Sie nicht sicher sind, ob Sie mit JA oder NEIN antworten sollen, kreuzen Sie die Antwort an, die am ehesten zutrifft.	Ja	Nein
Ich habe das dringende Bedürfnis, tagsüber zu schlafen	❍	❍
Ich muss Dinge mehrmals lesen, bevor ich sie mir merken kann	❍	❍
Es fällt mir schwer, Freundschaften zu schließen	❍	❍
Es fehlt mir an Selbstvertrauen	❍	❍
Ich bin oft sehr angespannt	❍	❍
Es fällt mir schwer, unter Leute zu gehen	❍	❍
Ich fühle mich selbst dann erschöpft, wenn ich nichts getan habe	❍	❍
Ich vergesse oft, was andere mir gesagt haben	❍	❍
Ich lasse mich leicht durch andere verärgern	❍	❍
Ich fühle mich oft zu müde, das zu erledigen, was ich eigentlich tun müsste	❍	❍
Mein Gedächtnis lässt mich oft im Stich	❍	❍

Gesundheitliche Beschwerden

Im Folgenden ist eine Reihe von Beschwerden aufgelistet, die im Zusammenhang mit hormonellen Veränderungen auftreten können. Prüfen Sie bei jeder Aussage, ob Sie sich in den vergangenen Wochen so gefühlt haben.

Wie sehr leiden Sie unter …	gar nicht	ein wenig	ziemlich	sehr stark
Kribbeln oder Stechen in Händen und Füßen?	❍	❍	❍	❍
Kopf-, Nacken- oder Rückenschmerzen?	❍	❍	❍	❍
Schmerzen in Muskeln und Gelenken?	❍	❍	❍	❍
Gewichtszunahme?	❍	❍	❍	❍
Trockenheit der Haut?	❍	❍	❍	❍
Veränderungen im Aussehen, in der Beschaffenheit oder	❍	❍	❍	❍
der Farbe der Haut?	❍	❍	❍	❍
Häufiger/unwillkürlicher Harndrang, z. B. beim Lachen oder Husten?	❍	❍	❍	❍
Abnahme der sexuellen Bedürfnisse?	❍	❍	❍	❍
Verstärktem Haarausfall?	❍	❍	❍	❍
Bindegewebsschwäche (Cellulitis)?	❍	❍	❍	❍
Muskelschwäche?	❍	❍	❍	❍
Fettansatz?	❍	❍	❍	❍
Krampfadern?	❍	❍	❍	❍
(Frauen) Schweißausbrüchen oder Hitzewallungen?	❍	❍	❍	❍
(Frauen) Verstärkter Gesichtsbehaarung?	❍	❍	❍	❍
(Frauen) Scheidentrockenheit oder Beschwerden beim Beischlaf?	❍	❍	❍	❍
(Männer) Potenzminderung oder -verlust?	❍	❍	❍	❍

Medikamente

Bitte Kreuzen Sie alle Medikamente an, die Sie zur Zeit einnehmen.	Ja	Nein
Hormontabletten	❍	❍
Hormonpflaster	❍	❍
Hormonspritzen	❍	❍
Schmerztabletten	❍	❍
Schlaftabletten	❍	❍
Beruhigungsmittel	❍	❍
Blutdruck senkende Mittel	❍	❍
Vitamine	❍	❍
Calcium	❍	❍
Magen- und/oder Darmpräparate	❍	❍
Andere Medikamente	❍	❍

Fitness

Wie gut können Sie folgende Tätigkeiten bewältigen? **Können Sie …**	keine Probleme	leichte Probleme	mäßige Probleme	große Probleme	kann ich nicht
einen schweren Einkaufskorb (8 kg) über mehrere Etagen tragen?	❍	❍	❍	❍	❍
zwei schwere Koffer über mehrere Etagen tragen?	❍	❍	❍	❍	❍
zwei Kilometer schnell gehen ohne auszuruhen?	❍	❍	❍	❍	❍
30 Minuten ohne Pause joggen?	❍	❍	❍	❍	❍
auf einem Stuhl sitzend mit den Händen den Boden erreichen?	❍	❍	❍	❍	❍
aus dem Stand (Knie gestreckt) mit den Händen den Boden erreichen?	❍	❍	❍	❍	❍
auf einem Bein stehen ohne sich festzuhalten (mind. 15 s)?	❍	❍	❍	❍	❍
mit Abstützen über einen 1 m hohen Zaun springen?	❍	❍	❍	❍	❍

Partnerschaft und Sexualität

Bitte beantworten Sie alle Fragen so offen wie möglich.	Trifft voll und ganz zu	Trifft eher zu	Trifft eher nicht zu	Trifft überhaupt nicht zu
Ich bin kontaktfreudig und gehe gern auf Menschen zu	❍	❍	❍	❍
Ich glaube, dass ich sexuell attraktiv bin	❍	❍	❍	❍
Ich bin bezogen auf Sexualität experimentierfreudig	❍	❍	❍	❍
Ich bin derzeit mit meinem Sexualleben zufrieden	❍	❍	❍	❍
Ich bin eher gehemmt und werde leicht verlegen	❍	❍	❍	❍

Zufriedenheit

Wie zufrieden sind Sie mit …	Eher zufrieden	Eher nicht zufrieden
Ihrer Gesundheit?	❍	❍
Ihrer finanziellen Lage?	❍	❍
Ihrem Lebensstandard?	❍	❍
Ihrer Freizeit (sportliche Aktivitäten, Verein, Urlaub)?	❍	❍
Ihren Hobbies?	❍	❍
Ihrer familiären Situation?	❍	❍
Ihrer Beziehung zu anderen Menschen?	❍	❍
Ihrer Arbeit und Ihrem Beruf?	❍	❍

Selbstverständlich kann jeder Mann beide Fragebögen auch ohne ärztlichen Beistand selbstständig ausfüllen und auswerten. Allerdings macht es wegen der Neigung zum männlichen Selbstbetrug mehr Sinn, die Befragung durch einen sachverständigen Arzt oder Berater durchführen zu lassen. Die Ergebnisse werden dann sicherlich objektiver ausfallen. Jede negative Antwort liefert Aufschluss darüber, was man alles ändern kann (oder sollte), um ein gesundes hohes Alter zu erreichen – denn schon die kleinste positive Veränderung kann lebensverlängernd sein.

Bei der Frage nach Alter und Wohlbefinden muss der Interviewer berücksichtigen, dass sich manche 25-Jährige schon wie 50 fühlen; gerade diese jüngeren Männer sind bei überstarkem Engagement in Karriere oder Familie besonders empfänglich für das so genannte *Burnout-Syndrom* – ein Komplex von Symptomen, bei dem der Mann bereits mit etwa 45 Jahren emotional, physisch und sexuell völlig ausgebrannt ist. Obwohl Anti-Aging also schon in jungen Jahren ansetzen kann, soll mit diesen Fragebögen eher die Altersgruppe ab 45 angesprochen werden. Lassen Sie sich durch die Fragen nicht ins Bockshorn jagen. Schließlich dient der Fragebogen nur als Richtschnur und zeigt Ihnen möglicherweise, an welchen Punkten der Arzt Ihnen noch weiterhelfen kann.

Wichtiger Hinweis

Wer bei der Beantwortung der Fragen nicht ehrlich gegenüber sich selbst ist, verpasst eine einmalige Chance. Jede Unaufrichtigkeit wirkt kontraproduktiv, genauso wie in der Vergangenheit die großen Lebenslügen den Mann nach und nach abgestumpft haben, bis seine Seele blind und sein Körper verfettet war.

Die Bestimmung des biologischen Alters mit dem H-Scan

Eine weitere objektive Bewertung des biologischen Alters liefert der so genannte H-Scan, den Richard Hochschild in den USA entwickelte und der sich dort seit vielen Jahren in der Altersforschung etabliert hat. Diese Methode nutzt die Tatsache aus, dass Menschen mit unterschiedlichen Geschwindigkeiten altern – so kann sowohl ein 40-Jähriger als auch ein 60-Jähriger das biologische Alter 50 haben. Für ein wirksames Anti-Aging ist das biologische Alter entscheidend, nicht das Geburtsdatum; denn das biologische Alter sagt mehr über den Ist-Zustand aus und liefert somit wichtige Behandlungsansätze. Der H-Scan berücksichtigt in stärkerem Maße auch Umweltparameter (Ernährung, Sport, Stress, soziales Umfeld, Umgang mit Genussmitteln).

Test	Ergebnis	%-ile
1. Auditive Reaktionszeit (s)	.157	48
2. Höchster hörbarer Ton (kHz)	13.6	90
3. Vibrotaktile Sensibilität, (dB)	28	27
4. Sehreaktionszeit (s)	.215	46
5. Muskelgeschwindigkeit (s)	.085	94
6. Forcierte Lungenkapzität (l)	4.43	69
7. FEV = Forcierte Ausatmung (l/s)	3.48	59
8. Sehreaktionszeit mit Entscheidung (s)	.285	#
9. Muskelgeschwindigkeit mit Entscheidung (s)	.056	96
10. Gedächtnis, Länge der Sequenz	7	25
11. Abwechselndes Tasten-drücken (s)	12.6	98
12. Augen Akkomodation, Dioptrien	0	#

Der H-Scan lässt sich sehr bequem durchführen und bietet eine objektive Messgenauigkeit

Percentilen Ergebnisse

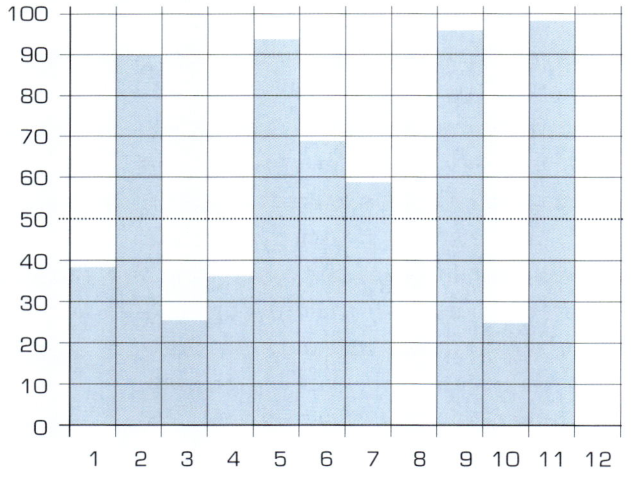

Alter berechnet aus der Kombination aller Testresultate: **51**

Die zwölf Altersmarker im H-Scan

- Hör-Reaktionszeit (das Erkennen hochfrequenter Töne und die muskuläre Reaktion auf die Töne)
- Höchster noch wahrnehmbarer Ton
- Vibrotaktile Sensibilität
- Seh-Reaktionszeit
- Muskelbewegungsgeschwindigkeit
- Lungenfunktion-Vitalkapazität
- Lungenfunktion-1-Sekunde-Kapazität
- Entscheidungsreaktionszeit
- Bewegungsgeschwindigkeit
- Gedächtnis
- Alternierendes Knöpfedrücken
- Akkomodationsfähigkeit

Funktionsweise des H-Scans

Anhand einer computergestützten Analyse werden im Selbsttest zwölf bestimmte biologische Altersmarker (Bio-Marker, siehe Box oben) erfasst und die Ergebnisse mit dem tatsächlichen Lebensalter verglichen. Da diese Bio-Marker als Indikatoren zur Früherkennung von Alterungsprozessen dienen, erlauben sie dem Arzt, ein individuelles Maßnahmenpaket für seinen Patienten zu schnüren, um dessen Gesundheit und Lebensqualität im Alter zu verbessern.

Im Gegensatz zu Blutanalysen und anderen Labortests, deren Ergebnisse nur theoretisch mit dem tatsächlichen Alterungsprozess korrelieren, fragen die zwölf Bio-Marker kognitive Fähigkeiten und Sinneswahrnehmungen ab, die nachgewiesenermaßen mit fortschreitendem Alter abnehmen.

Der H-Scan dauert ca. 40 bis 50 Minuten. Die Teilnehmer sollten ausgeruht und ohne Zeitdruck zum Test erscheinen, da er ihnen eine hohe Konzentration abverlangt. Nach beendeter Therapie oder erfolgreicher Lebensumstellung braucht der H-Scan zur Erfolgskontrolle nicht insgesamt wiederholt zu werden; oft genügt es, nur einen oder zwei Parameter zu kontrollieren, um den Gesamterfolg beurteilen zu können.

Spezielle Anti-Aging-Labordiagnostik

Neben dem Standard-Checkup, den jeder Hausarzt durchführen kann, sollte das diagnostische Programm noch eine Reihe weiterer Untersuchungen beinhalten. Da die männlichen Hormone (Testosteron, Wachstumshormon und andere) in diesem Buch einen besonderen Stellenwert einnehmen, wird ihre Diagnostik ausführlich im Kapitel *Hormonsystem und Hormontherapie beim Mann* (siehe Seite 198 ff.) besprochen.

Bestimmung der Vitamine D3, B12 und Folsäure im Blut

Während lange Zeit der Jodmangel als die einzige gehäuft auftretende Mangelerkrankung der Deutschen galt (die sich in Form einer Kropfbildung manifestierte), wird heute bei älter werdenden Menschen – insbesondere im Winter – zunehmend ein Vitamin D-Mangel festgestellt; typische Symptome sind Müdigkeit und Muskelschmerzen. Deswegen empfiehlt es sich bei einem niedrigen Vitamin-D-Spiegel, in den Wintermonaten Vitamin D zu ersetzen.

Nicht näher zu beschreibende Müdigkeit und Gefühlsstörungen sind oft Folgen einer so genannten Neuropathie, einer Erkrankung der Nerven. Sehr häufig treten Neuropathien bei Diabetes und Durchblutungsstörungen auf, zunehmend aber auch infolge eines Mangels an Vitamin B12 und Folsäure. Daher sollte man unbedingt den Gehalt dieser beiden Vitamine im Blut älterer Männer bestimmen.

Bestimmung von Aminen und Stoffwechselregulatoren

Im Blut von Männern, die am *Burnout-Syndrom* leiden, findet man häufig einen niedrigen Serotoninspiegel. Zwar gibt es noch keinen wissenschaftlichen Nachweis, der einen Zusammenhang zwischen zu wenig Serotonin im Blut und einem gestörten Serotoninstoffwechsel im Gehirn belegt. Dennoch zeigten sich überraschende Behandlungserfolge bei Patienten, die mit Medikamenten therapiert worden waren, welche den Serotoninstoffwechsel im Gehirn optimieren. Deutliche Verbesserungen ergaben sich hier vor allem bei Depressionen und bei Symptomen wie Schmerzen im Muskelsystem.

Der DNA-Chip – Diagnosegerät zur Erkennung altersbedingter Genschäden

Wie wir bereits im Kapitel *Was bedeutet Altern?* (siehe Seite 25 ff.) gesehen haben, gibt es genetische Veranlagungen für Krankheiten, so genannte Polymorphismen. Diese Gendefekte und die damit verbundenen Krankheitsrisiken lassen sich heute im Labor leicht per Genscan ermitteln. Ein Standard-Verfahren ist die so genannte Polymeraseketten-Verlängerungsreaktion oder PCR-Methode, die bereits sehr geringe DNA-Mengen analysieren kann.

Eine ganz neue Methode, deren Entwicklung noch nicht vollständig abgeschlossen ist, ist die Entwicklung so genannter DNA-Chips; diese ermöglichen vor allem die Erkennung solcher Risiken, die erst im Alter auftreten. Auf einem DNA-Chip sind alle DNA-Erkennungsmatrizen für Krankheitsrisiken verzeichnet.

Auf einem DNA-Chip, der derzeitig im Labor eines der Autoren entwickelt wird, werden solche Genveränderungen aufgelistet sein, die im Laufe des Alterns auftreten – beispielsweise Genveränderungen an der Mitochondrien-DNA, am Fettstoffwechsel (hier vor allem solche, die Alzheimer auslösen), aber auch Defekte an so genannten Lipoproteinrezeptoren, also an Andockstationen jener Proteine, die Fett im Blut transportieren; diese Schädigungen erhöhen das Risiko einer Arteriosklerose. Weitere interessante Kandidaten für den DNA-Chip sind Genveränderungen, die zu Bluthochdruck und Thrombosen führen, aber auch die Genveränderung eines bestimmten Enzyms, das Alkohol im Körper abbaut. Diese so genannte Alkoholdehydrogenase II (ADH II) wird in individuell unterschiedlichen Mengen gebildet, woraus sich die verschiedenen Abbauzeiten von Blutalkohol ergeben. Männer mit wenig ADH II setzen sich also einer höheren Vergiftungsgefahr aus, wenn sie Alkohol konsumieren, und könnten, wenn sie über ihr Manko Bescheid wüssten, ihre Lebensweise entsprechend umstellen.

Immer mehr Menschen möchten lebenslang Sport treiben, allerdings können Gendefekte auch Knochen- und Gelenkveränderungen auslösen, wodurch

Augenuntersuchungen

Die Augen sind der Spiegel der Seele, behauptet der Volksmund – doch darüber hinaus liefern sie auch knallharte Fakten über das Alter eines Menschen. Aufhänger dieser Methode ist die Akkomodation des Auges, also die Fähigkeit, den Blick auf ferne oder nahe liegende Gegenstände scharf zu stellen. Dieser Vorgang ist stark altersabhängig, weshalb die Messung der Akkomodation eine gute Abschätzung des biologischen Alters darstellt. Als Standardmethode zur Bewertung von Anti-Aging-Maßnahmen hat sich dieses Verfahren allerdings noch nicht bewährt.

es zu einer vorzeitigen Arthrose, Osteoporose oder zu Gelenkentzündungen kommen kann.

Angesichts des zunehmenden Medikamentenkonsums im Alter ist es wichtig zu wissen, dass Mutationen in den Genen der so genannten Zytochromenzyme – also jener Enzyme, die für die Entgiftung der Leber verantwortlich sind – eine wichtige Rolle dabei spielen können, wie schnell Arzneiwirkstoffe unschädlich gemacht und aus dem Körper ausgeschieden werden. Um schleichende Arzneimittelvergiftungen im Vorfeld zu vermeiden, sollte man sich per DNA-Check dahingehend untersuchen lassen, ob die eigene Leber tatsächlich so viele Medikamente verträgt.

Untersuchungen zum Schutze des Gehirns

Für viele Menschen ist die schlimmste Vorstellung in Bezug auf das Alter, an einer Krankheit zu leiden, die Gehirn oder Nerven betrifft und den Menschen gerade jener Fähigkeiten beraubt, die ihn unter allen anderen Lebewesen auszeichnet – Verstand, Emotionen und Sprache. Dazu zählen neben Alzheimer auch Schlaganfall und Arteriosklerose (die zum Schlaganfall führen kann). So gehört zu einem sinnvollen Anti-Aging-Programm auch, Gehirn und Nervensystem ausreichend zu schützen. Maßnahmen zur Früherkennung von Alzhei-

Bild oben: Normalproband, 40 Jahre, Breite des Intima-Media-Komplexes unter 0,5 mm.
Bild mitte: Normalproband, 64 Jahre, IMK unter 0,7 mm.
Bild unten: Patient mit erhöhtem Gefäßrisiko, 59 Jahre, mittlerer IMK 0,8 mm.

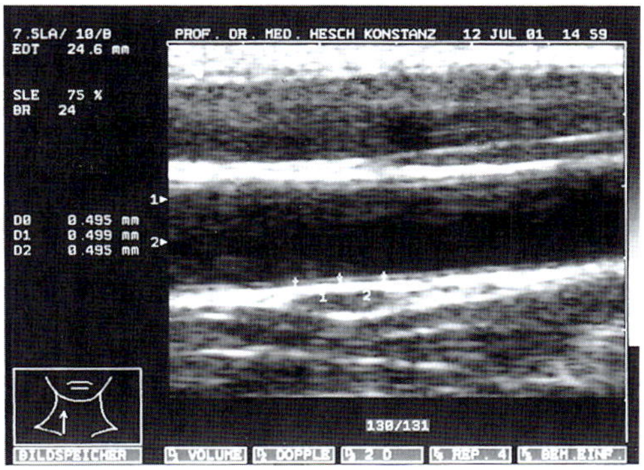

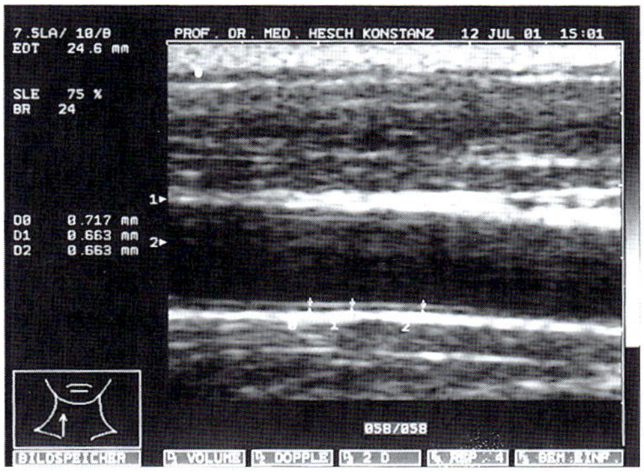

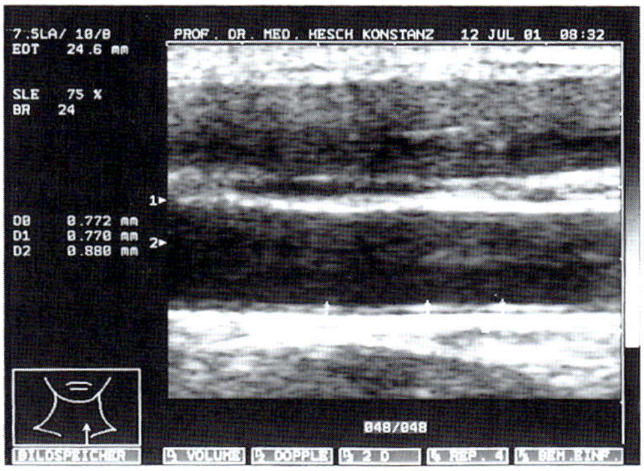

mer werden im Kapitel *Spezieller Organschutz – Gehirn und Alzheimer-Krankheit* (siehe Seite 218) besprochen.

Messung des Intima-Media-Komplexes

Bei diesem Verfahren handelt es sich um eine spezielle Ultraschalluntersuchung, bei der man den Abstand zwischen der Innenhaut (der so genannten Intima) eines Blutgefäßes und der angrenzenden mittleren Gefäßhaut (der so genannten Media), misst. Aufgrund der Dicke dieses Intima-Media-Komplexes (IMK) kann man recht exakt vorhersagen, ob der Untersuchte an Arteriosklerose erkranken wird. Denn der im Blut transportierte Sauerstoff (O_2) muss die Gefäßwand durchdringen, um zu den dahinter liegenden Organen und Zellen zu gelangen – und je dicker die Gefäßwand, sprich je breiter der IMK, desto schwieriger die Versorgung der Organe mit O_2. Die Messung des IMK ist unproblematisch, seine Aussagekraft enorm. Sehr gut lässt sich dieses Verfahren auch zur Erfolgskontrolle von Anti-Aging-Maßnahmen einsetzen.

Messung des Körperfetts

Da die Mobilisierung der körpereigenen Fettdepots zur Gewinnung von Muskelkraft ein wichtiger Bestandteil unseres Anti-Aging-Konzepts ist (siehe auch die Kapitel *Manngerechte Ernährung sowie Körper und Bewegung – das Training*, Seite 180 und 138), hat die Bestimmung des Gesamtkörper-Fettgehalts eine besondere Bedeutung, insbesondere als Messgröße für die allgemeine Körpergesundheit. Auch hier stehen dem Arzt mehrere Diagnoseverfahren zur Verfügung, manche – wie die beiden folgenden – können Sie aber auch selbst durchführen.

Hautfaltentest

Beim Hautfaltentest, auch Kaliper-Methode genannt, wird mit einem speziellen kneifzangenartigen Instrument, der Kaliper (die ein wenig an das überdimensionierte Hinterende eines Ohrenkneifers erinnert) die Dicke einer Hautfalte an mindestens drei, maximal neun verschiedenen Körperstellen gemessen. Mit dieser Methode kann man im Gegensatz zur weiter unten beschriebenen Impedanzmethode nur einen Schätzwert des Körperfetts ermitteln; da der »Systemfehler« jedoch konstant bleibt, ist das Verfahren dennoch recht genau und wird am häufigsten verwendet. Messungenauigkeiten ergeben sich, wenn derjenige, der den Test durchführt, mit der Methode nicht ausreichend vertraut oder wenn die untersuchte Person extrem fettleibig ist.

Wichtig ist, dass man die Hautfalte fest mit Daumen und Zeigefinger ergreift, auf diese Weise Haut und Fett vom Muskel abhebt und fest zusammendrückt. Anschließend wird die Dicke der Falte mit der Kaliper – ähnlich wie mit einer Schieblehre – in Millimetern gemessen.

Zur Auswertung gibt es mehrere Berechnungsformeln. Bei der so genannten Parillo-Formel werden alle Hautfalten-Werte addiert und durch das Körpergewicht geteilt. Anschließend multiplizieren Sie alles mit 12,25 und erhalten so Ihren Körperfettanteil (in Prozent). Wenn Sie genau wissen wollen, wieviel Kilogramm Fett in Ihrem Körper stecken, müssen Sie Ihr Gewicht mit diesem Prozentsatz multiplizieren und anschließend durch 100 teilen. Das Ergebnis ist der Fettgehalt des Körpers in Kilogramm.

Am besten lässt sich das an einem Beispiel erklären: Nehmen wir einen 85 Kilogramm schweren Mann, bei dem die Kalipermethode eine Gesamt-Hautfaltendicke von 65 Millimetern ergab.

- Der prozentuale Fettgehalt des Körpers errechnet sich folgendermaßen:

(65/85) x 12,25 = **9,4 Prozent**

- Das absolute Körperfett ergibt sich dann wie folgt:

(9,4 x 85)/100 = **7,99 Kilogramm**

Als wesentlich präziser im Vergleich zur Kaliper-Methode hat sich gerade bei älteren Männern die nachfolgend beschriebene Methode zur Fettbestimmung erwiesen.

Impedanzmethode

Bei der Impedanzmethode (Bio-Impedanz-Analyse, BIA) handelt sich um eine elektrische Widerstandsmessung des Körpers. Hierzu werden Sie richtig unter Strom gesetzt: Mit Hilfe von Elektrodenplättchen, die wie ein Pflaster auf der Haut festgeklebt werden, wird in Ihrem Körper ein homogenes Wechselstromfeld mit konstanter Stromstärke erzeugt und der dabei anfallende Gesamtwiderstand, die so genannte Impedanz, in Ohm gemessen. Mit einer

Moderne Körperfettanalysewaagen, wie die hier abgebildete Tanita-Waage, kombinieren zwei Vorteile: Der Arzt spart Zeit und Kosten bei der Diagnose, und der Patient wird schnell, unkompliziert und schmerzlos über seinen aktuellen Gesundheitszustand informiert.

Richtlinien für den Körperfett-anteil bei Männern

Durchschnittlich haben deutsche Männer einen Körperfettanteil von 15 bis 25 Prozent; wer eine athletische Figur anstrebt, sollte versuchen, ihn auf sechs bis zwölf Prozent zu reduzieren. Die Tabelle verrät, ob Sie eher in die Waschbrett- oder Waschbütt-Klasse fallen:

Figur	Körperfett-Anteil [in Prozent]
Dürr	< 5
Ideal	6–12
Akzeptabel	12–15
Durchschnitt	15–25
Dick	>25

Spezialsoftware wird anschließend der Fettgehalt berechnet, wobei Größe, Gewicht, Alter und Geschlecht noch eingegeben werden müssen.
Da der Computer Ihre persönlichen Daten mit den Werten einer Datenbank vergleicht, ist die Impedanzmethode mehr als nur ein preiswertes, zuverlässiges und exaktes Verfahren zur Fettmessung. Durch häufiges Wiederholen der Messungen lässt sich der Verlauf von Fett abbauenden und Muskeln aufbauenden Maßnahmen genau kontrollieren, um zum Beispiel das Training entsprechend anzupassen.

DEXA-Ganzkörper-Verfahren

Die beste Methode, den Fettgehalt und gleichzeitig die fettfreie Muskelmasse sowie die Knochenmasse zu messen, besteht in der DEXA-Ganzkörpermethode (DEXA = *Dual X-Ray Absorptiometry Energy*).

Bei der DEXA-Methode handelt es sich um ein spezielles Röntgenverfahren, das außerordentlich exakt ist und sich besonders auch für Verlaufsmessungen eignet.

Sehr einfach und ohne großen Aufwand kann der Anteil der Fettmasse auch mit Hilfe der Computertomographie bestimmt werden. Hierzu ist nur eine ein-

Knochendichte-Bestimmung über DEXA im Bereich der Lendenwirbelsäule (LWS)

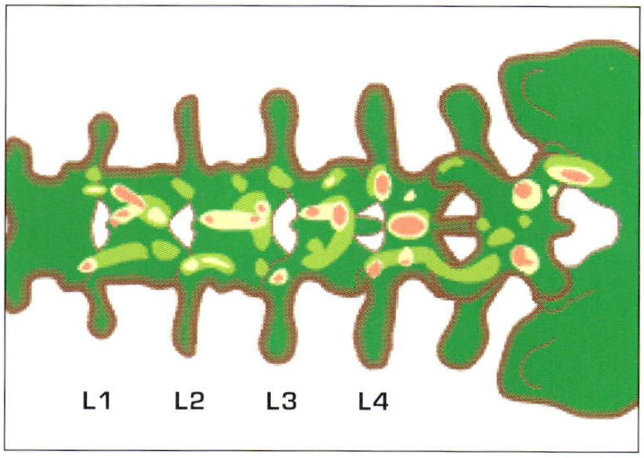

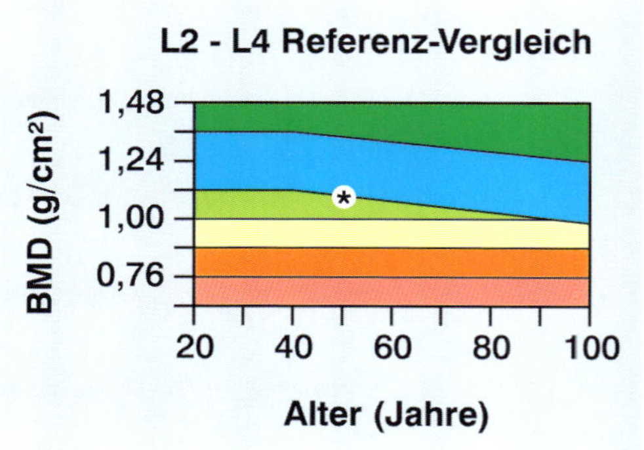

zige Aufnahme in Nabelhöhe erforderlich – allerdings »in der Röhre«, was mancher als unangenehm empfindet.

Knochendichtebestimmung

Die Knochendichte korreliert mit der Muskelmasse – das heißt, wenn der Mann eine ausgeprägte Muskulatur besitzt, hat er automatisch dichtere Knochen. Allerdings kann man an der Knochendichte auch biographische Details ablesen: Ein ungesunder Lebensstil mit viel Alkohol und Nikotin, mit viel Stress und wenig Bewegung bedeutet meist eine niedrige Knochendichte.

Messmethoden

Die Knochendichte lässt sich mit Hilfe zweier Methoden bestimmen: durch Ultraschall und durch Röntgenstrahlen.
Bei der Ultraschalluntersuchung handelt es sich um eine indirekte Messung der Knochendichte. Hierbei wird die Dämpfung (Absorbtion) der Ultraschallwellen aufgezeichnet, die den Knochen durchdringen; diese lässt Rückschlüsse auf die Knochenqualität zu, insbesondere den Anteil an Kalziumsalzen und kollagenem Bindegewebe. Die Knochenqualitätsmessung mit dem Ultraschall eignet sich hervorragend, um den Gesundheitszustand von Knochen festzustellen.

Bei der direkten Bestimmung der Knochendichte misst man die Schwächung von Röntgenstrahlen an den Kernen der Kalzium-Atome, die sich im Knochen befinden. Die Messung erfolgt über eine so genannte periphere Quantitative Computertomographie (pQCT), die aber nur am Arm oder am Schienbein durchgeführt werden kann.

Bei einer Untersuchung der Wirbelsäule kann der Röntgenarzt zwischen zwei Verfahren wählen. Will er die Wirbelkörper sozusagen in ihrer gesamten Struktur vermessen, greift er auf die DEXA-Methode zurück, mit der sich auch Fett- und Muskelmasse messen lassen. Das DEXA-Verfahren ist die heute weltweit gebräuchlichste Methode, um die Knochendichte an der (Lenden-)Wirbelsäule, aber auch in der Hüftregion (Oberschenkelhals) zu messen. Allerdings können die Messergebnisse bei älteren Menschen infolge von Wirbelkörperarthrosen, Verkalkungen der Bauchschlagader und Kallusbildung nach Knochenbrüchen leicht verfälscht werden.

Zur exakten Messung der Knochendichte an der Wirbelsäule benutzt man die Quantitative Computertomographie (QCT), mit der man das Bälkchennetzwerk im Innern des Knochens vermessen kann (dieses ist letztlich für die Stabilität des Knochens verantwortlich). Nachteil dieses Verfahrens ist, dass der Untersuchte einer relativ hohen Strahlendosis ausgesetzt wird.

Medizinisch begründete **Anti-Aging-Maßnahmen**

Rauchen Sie etwa noch? Dann ist die Maßnahme Nummer Eins: Abgewöhnen! Denn sonst wären alle weiteren Schritte sinnlos. (Aber mit einem planmäßigen Vorgehen werden Sie es schaffen.) Und der Alkohol? Ein Gläschen Rotwein kann bekanntlich sogar gesund sein. Hier ist alles eine Frage der Dosis (außer für ehemalige Alkoholiker).

Wie man einem Herzinfarkt ebenso wie Arteriosklerose vorbeugen und Bluthochdruck nicht nur mit Medikamenten behandeln kann, welche medizinischen Möglichkeiten es bei Erektionsstörungen und bei Prostatabeschwerden gibt und welche Faktoren Osteoporose begünstigen beziehungsweise verhindern, erfahren Sie ebenfalls in diesem Kapitel.

»Wenn du über 50 bist und dir eines Morgens beim Aufwachen nichts mehr weh tut, dann kannst du sicher sein, dass du tot bist.« Diese ironisch-defätistische Lebensweisheit trifft leider für viele ältere Männer zu, denn Krankheit und Schmerzen waren bisher offenbar als zwangsläufige Symptome des Alterungsprozesses nicht wegzudenken. Dass sie nicht zum unabwendbaren Schicksal werden, dazu wollen wir mit diesem Buch beitragen.

Schon allein aus Platzgründen können wir hier nicht jung erhaltende Maßnahmen für jedes Männerzipperlein besprechen. Stattdessen haben wir uns auf Maßnahmen bei den häufigsten und schwerwiegendsten Erkrankungen älterer Männer beschränkt.

Ihren wissenschaftlichen Namen *Nicotiana tabacinum* erhielt die Tabakpflanze nach Jean Nicot, der im 16. Jahrhundert französischer Gesandter am Hof von Portugal war. Nicot hatte den medizinischen Nutzen der Pflanze erkannt und ihre frischen Blätter zur Wundbehandlung verwendet.

Nikotin und Rauchen

Rauchen und seine Folgen sind laut Untersuchungen der Weltgesundheitsbehörde (WHO) weltweit die Haupttodesursache. Aus der ursprünglich kultischen Handlung der amerikanischen Indios wurde seit dem 17. Jahrhundert in Europa ein wahres Volkslaster.

Die Schäden durch das Zigarettenrauchen kommen durch verschiedene Bestandteile im Rauch zustande: Nikotin, der Wirkstoff des Tabaks, ist im Grunde genommen ein Nervengift, das in geringen Mengen anregend, in höherer Konzentration (die beim Inhalieren des Rauchs nicht erreicht werden) jedoch tödlich wirkt. Physiologisch führt es zu einer unmittelbaren Gefäßverengung, die Durchblutung wird gedrosselt – ein Grund, warum Raucher nicht nur leicht frösteln, sondern oft auch an Erektionsproblemen leiden. Als nächstes entsteht beim Rauchen Kohlenmonoxid, ein farb- und geruchloses Atemgift, das an die roten Blutkörperchen (Erythrozyten) andockt und dadurch die Versorgung mit Sauerstoff beeinträchtigt. Zum Ausgleich bildet der Körper neue Erythrozyten, die aber das Blut »dicker« machen, sodass sich die Gefahr von Blutgerinnseln, Schlaganfall und Raucherbein erhöht. Weiterhin sind im Rauch die so genannten Kondensate enthalten – eine Reihe von chemischen Verbindungen wie Aldehyde, Amine und Aromaten, die den »Teer« bilden. Kondensate reizen u.a. die Schleimhäute der Atemwege und zerstören deren feines Flimmerepithel, das wie ein Laufband eingeatmete Staubpartikel wieder nach draußen befördert. Die Folge sind Raucherhusten, Verlust des Geruchs- und Geschmackssinns, chronische Bronchitis bis hin zum Lungenkrebs. Darüber hinaus können manche Teerbestandteile nicht nur Organe wie Leber und Nieren in Mitleidenschaft ziehen, sondern als so genannte Mutagene auch Genschäden verursachen. *Last but not least* enthält Tabakrauch viele so genannte freie Radikale – auf die wir im Kapitel *Manngerechte Ernährung* (siehe Seite 185) detailliert eingehen werden –, die erhebliche Zellschäden anrichten können und auch an der Entstehung von Krebs beteiligt sind.

Die so genannten Light- und Ultra-Marken, die beim Rauchen geringere Nikotin- und Kondensatmengen freisetzen, bewirken bei vielen Rauchern, dass sie eher mehr als weniger rauchen. Denn der süchtige Körper braucht eine gewisse Dosis, um nicht an Entzugserscheinungen zu leiden – und so werden anstelle einer normalen Zigarette gleich zwei oder drei »Lights« geraucht.

Interessant ist, wieviel Geld für dieses Laster ausgegeben wird: Raucher, die 20 Zigaretten und mehr am Tag rauchen, geben monatlich zwischen 100 und 200 Euro für Zigaretten aus – unabhängig vom Monatseinkommen. Ein Beamter des Habsburger Kaiserreiches stellte bereits 1677 fest, dass die Leute eher hungerten als auf ihren Tobak zu verzichten. Der Staat hat sich hier in ein Dilemma gebracht: Einerseits versucht er über hohe Tabaksteuern die Bürger vom Rauchen abzubringen, andererseits profitiert die Staatskasse ja gerade über diese Steuern vom Zigarettenkonsum.

Methoden zur Entwöhnung

Das Rauchen kann man sich auf zwei Weisen abgewöhnen. Entweder man hört sofort damit auf, oder man versucht es über eine schrittweise Entwöhnung.

1. Sofortiges Beenden

Der plötzliche Entzug wird fast immer zu einer deutlich verstärkten Aggressivität, zu Schlaflosigkeit und Gewichtszunahme infolge vermehrter Nahrungsaufnahme (»Essen anstatt Glimmstängel«) führen. Zudem zählt Nikotin mit zu den stärksten Stoffwechselbeschleunigern und ist im Organismus geradezu als »Fatburner« aktiv – ähnlich wie Coffein und Ephedrin. Demgegenüber steht für den Betroffenen das Gefühl des Stolzes, weil er es aus eigenem Willen geschafft hat und sich damit bewiesen hat, dass er eben doch nicht wirklich süchtig ist.

2. Graduelle Entwöhnung
Wer diesen Kraftakt des Willens nicht aufbringt, muss sich das Rauchen durch planmäßige Vorgehensweise *peu à peu* abgewöhnen. Hierbei hat sich eine Methode bewährt, die von Dr. Modes, einem Medizinerkollegen aus Radolfzell, aufgestellt wurde:
Der Patient raucht zunächst weiter wie gehabt, lässt aber allmählich Tag für Tag in den Hauptrauchzeiten eine Zigarette mehr weg, sodass es zu einer kontrollierten Entwöhnung über vier bis sechs Wochen kommt. Wenn man nach dieser Zeit etwa bei fünf Zigaretten am Tag angelangt ist, so ist das Suchtpotential im Organismus weitgehend abgebaut, und man kann nun sofort aufhören.

Gelegentlich muss man Längen überbrücken und in Zeiten starker Entzugserscheinungen zusätzlich ein bis zwei Mal am Tag vier bis sechs Tropfen Diazepam (Valium ®) über maximal 14 Tage einnehmen. Mitunter hilft auch ein Nikotinpflaster in absteigender Dosierung.

Nach Auffassung der Autoren weisen die neueren Medikamente gegen das Rauchen zu viele Nebenwirkungen auf und sollten deshalb vorerst noch nicht verwendet werden.

Alkohol und seine Folgen

»Am schlimmsten empfinde ich nicht, dass ich mich nicht mehr am Alkohol berauschen kann, sondern dass ich keinen guten Wein mehr trinken darf.« Diese Aussage eines trockenen Alkoholikers verdeutlicht das Dilemma der Droge Alkohol. Einmal süchtig geworden, verfällt man ihr entweder endgültig oder muss ihr gnadenlos für immer entsagen.

Genussmenschen wie den beiden Autoren fällt es an dieser Stelle schwer, gegen das Trinken von Alkohol zu wettern, da besonders ein guter Wein – in Maßen genossen – für viele Unbilden des Alltags entschädigt. Dem Wein kommt in vielen Gesellschaften eine kulturtragende Rolle zu, als Sinnbild der Gastlichkeit und des gemeinsamen Genusses. Nicht umsonst nehmen die Christen beim Abendmahl den Leib Christi in Form von Brot und Wein zu sich, denn Brot muss man essen, Wein darf man trinken. Doch, wie Paracelsus schon festgestellt hat: Es ist alles eine Frage der Dosis, und das gilt auch für Wein, Bier und andere Alkoholika.

Der Genuss von einem Glas Rotwein (bis zu 30 Gramm Alkohol) in Kombination mit einem guten Essen ist sicherlich eine gesundheitsfördernde Maßnahme, denn nachweislich wirkt dieses Quan-

Die schweren Weine aus Südafrika, Frankreich, Spanien und Italien enthalten besonders hohe Mengen Resveratrol, jenes Pflanzenstoffes, der vor Herz-Kreislauf-Erkrankungen schützt.

tum Wein gefäßschützend. In einer 1985 von der Weltgesundheitsbehörde (WHO) in Auftrag gegebenen Studie wurde weltweit untersucht, welche Risiken zu einem tödlich verlaufenden Herzinfarkt führen können. Dabei stieß man auf das »französische Paradoxon«: Obwohl die Franzosen ein ausgesprochen genussvolles Leben mit gutem Essen und reichlichem Weinkonsum führen, sterben in Frankreich im Gegensatz zu vielen vergleichbaren Regionen auf der Welt kaum Menschen an Herzinfarkt. Lange war diskutiert worden, ob allein der Alkoholgehalt im Wein für diese günstigen Wirkungen verantwortlich ist. Dann entdeckte man jedoch im Wein so genannte sekundäre Pflanzeninhaltsstoffe, welche die Gefäße schützen (siehe dazu den Abschnitt *Im Wein liegt nicht nur Seligkeit…* im Kapitel *Manngerechte Ernährung*, Seite 188).

Ein Gläschen Wein oder Bier fördert nachhaltig die Entspannung. In geselliger Runde trinkt man aber gern mal einen über den Durst, da Alkohol Hemmungen löst, was dann oft in Peinlichkeit und Katzenjammer endet. Trinken Sie lieber selten und wenig, dann aber sollten Sie auf eine gute Qualität achten. Trinken Sie in kleinen Schlucken, zelebrieren Sie den Weingenuss und lassen ihn nicht im profanen Alltagsgetriebe untergehen.

Herzinfarkt

Stechen in der Brust, besonders in der Herzgegend, das in den linken Arm hineinzieht, kalte Schweißausbrüche und Todesangst – das sind typische Anzeichen eines Herzinfarkts, so wie er sich etwa 300 000-mal im Jahr in Deutschland ereignet.

Ursächlich kann man den Herzinfarkt auf zwei Erkrankungen zurückführen, zum einen auf eine Verkalkung der Gefäße (Arteriosklerose), zum anderen auf eine unter Krämpfen ablaufende chronische Verengung der Herzkranzgefäße (vasospastische Koronarerkrankung).

Arteriosklerose
Arteriosklerose ist relativ selten durch Veranlagung, also genetisch bedingt. Neuerdings gibt es Theorien, wonach auch eine Infektion mit Chlamydien (sehr kleine, kugelige Bakterien, die in den Zellen sitzen) zu Verletzungen (Läsionen) des inneren Gefäßepithels und anschließender Arteriosklerose führen kann. An den Vernarbungen dieser Läsionen bilden sich nämlich Ablagerungen (Plaques), sodass die Gefäße nach und nach verstopfen.

Die vererbte Arteriosklerose entsteht beispielsweise infolge einer genetisch bedingten Störung des Fettstoffwechsels, die zu einem erhöhten Anteil von Cholesterin im Blut (Hypercholesterinämie) führt. Infolge des Gendefekts wird ein bestimmter Anteil des im Blut zirkulierenden Cholesterins – die HDL *(high density lipids)* – gesenkt, während die Konzentration eines anderen Cholesterintyps *(LDL, low density lipids)* erhöht wird. Bei einem solchen Gendefekt kann man relativ wenig mit Diät ausrichten, eine Behandlung kann nur über Medikamente, die so genannten Statine, erfolgen. Diese senken die Konzentration von schädlichem LDL-Cholesterin bei gleichzeitiger Anhebung des »guten« HDL-Cholesterins. Durch eine geeignete Statindosierung sollte sich der Cholesterinspiegel unter 200 Milligrammprozent einpendeln.

Ein weiterer Risikofaktor ist die genetisch bedingte erhöhte Produktion von Homocystein, einer schwefelhaltigen Aminosäure, die ebenfalls die Innenwand der Blutgefäße (das so genannte Endothel) angreift, was bei hoher Konzentration zu vorzeitiger Sklerose führen kann. Ursache der verstärkten Bildung von Homocystein ist eine Mutation des Enzyms, das Homocystein bildet. Dieses genetische Manko lässt sich durch die Einnahme von Folsäure, Vitamin B6 und B12 ausgleichen, da diese Vitamine den Homocystein-Spiegel absenken helfen.

Ein anderer Erbschaden, der zu Arteriosklerose führen kann, ist die genetisch bedingte Störung der Gefäßelastizität. In erster Linie ist jedoch der individuelle Lebensstil für die Ausbildung einer Arteriosklerose maßgeblich.

Vasospastische Koronarerkrankung
Diese Erkrankung der Herzkranzgefäße wird typischerweise durch starken Stress ausgelöst – beispielsweise durch eine übergroße emotionale Belastung, die nicht entsprechend ausgelebt werden kann. Hierdurch werden verschiedene Stresshormone freigesetzt, wodurch es in einer komplexen Kettenreaktion schließlich zu krampfartigen Kontraktionen in der Koronargefäßmuskulatur kommt, die der Mediziner als Vasospasmen bezeichnet.

Wenn ein solcher Spasmus sehr heftig ist und längere Zeit andauert, wird das betroffene Herzmuskelgewebe kaum noch mit Sauerstoff versorgt – im Grunde genommen kommt dies einem Herzinfarkt gleich. Selbst bei geringerer Verkrampfung eines Gefäßes erhält das angrenzende Gewebe zu wenig Sauerstoff; als Folge bilden sich Entzündungen, aus denen wiederum Schäden an den Gefäßen entstehen, und schlussendlich kommt es auch hier zur Ausbildung einer Arteriosklerose.

30 Prozent aller Herzinfarkte kommen auf diese Weise zustande. Manchmal wird der Herzinfarkt im Schlaf ausgelöst, während der Mann von von einer Stresssituation träumt.

Als Schutzmaßnahme und »Gefäßtraining« kann den Betroffenen ein Bewegungsprogramm empfohlen werden, wie es heute prinzipiell bei jeder Infarktnachsorge in Rehabilitationskliniken durchgeführt wird. Dieses Training hat sich auch in der Vorbeugung – also der Verhütung von Infarkten – außerordentlich bewährt: Dabei handelt es sich um ein tägliches Laufpensum von mindestens 20 Minuten, besser jedoch 30 bis 40 Minuten, wobei die Herz-Kreislauf-Belastung mäßig sein soll (siehe auch Abschnitt *Das aerobe Trainingsprogramm* im Kapitel *Körper und Bewegung – das Training*, Seite 175).

Bluthochdruck

Sehr oft hat Bluthochdruck (Hypertonie) die gleichen Ursachen wie Herzinfarkt; bei vermutlich 60 bis 70 Prozent aller diagnostizierten Fälle ist er auf individuelle Lebensumstände des Patienten zurückzuführen (Stress, Übergewicht, Schlafmangel, psychische Belastung). In solchen Fällen sprechen die Mediziner von einem »essenziellen Hypertonus«. Natürlich gibt es auch Formen des Bluthochdrucks, die auf organische Erkrankungen zurückzuführen sind; hierbei handelt es sich vor allem um Erkrankungen der Niere oder Störungen bei hormonbildenden Organen wie Schilddrüse, Nebennierenmark und Nebennierenrinde.

Therapiemöglichkeiten

Abgesehen von tatsächlich organischen Ursachen kann mehr als die Hälfte aller Formen des Bluthochdrucks durch eine Umstellung der Lebensweise gebessert werden. An erster Stelle steht sinnvollerweise ein effektives Antistress-Programm (siehe Kapitel *Stress und Stressabbau*, Seite 122).

Überholte ärztliche Ratschläge

Salzreiche Nahrung, vor der früher bei Bluthochdruck gewarnt wurde, gilt heute nur noch bei erblich Gefährdeten als Risiko. Wer bereits an hohem Blutdruck leidet, kann durch Einsparen von Kochsalz (NaCl) keine Besserung erreichen.

Jeglicher Stress führt zu Gefäßverkrampfung und -verengung, die durch ein Zusammenspiel mehrerer Hormone (Cortison, Adrenalin, Angiotensin) zustande kommt und letztlich eine Erhöhung des Blutdrucks bewirkt. Durch Abbau von Stress entkrampfen sich die Gefäße wieder, und der Blutdruck fällt ab.

Regelmäßiges Walking ist gerade für den älteren Mann, der jahrelang keinen Sport getrieben hat, eine gesunde Methode, um Gewicht zu reduzieren und dadurch eventuell bestehenden Bluthochdruck zu senken.

Als nächste Maßnahme sollten Sie – soweit dies erforderlich ist – unbedingt eine Reduktion des Körpergewichts anstreben. Ein tägliches Sportprogramm (siehe auch Kapitel *Körper und Bewegung – das Training*, Seite 138) entlastet das Gefäßsystem und trainiert den Herzmuskel. Auf keinen Fall dürfen Sie Ihrem Körper nach einem arbeits- und stressreichen Tag noch mehr Stress zumuten, indem Sie etwa eine Stunde lang mit Hochleistung durch den Wald joggen. Damit erreichen Sie genau das Gegenteil. Versuchen Sie es mit »Entspannungslaufen« oder Walking. Eine ideale Zeit ist morgens vor dem Frühstück, und Sie werden über die enorme Wirkung dieser banalen Maßnahme erstaunt sein.

80 Prozent aller Männer, die Blutdruck senkende Medikamente einnehmen, könnten auf diese Mittel verzichten, wenn sie ihr Gewicht reduzieren würden. Zudem haben viele dieser Antihypertonika noch einen weiteren Nachteil – als Nebenwirkungen treten nämlich sehr oft Erektionsstörungen auf (siehe Kasten auf Seite 116). Doch generell führt gerade die Beeinträchtigung des »Stehvermögens« die Behandlung der Hypertonie in einen wahren Teufelskreis: Durch das Ausbleiben der Erektion gerät der Betroffene in eine neue Stresssituation, die seinen Blutdruck noch höher schnellen lässt. Der einzige Ausweg aus dieser Todesspirale besteht darin, sein Leben völlig umzukrempeln – so wie es in diesem Buch immer wieder beschrieben wird.

Erektionsstörung (Erektile Dysfunktion)

Wie bereits im Kapitel *Biologie und Sexualität des Mannes* (siehe Seite 32) erläutert, nimmt die Erektion in der Psyche des Mannes eine zentrale Stellung ein, und ihr Ausbleiben wird von ihm als einschneidendes Trauma empfunden. Über 75 Prozent der Erektionsstörungen sind organisch bedingt, und sehr oft ist auch ein niedriger Testosteronspiegel ursächlich beteiligt. Eine Studie an der Universitätsklinik Köln offenbarte nicht nur den Wunsch vieler älterer Männer, sexuell aktiv zu sein und zu bleiben, sondern zeigte auch, dass unter ihnen ein hoher Anteil an nachlassender Potenz leidet.

Dieses Phänomen verwundert kaum, da die morgendliche Erektion nachweislich mit der Höhe des altersbedingten Testosteronspiegels zusammenhängt – bei 60-Jährigen, deren Testosteronspiegel gerade noch 30 Prozent der Hormonkonzentration bei jungen Männern ausmacht, sind nur sporadisch auftretende morgendliche Erektionen daher nichts Unerwartetes. Mitunter stürzt den Mann dieses »Versagen« in eine tiefe psychische Krise, die oft nur schwer zu therapieren ist. Die Autoren plädieren dafür, die erektile Dysfunktion vor dem Hintergrund der jeweiligen Biographie zu verstehen, sich dann aber den fast immer vorhandenen organischen Mitverursachern zuzuwenden. Hauptgründe für Impotenz sind ein niedriger Testosteron- und ein hoher Prolaktinspiegel, Arteriosklerose, Diabetes sowie Bluthochdruck und dessen medikamentöse Behandlung.

Nebenwirkung: Erektile Dysfunktion

Zu den Blutdruck senkenden Mitteln mit »Weichmacher-Effekt« zählen Clonidin, Dihydralazin, alle Präparate, die den Wirkstoff Reserpin enthalten (beispielsweise Briserin®), viele Betablocker, gelegentlich auch Calciumantagonisten. Bei ACE-Hemmern sowie Spironolacton wurden ebenfalls Erektionsstörungen beobachtet. Eine ganz neue Generation von Antihypertonika, die so genannten Sartane (zum Beispiel Atarcand®) oder Angiotensin-II-Blocker, haben sich als völlig nebenwirkungsfrei erwiesen; zudem wird ihnen auch eine Schutzwirkung für Organe wie Herz, Gehirn und Nieren attestiert. Allerdings sollte eine Behandlung mit Tabletten – auch wenn (bisher) keine Nebenwirkungen bekannt sind – stets nur den allerletzten Ausweg darstellen.

Die beiden Störfaktoren männlicher Lebensqualität, Nikotin und Alkohol, wirken sich ebenfalls ungünstig auf die Potenz aus. Auch übermäßiger Kaffeekonsum kann – infolge einer permanenten Übererregung des Gehirns – zu Störungen der Erektion führen. Daher sollten Sie Kaffee nur vormittags trinken. Nach einem schweren Essen schadet ein Espresso nicht, da dann meist sowieso »nichts mehr geht«.

Therapieansätze

Zunächst sollten stets hormonale Defizite ausgeglichen werden (siehe Abschnitt *Mögliche Ursachen eines Testosteronmangels* im Kapitel *Hormonsystem und Hormontherapie beim Mann*, Seite 201). Anschließend kann man Viagra in sehr niedriger Dosierung (anfangs 12,5 bis 25 Milligramm) einsetzen. Bei älteren Männern, deren Testosteronspiegel ausgeglichen wurde, muss Viagra deutlich niedriger dosiert werden als bei Männern mit niedrigem Testosteronspiegel – ein nicht irrelevantes Faktum, da die Nebenwirkungen von Viagra je nach Alter und Dosis zunehmen. Dies trifft besonders auf ältere Männern mit bestehenden Herz-Kreislauf-Erkrankungen zu. Die bekannt gewordenen Todesfälle resultierten aus der Kombination von Viagra mit Nitroglycerin; beides dürfen Sie daher niemals gleichzeitig einnehmen. Am besten nehmen Sie Viagra etwa 30 bis 40 Minuten vor dem geplanten »Einsatz« ein; als Generalprobe sollten Sie das Mittel zunächst einmal allein einnehmen und seine Wirkung im Selbstversuch (Masturbation) an sich studieren; so wissen Sie später, was auf Sie zukommt. Der behandelnde Arzt sollte alle Maßnahmen in einem halbstündigem Gespräch klären, an dem eventuell auch die Partnerin des Mannes teilnimmt. Bei fast allen behandelten Männern – auch bei über 80-Jährigen – führt die Kombi-Therapie Viagra plus Hormonausgleich zu einer Wiederherstellung der Erektionsfähigkeit; Zutrauen und Selbstwertgefühl steigen und fegen viele biographischen Störungen, ja sogar Depressionen, aus dem Weg. Gesunde Erektionen und gesunder, glücklicher Sex, wozu – je nach Gusto – auch die Masturbation zählt, sind wichtige Bestandteile des Anti-Aging für den Mann.

Prostatabeschwerden

Bei der Vorsteherdrüse oder Prostata können zwei verschiedene Arten von Vergrößerung auftreten, zum einen die gutartige Vergrößerung (benigne Prostatahypertrophie), zum anderen das Prostatakarzinom.

Gutartige Prostatavergrößerung

Bei der benignen Prostatahypertrophie handelt es sich wahrscheinlich um eine Mangelerscheinung von Testosteron. Dieses Prostataleiden tritt häufig auf und ist keine reine Altmännerkrankheit mehr: Etwa drei Millionen deutsche Männer ab 40 und zunehmend auch jüngere Männer leiden daran. Die gutartige Prostatavergrößerung ist keine Vorstufe von Prostatakrebs, der allein genetisch verursacht wird (siehe Seite 119). Sie verläuft in drei Stufen. Im ersten Stadium der Vergrößerung kommt es zu einer Abschwächung des Harnstrahls, gleichzeitig leert sich die Harn-

fehlenswert sind daher frühzeitige Vorsorgeuntersuchungen durch den Urologen, weiterhin sollte auch der Testosterongehalt zu einem frühen Zeitpunkt gemessen und gegebenenfalls (das heißt bei niedrigen Werten) durch Hormoneinnahme erhöht werden. Auf Wunsch kann Ihnen der Urologe anfangs auch pflanzliche Präparate verschreiben, die Abhilfe schaffen. Als sehr günstig hat sich beispielsweise die Sabalfrucht (Frucht der Sägepalme) in einer Tagesdosis von 320 Milligramm erwiesen.

blase langsamer, die Entleerung dauert auch etwas länger, gelegentlich tröpfelt etwas Harn nach – insgesamt also keine einschneidenden Symptome. Im zweiten Stadium wird die Prostata größer und wächst immer mehr in die Blase; da diese sich nicht mehr völlig entleeren kann, kommt es zu häufigem Harndrang innerhalb von kurzer Zeit. Nicht selten treten infolge des verbleibenden Harns in der Blase Entzündungen und Harnsteine auf. Im dritten Stadium verlagert sich der Blasenausgang, spontanes Urinieren ist mitunter nicht mehr möglich, oft staut sich der Harn auch zurück in Harnleiter und Niere oder geht unfreiwillig ab (Überlaufblase).

Die therapeutischen Maßnahmen bestehen in erster Linie darin, einer gutartigen Prostatavergrößerung bereits im ersten Stadium vorzubeugen. Emp-

Häufig ist auch die Ernährung an der Entwicklung gutartiger Prostataerkrankungen beteiligt. Generell gelten die asiatische und die Mittelmeerküche als gesundheitsfördernd, eine gezielte Wirkung auf die Prostata konnte bisher nicht eindeutig erbracht werden. Aber auch eine Reihe von Pflanzen wie Kürbis, Linsen und Soja soll hier nützlich

Kürbiskerne als Prostataschutz

Dass Kürbiskerne einen guten Einfluss auf die Prostata haben, liegt an ihrem hohen Zinkgehalt. Dieses metallische Spurenelement blockiert das Enzym Aromatase, das Testosteron in Östrogen umwandelt. Bei ungehemmter Aromatase-Aktivität nimmt die Konzentration des Androgens gegenüber der des weiblichen Hormons ab. Zinkhaltige Lebensmittel – wie zum Beispiel Sojabohnen, Austern, Linsen, Sesam und Camembert – sorgen für einen hohen Testosteronspiegel und schützen dadurch die Prostata.

sein. Ihr Urologe wird Sie diesbezüglich beraten können.

Prostatakrebs

Unter den männlichen Krebstoten in Deutschland hat diese Karzinomform den zweithöchsten Anteil; an erster Stelle steht das Bronchialkarzinom, an dritter – deutlich abgeschlagen – der Darmkrebs. 70 Prozent der Männer zwischen 70 und 90 erkranken an Prostatakrebs; bei 95 Prozent aller Todesfälle durch Prostatakarzinom trat der Krebs nach dem 60. Lebensjahr auf. Trotzdem weiß man, dass der Prostatakrebs schon viel früher entsteht, da er in erster Linie genetisch bedingt ist. Die Krebsbildung kann zum einen durch vererbte Genschäden, andererseits aber auch durch »Risikoerbanlagen«, so genannte Polymorphismen, ausgelöst werden (siehe Abschnitt *Anti-Aging – Kann man gegen das Altern vorbeugen?* im Kapitel *Was bedeutet Altern?*, Seite 25). Diese Polymorphismen bieten im Laufe eines individuellen Lebens einer Reihe von schädlichen Umweltfaktoren (so genannten Noxen) die Möglichkeit, in die Regulation der Zelle einzugreifen und diese zu schädigen. Zu diesen Noxen zählen falsche Ernährung (zu viele gesättigte Fettsäuren) und mangelhafte Aufnahme von Vitamin A und D, aber auch Rauchen.

Wir empfehlen jedem Mann ab 45, einmal im Jahr eine Prostata-Untersuchung durchführen zu lassen, und zwar durch Tasten, Ultraschall und eine Blutuntersuchung. Hierbei wird ein spezieller Wirkstoff der Prostatazellen, das so genannte prostataspezifische Antigen (PSA), im Blut untersucht. PSA steigt schon bei der gutartigen Vergrößerung der Vorsteherdrüse an, seine Konzentration korreliert ziemlich genau damit. Rasch ansteigende PSA-Werte sind hingegen ein deutlicher Hinweis, dass es sich nicht mehr um eine gutartige Prostataerkrankung handelt, sondern dass hier ein Karzinom entsteht. Bei Prostatakrebs ist meist eine Operation notwendig. Was eine hormonelle Therapie angeht, so muss sie im einzelnen Fall wohl überlegt sein, da Testosteron einerseits prinzipiell die Prostatagesundheit fördert, andererseits die Tumorzellen beim Wachsen möglicherweise von Testosteron profitieren.

Osteoporose

Die Osteoporose galt jahrelang als reine Frauenkrankheit, hauptsächlich hervorgerufen durch den Hormonabfall im Anschluss an die Wechseljahre (Klimakterium). Allerdings leiden nicht alle Frauen im höheren Alter an Osteoporose, vielmehr weiß man heute, dass der Ausbruch der Krankheit durch genetische Veranlagung gefördert wird, etwa durch Polymorphismen im Bereiche der Gene, die für die Synthese von

Vitamin-D3-Hormon und Collagen zuständig sind, aber auch zahlreicher anderer Gene, die am Knochenstoffwechsel beteiligt sind. Dies betrifft Männer wie Frauen gleichermaßen, beim Mann entfällt jedoch möglicherweise die Schutzwirkung des zweiten X-Chromosoms, das die Frau besitzt. Bei einer derartigen genetischen Prädisposition tragen vor allem die vier folgenden Umstände zur Entwicklung einer Osteoporose bei.

Die vier Faktoren

1. Alkohol

Chronischer Alkoholmissbrauch, sei es täglich oder exzessiv nur am Wochenende, kann nicht selten 15 bis 20 Jahre später zu einem direkten toxischen Schaden an den Knochenzellen und zur Entstehung einer Osteoporose führen. Interessanterweise tritt der Knochenschwund beim Mann – insbesondere wenn durch Alkoholschäden bedingt – fast ausschließlich an der Wirbelsäule auf. Frauen hingegen leiden oft auch an einer Osteoporose der Röhrenknochen (beispielsweise in den Armen).

2. Testosteron

Hektik und Stress im Alltag bewirken bereits in jungen Jahren häufig, dass der männliche Körper weniger Testosteron ausschüttet. Jeder Mangel an männlichem Hormon hat automatisch zur Folge, dass die Knochen bildenden Zellen, die so genannten Osteoblasten, weniger stimuliert werden. Auf diese Weise wird mehr Knochenmaterial abgebaut als neu aufgebaut. Für Knochen und Skelett ist die hormonelle Gesundheit des Mannes daher ebenfalls von besonderer Bedeutung.

3. Bewegung

Das Knochenskelett ist das Gerüst, an dem die Muskulatur aufgehängt ist, um den Körper gegen die Schwerkraft durch das Leben zu tragen. Aus diesem Grund gibt es eine direkte Korrelation zwischen Muskel- und Knochenmasse. Wer sich nicht ausreichend bewegt und seine Muskulatur zu wenig trainiert, dem mangelt es auch an Knochen. Deshalb ist ein bewegungsförderndes, muskelaufbauendes Training eine wichtige Voraussetzung für Knochengesundheit bis ins hohe Alter hinein. Wie viel Bewegung der Einzelne tatsächlich benötigt, weiß man nicht, bekannt ist lediglich, dass Umfang und Belastung eines solchen Muskeltrainings für jeden Mann unterschiedlich sind.

Der Trainingsteil dieses Buches (siehe Kapitel *Körper und Bewegung – das Training*, Seite 138) bietet jedem Mann die Möglichkeit, ein für ihn geeignetes Programm auszuwählen. Die Empfehlung zum Beispiel für ein 30-minütiges Lauftraining zwei Mal wöchentlich plus ein Muskelauslastungstraining zwei Mal wöchentlich sollten Sie als Richtschnur, nicht als Gebot verstehen. Stellen Sie sich ein Programm zusammen, bei dem Sie sich wohl fühlen.

4. Ernährung

Kalzium, Kollagen und eine Reihe von Proteinen sind die Grundbausteine des Knochens, und da dieser zeitlebens umgebaut wird, muss er täglich ausreichend mit Baustoffen versorgt werden. Der Knochen besteht aus einem schwammartiges Grundgerüst (Matrix) aus Kollagenfasern, die etwa 90 Prozent des Skelettgewichts beim Erwachsenen ausmachen. In diese zunächst elastische Knochenmatrix werden Proteine eingelagert und später auch Mineralstoffe wie Kalzium, Phosphat und Karbonat sowie Ionen (Natrium, Magnesium, Fluorid), sodass er härter wird – ein Vorgang, der als Mineralisation bezeichnet wird. Auch wenn der Knochen ausgehärtet ist, wird er noch – wie alle Gewebe im Körper – ständig erneuert; der gesamte Auf-, Um- und Abbau erfolgt unter dem Einfluss der Hormone Parathormon und Calcitonin, wichtiger Ko-Faktor ist das Vitamin D.

In der Wachstumsphase des jugendlichen Organismus finden Knochenaufbau und -mineralisation verstärkt statt, weshalb Kinder und Jugendliche viel Kalzium und andere knochenstärkende Substanzen zu sich nehmen müssen. Ab dem 35. Lebensjahr lässt der Knochenaufbau nach, und der Knochen wird stärker abgebaut. Auch hier spielen diverse Hormone eine bedeutende Rolle, was man gerade bei älteren Frauen in und nach den Wechseljahren gehäuft beobachten kann. Da bei ihnen weniger Östrogene gebildet werden, die eine knochenschützende Wirkung haben, wird bei ihnen verstärkt Knochenmasse abgebaut.

Therapie

In jahrzehntelangen Untersuchungen haben Wissenschaftler folgende Basisversorgung für den Menschen errechnet, die eine ausreichende normale Knochengesundheit gewährleistet (siehe Kasten).

Die Erfahrung hat in den letzten Jahren gezeigt, dass viel mehr Deutsche an Vitamin-D-Mangel leiden als bisher angenommen, insbesondere treten diese Mangelerscheinungen im Winter auf (wo aufgrund der geringeren Sonneneinstrahlung weniger Vitamin D im Körper verstoffwechselt wird). Eine angemessene Versorgung mit Vitamin D ist daher zweifellos Bestandteil eines Anti-Aging-Konzepts für den Mann.

Nahrungsrichtwerte für gesunde Knochen

Um seine Knochen gesund zu halten, braucht der Mensch täglich mindestens 500 Milligramm Kalzium, ein Gramm Protein pro Kilogramm Körpergewicht sowie 500 Einheiten Vitamin D.

9

Stress und Stressabbau

Dass chronischer Stress den Alterungsprozess beim Mann erheblich beschleunigt, ist bekannt. Doch worin besteht krank machender Stress? Und wie kann man ihn kompensieren oder ihn womöglich in produktive Spannung umwandeln? Es geht darum, eine gesunde Balance zwischen Anspannung und Entspannung zu erreichen, und dabei hilft eine Reihe von Faktoren, die jeder Mann in sein Leben integrieren kann. Traditionelle männliche Rollenzwänge verursachen Stress. Um sie zu überwinden, ist es hilfreich, sich auf einen Katalog ethischer »Menschenpflichten« zu besinnen. Wenn dies Schule machen würde, wäre das gesellschaftliche Klima für die Menschen weltweit um vieles gesünder.

Interview

Das folgende Interview führte Prof. Rolf-Dieter Hesch mit Prof. Dr. med. Johannes Siegrist, Geschäftsführender Direktor des Instituts für Medizinische Soziologie der Heinrich-Heine-Universität Düsseldorf.

Hesch: *Stress ist ein Schlagwort, das gern von jedermann in den Mund genommen wird. Zweifellos sind die Hektik und Rastlosigkeit im Alltag Faktoren geworden, die den Alterungsprozess des modernen Menschen beeinflussen. Welche Strategien gegen Stress gibt es beim Mann?*

Siegrist: Chronischer sozio-emotionaler Stress im mittleren und höheren Lebensalter (bis etwa 75 Jahre), der durch belastende Umstände im beruflichen und privaten Leben hervorgerufen wird, trägt maßgeblich zum raschen Altern bei. Neben einer gesundheitsfördernden Lebensführung kommt es vor allem darauf an, eine befriedigende, möglichst kreative Aktivität zu finden, sei es im Freizeit- bzw. privaten Bereich (ehrenamtliche Tätigkeiten, Hobbys), sei es in einem bezahlten Beschäftigungsverhältnis. Entscheidend ist das Erlebnis, aufgrund seiner Fähigkeiten und Eigenschaften gebraucht und von anderen anerkannt zu werden. Leider hat unsere Arbeits- und Sozialpolitik bisher auf diese Herausforderung nicht angemessen reagiert. Für gesunde und leistungswillige Männer jenseits der 60 fehlen flexible, altersgerechte Beschäftigungschancen. Nicht nur aus ökonomischer, sondern auch aus präventivmedizinischer Sicht wird der Problemdruck daher wachsen.

Hesch: *Wie entsteht krank machender Stress im heutigen Gesellschafts- und Berufsleben des Mannes?*

Siegrist: Männer sind in besonderem Maße von Erfolgserlebnissen und Kontrollmöglichkeiten in ihrem Lebens- und Arbeitsbereich abhängig. Diese Erfahrungen werden durch manche Entwicklungen der gegenwärtigen Gesellschaft strukturell begrenzt. Denken Sie an die fehlende Arbeitsplatzsicherheit oder mangelnde berufliche Aufstiegschancen. An ihrem Arbeitsplatz wird von Männern tagtäglich eine hohe Verausgabung gefordert, ohne dass befriedigende Erfolgs- und Belohnungserfahrungen folgen. Forschungsergebnisse haben gezeigt, dass sich dadurch das Risiko körperlicher und seelischer Erkrankungen wie Herzinfarkt oder Depression deutlich, das heißt etwa um das Doppelte erhöht. Ähnliches gilt für die veränderte Stellung von Männern in Partnerschaft und Familie in Folge des Wandels der Geschlechterrollen. Allerdings gibt es bei der Bewältigung dieser krankmachenden Stresserfahrungen große individuelle Unterschiede.

Verausgabung im Beruf ohne befriedigende Erfolgserfahrung und Anerkennung betrifft heute viele Männer.

Hesch: *Warum können Männer Stress zunehmend weniger ausleben, warum bleiben Emotionen stecken und machen krank?*

Siegrist: Männer lernen in ihrer Kindheit nicht nur den Umgang mit Gefühlen, sondern auch jene Verhaltensweisen, die für einen Jungen und zukünftigen Mann als typisch und wünschenswert gelten. Männer, die nicht gelernt haben, ihre Gefühle auszudrücken beziehungsweise sich mit ihnen zu befassen, sind in mancher – auch in gesundheitlicher – Hinsicht benachteiligt. Generell wirken sich die zunehmende Regelungsdichte und Disziplinierung im Alltagsleben begrenzend auf das Ausleben spontaner Impulse und die Eigeninitiative aus. Auch da hat Fortschritt seinen Preis, und nach allem, was wir wissen, zahlen Männer dafür mehr als Frauen. Denken Sie beispielsweise an die höhere Suchtgefährdung, die auch als eine Kompensation verlorener Männlichkeitsgefühle verstanden werden muss.

Hesch: *Wie kann man krank machenden Stress in produktive Hochspannung umleiten?*

Siegrist: Entspannungstechniken sind ebenso wie neuromuskuläre Hochspannung hilfreiche Verfahren, die im modernen Leben das nachhaltig gestörte Gleichgewicht zwischen Anspannung und Entspannung des Organismus wiederherstellen (»ausbalancieren«). Das Geheimnis des Wohlbefindens liegt jedoch nach meiner Überzeugung wesentlich im sozio-emotionalen Bereich. Glücklich sind Männer, die in der Lage sind, sich für etwas Sinnvolles, Nützliches, Kreatives anzustrengen und die dafür eine gebührende Wertschätzung erfahren. Und glücklich sind Männer, die ihr Ego gelegentlich aus den Augen verlieren und sich anderen Menschen ganz öffnen können – etwa in der Liebe oder Freundschaft. Ich bezweifle, dass Leute, die sich auf dem Ego-Trip befinden, das heißt bei denen die privat-persönliche Bedürfnisbefriedigung ganz im Zentrum steht, in der Mehrzahl glückliche Menschen sind.

Vom Umgang mit Stress

Im vorausgegangenen Interview hat Johannes Siegrist die Elemente von krankmachenden Stress erläutert. Doch was versteht man eigentlich unter Stress? Dieser Begriff hat seinen Ursprung im lateinischen *stringere, strictus* = »anspannen, stramm ziehen«. Der Volksmund geht recht salopp damit um, in der Alltagssprache von jungen Leuten ist Stress beispielsweise synonym für jede Form von Konflikt und Ärger.

Definitionen von Stress

In der Wissenschaft gibt es verschiedene Stresstheorien: den psychoanalytischen Ansatz von Sigmund Freud, kognitionstheoretische Ansätze von Lazarus bzw. Epstein sowie somatisch (körperlich) orientierte Ansätze nach Selye, Henry bzw. Gray.

In diesem Buch wird »Stress« in der Definition des kanadischen Endokrinologen Hans Selye verwendet. Dieser Pionier der Stressforschung definierte Stress im Jahre 1950 als eine unspezifische Reaktion des Körpers auf innere oder äußere Belastungen (Stressoren). Als Belastung oder Stressor wird alles verstanden, was Stress auslöst. Demnach gibt es keinen Zustand des Menschen ohne Stress, außer im Falle des Todes. Selye hat die körperliche Reaktion auf unerwartete Lebensbedingungen in drei Phasen eingeteilt.

Die erste Phase (*Fight or Flight*, zu deutsch »Kampf oder Flucht«) ist eine akute Alarmphase bei plötzlichen Stress-Ereignissen, sie führt durch Ausschüttung von Hormonen zur Weitung der Pupillen, zu starkem Schwitzen, beschleunigter Atmung und Anstieg des Blutzuckerspiegels. Auch das Herz schlägt schneller, der Blutdruck steigt, das Gehirn wird zu extremer Wachheit aktiviert, im Stoffwechsel werden sämtliche Energiespeicher schlagartig aktiviert, und die Wasserausscheidung wird gehemmt. Man »fiebert« der Gefahr quasi entgegen und nimmt blitzschnell alles deutlicher wahr.

Die Ursachen dieser Alarmreaktion finden sich in der Entwicklungsgeschichte des Menschen. Die Menschen der Vorzeit waren ständig physischer Bedrohung in Form von Raubtieren und Naturgewalten ausgesetzt. Solche Situationen zwangen den Körper zur Anpassung; Flucht oder Kampf waren die Mittel der Wahl, um der Gefahr zu begegnen. Auch heute erlaubt uns diese körperliche Stressreaktion, in brenzligen Situationen adäquat zu reagieren. Die Reaktion erfolgt ohne nachzudenken – wer beim Autofahren immer erst überlegen müsste, bevor er auf die Bremse steigt, ob dies notwendig ist, wäre längst tot. Das Wahrnehmen von stressauslösender Gefahr gehört somit zum Überlebensprogramm des Menschen.

In der zweiten, der verzögerten so genannten katabolen Phase werden Energie verbrauchende Anpassungs- und Hemmungsreaktionen eingeleitet. Im Körper wird mehr Cortisol freigesetzt und andererseits die Ausschüttung von Hormonen der Lymphzellen – so genannter Lymphokine – wie auch von weiteren Botenstoffen, den Pyrogenen (die Fieberzustände auslösen), und anderen gefäßerweiternden Hormonen gebremst. Dadurch wird die erste Stressphase allmählich wieder zurückgenommen. In dieser auch als **Widerstandsphase** bezeichneten Phase werden die Stresshormone abgebaut, der Körper entspannt und erholt sich, und am Ende sind all seine Systeme wieder im Gleichgewicht.

In der dritten Phase, der so genannten Langzeitanpassung oder **Dauerstressphase**, versucht der Organismus aus den immer wieder erfolgenden Stressreaktionen zu lernen. Der Körper legt sich Kampfstrategien fest und baut im Gehirn ein Netz auf, das den Umgang mit variablen Stresselementen ermöglichen soll, er legt Energiespeicher an und adaptiert seine Genexpression, also das An- und Abschalten von Genen, entsprechend dieser Dauerbelastung. Auf lange Sicht (das heißt bei chronischer Belastung) lässt diese dritte Phase jedoch den Körper erschöpft und krank werden.

Eu-Stress und Dis-Stress

Unter Eu-Stress versteht man einen positiven Stress, beispielsweise die Anspannung, die entsteht, wenn man sich auf etwas intensiv freut oder in einer befriedigenden Tätigkeit (zum Beispiel bei einem sportlichen Wettkampf) völlig aufgeht. Eu-Stress macht das Leben erst lebenswert. Ohne ein gewisses Quäntchen dieser Spannung kann man nicht leben. Allerdings kennt auch der Eu-Stress seine Grenzen, die individuell sehr verschieden sein können.
Im Gegenzug versteht man unter Dis-Stress einen krank machenden Stress, der die unterschiedlichsten Auslöser (Stressoren) haben kann. Wie stark Dis-Stress empfunden wird, hängt vom Einzelnen ab, von seiner momentanen gesundheitlichen und seelischen Verfassung, aber auch von seiner Erziehung und seinen Genen.

Wenn wir heute von Stress sprechen, so sind es meist die akuten Alarmphasen, wenn der Mann vor unerwartete Situationen gestellt wird (wobei er sich rein physiologisch in keiner Weise von seinem frühmenschlichen Vorfahren unterscheidet, der am Höhleneingang auf einen Säbelzahntiger trifft). Insbesondere meinen wir aber jene Anpassungsphase, wo wir quasi eine Bibliothek im Kopf anlegen, wie wir in Zukunft mit Stress fertig werden wollen. Doch diese Langzeitanpassung versagt zunehmend.

Vernünftiger und gesunder Stress (Eu-Stress, siehe Kasten oben) bedeutet, auf unerwartete Lebensbedingungen so zu reagieren, dass der Organismus Zeit hat, sich anzupassen und daraus zu ler-

nen. Leben ohne Stress ist nicht möglich, da alles irgendwie Stress für uns bedeutet. Was ist dann aber eigentlich ein krank machender Stress?
Krank machende Stressbedingungen (Dis-Stress, siehe Kasten auf Seite 126) ergeben sich, wenn die Stressreaktionen nicht ausreichend ausgelebt oder kompensiert werden können. Das innere Gleichgewicht, also die Anpassung, stellt sich dann nicht wieder ein. Ein klassisches Beispiel ist das Verhalten im Verkehrsstau. Hier laufen alle Körpersysteme zur Höchstform auf, die ausgleichende Reaktion kann nicht ausgeführt werden, und es treten bei steter Wiederholung langfristig Gesundheitsstörungen auf. Der Körper ist zwar bereit, auf den Stressor (Autoschlange, Stop and Go, langsamer Vordermann) zu reagieren, kann jedoch nicht handeln.

Dauergeräusche als Stressor

Lärm zählt laut WHO zu den bedeutendsten Stressoren für Großstadtbewohner. Während bremsende Züge, Gehupe, Sirenen und Baustellenlärm den Menschen noch aus dem Schlaf hochreißen, werden konstante Verkehrsgeräusche während des Schlafs zwar im Unterbewusstsein ebenfalls als Bedrohung registriert, als Dauergeräusch aber nicht mehr bewusst wahrgenommen. Bei chronischer Belastung durch nächtlichen Verkehrslärm wird man nicht ausreichend erholsamen Schlaf finden. Wer an einer verkehrsreichen Straße wohnt, unterliegt daher einer schleichenden Schädigung durch Lärmstress.

Wenn der Stress den Körper nicht mehr zur Ruhe kommen lässt, wird es für ihn gefährlich.

Andere Beispiele für Dis-Stress sind ungelöste Konflikte, Neidgefühle, Überlastung durch unerledigte Arbeiten, Abgehetztsein, Zukunftsängste, übertriebener Ehrgeiz oder Unzufriedenheit mit familiären beziehungsweise beruflichen Situationen – all diese Stressoren lassen den Körper einfach nicht zur Ruhe kommen. Stress entsteht oft in unserem eigenen Kopf und wird daher subjektiv sehr unterschiedlich empfunden: Manche bewältigen zehn von zwölf Aufgaben im Büro mit links und lassen sich dann von einer simplen Kundenanfrage aus dem Konzept bringen, andere erledigen am Tag spielend dreißig, vierzig Telefonate, geraten dann aber durch die unverhofft gestellte Aufgabe, ein Konzept zu verfassen, völlig in Stress.

So bleiben manche Stressreaktionen infolge äußerer Umstände (Beispiel Stau) oder weil sich die Stressoren dem Bewusstsein entziehen (Beispiel nächtliche

Dauergeräusche) sozusagen in ihrem Ablauf stecken und bewirken eine Reihe von pathologischen Zuständen. Als Beispiele seien hier Gefäßverengung mit Sauerstoffminderversorgung, Entzündung mit ungenügender Regeneration, vermehrte Cortisolausschüttung mit krank machender Umstellung von Gehirnreaktionen, Bindegewebsentzündung und Knochenabbau genannt. Stressbedingt sind auch Störungen der Beweglichkeit des Darms, was sich im Krankheitsbild des spastischen Kolons äußert – unwillkürliche Darmverkrampfungen, die erhebliche Beschwerden auslösen können. Die Magenverdauung wird gestört, und nicht selten kommt es zum Magengeschwür, oft in Kombination mit einer Besiedlung durch bestimmte Bakterien (*Helicobacter pylori*). Die Stresswirkung im Gehirn besteht beim Mann in einer Störung der vom Zwischenhirn auf die Hirnanhangdrüse übertragenen Stimulation des Hodens. Als Folge wird weniger Testosteron gebildet, und die Potenz lässt nach. Bei der Frau kann es durch die gleiche Gehirnreaktion zu einer Fehlsteuerung der Eierstöcke mit Zystenbildung kommen und durch die vermehrte Bildung von männlichen Hormonen zu einer Einschränkung der Fruchtbarkeit.

Krankhafte Stressreaktionen bewirken auf Dauer, dass sich das Wesen des Einzelnen nachhaltig verändert.

Stressoren im Leben des modernen Mannes

Das androgengeprägte Gehirn des Mannes wird zwar hormonell (durch Testosteron) auf Kampf, Eroberung, Wettbewerb, Verdrängung und Gewalt programmiert, unterliegt aber auch den Einflüssen der Umwelt. Die Individualisierung des Jungen und des Mannes hängt wesentlich von Faktoren wie Familie, Schule und Gesellschaft ab. Wenn das Leben es ihm ermöglicht, auf dem Wege zur Selbstfindung solche Eigenschaften wie Wettbewerbsverhalten, Aktivität, körperliche Kraft bis hin zu einer gewissen Aggressivität in Konstruktivität, Kreativität und Zuneigung umzusetzen, so entsteht ein Mann, der quasi Mensch sein darf.

Andererseits kann ihn sein Milieu schon als jungen Menschen sehr negativ prägen – und dann Dauerstress auslösen. Dies gilt beispielsweise für junge Männer, die ihre männliche Identität nicht finden können oder die in gewaltausübende Systeme hineingeboren wurden, wo man ihnen beibrachte, Gewalt klaglos zu ertragen. Weitere potenzielle Anwärter für Dis-Stress sind solche Männer, deren körperliche und emotionale Anstrengungen nicht anerkannt und belohnt wurden oder die ihre hetero- beziehungsweise homosexuellen Neigungen unterdrücken mussten. Wer infolge beruflicher oder politischer Bedingungen ausgebeutet wird und die dabei anfallenden Emotionen nicht ausleben kann, wird auf Dauer krank, und seine Organe und Zellen stellen auf einen pathologischen Stoffwechsel um.

Obwohl der Erfolg eines Mannes in der westlichen Gesellschaft nach wie vor an Geld und Macht gemessen wird, wissen wir aus vielen Männerbiographien, dass beides nicht zwangsläufig Garant für ein glückliches und zufriedenes Leben ist. Die Kehrseite mancher dieser männlichen Erfolgstories besteht häufig in Suchtverhalten, Perversion, emotionaler Verarmung und dem Verlust von Freund- und Partnerschaften. Krank machender Stress resultiert immer aus der Erziehung zu einer vorgegebenen männlichen Rolle in der Gesellschaft, deren Zwang und scheinbare Unentrinnbarkeit Geist und Gefühlswelt des Mannes unterdrücken.

Die Einsicht in die scheinbare Aussichtslosigkeit, diesen Stress bewältigen zu können, lässt die meisten Männer resignieren. Geschickt versteht es nun gerade die Werbung, diese Hilflosigkeit zu nutzen, um dem Mann einen Lebensgenuss und Lebenssinn durch Konsum vorzugaukeln. Solche Ersatzbefriedigungen lassen dann nicht nur den Geldbeutel, sondern auch das Herz des Mannes leer zurück.

Ich habe keine Zeit ...

Viele Männer nennen als einen ihrer Haupt-Stressoren, dass sie kaum noch Zeit für sich selbst und für Familie oder Freunde finden.

Diese Männer haben eine Lebensumstellung besonders dringend nötig. Mangelnde Bereitschaft zum Delegieren von Aufgaben, die Überzeugung, alles selbst

Brutale Rollenzwänge

Preußentum ist in unseren heutigen Zeit ein Synonym geworden für Selbstaufopferung, kritiklose Pflichterfüllung und vorbehaltlose Akzeptanz einer Staatsgewalt, die den freien Willen von jungen Männern so lange bricht, bis diese sich widerstandlos der Staatsräson beugen. Diese drillhafte Milieuprägung bekam auch der sensible, hochintelligente Kronprinz von Preußen, der spätere Friedrich der Große, zu spüren, als er 1730 zusammen mit seinem Jugendfreund Katte durchbrennen wollte. Der Prinz wurde von seinem Vater Friedrich Wilhelm I. nicht nur brutal mit Festungshaft, Prozess und Todesdrohung bestraft, sondern obendrein noch gezwungen, der Hinrichtung Kattes beizuwohnen.

erledigen zu müssen, sind die größten Fehler solcher Männer, die auf der Karriereleiter auf der mittleren bis oberen Wettbewerbsstufe angelangt sind und oftmals kurz vor dem nächsthöheren Ziel stehen. Die Angst vor potenziellen Mitkonkurrenten, die einem alles bisher Erreichte streitig machen wollen, kann das Ausmaß einer Wahnvorstellung annehmen – dabei ist es im Grunde nichts anderes als die Angst vor dem eigenen Versagen.

Viele dieser Männer haben längst den Blick für die wirklich wichtigen Dinge im Leben verloren: Zeit, Kompetenz in Bezug auf das eigene Leben, Geduld, Liebe und das Gefühl für den eigenen gesunden Körper und dessen Ausstrahlung.

Auch an dieser Stelle wieder der Ratschlag: Finden Sie zu sich selbst! Besinnen Sie sich auf Ihr *Inner Image*, und kehren Sie zurück zu den Idealen Ihrer Jugendzeit. Für ältere Männer dürfte dieser Hinweis leichter umzusetzen sein als für jüngere. Denn: Aufgrund des riesigen Konsumangebots von Fernsehen, Computer und Internet fällt es heutigen Kindern und Jugendlichen wesentlich schwerer, sich auf Ideale zu besinnen. Wie sollen sie aufgrund der zunehmenden Verquickung von virtueller Computerwelt und brutaler Realität noch in der Lage sein, Träume, Hoffnungen und Pläne zu entwickeln?

Die ethischen Menschenpflichten

Im Laufe der Menschheitsgeschichte hat sich eine Reihe von ethischen Grundwerten entwickelt, die für die Menschen aller Kulturkreise gelten. Diese Grundwerte, die der Tübinger Theologe Hans Küng neu definiert hat, könnten für jeden Mann Ausgangspunkt werden, um krankhaften Dis-Stress in gesunden Eu-Stress umzuwandeln.

Wenn es gelänge, die im »Weltethos« formulierten »Menschenpflichten« nach und nach in das Leben jedes einzelnen Mannes zu integrieren, wäre ein epochaler Wandel hin zur Menschlichkeit des Mannes durchaus realisierbar. Dieser Pflichtenkatalog könnte den Einzelnen auch gegen die modernen Formen von Ausbeutung und Gewalt schützen, die auf Machtinteressen in Wirtschaft und Politik beruhen.

Nachfolgend ein Auszug aus dem Katalog der »Menschenpflichten« im Wortlaut:

Artikel 1: Jede Person gleich welchen Geschlechts, welcher ethischen Herkunft, welchen sozialen Status, welcher politischen Überzeugung, welcher Sprache, welchen Alters, welcher Nationalität und Religion hat die Pflicht, alle Menschen menschlich zu behandeln.

Artikel 2: Keine Person soll unmenschliches Verhalten welcher Art auch immer unterstützen, vielmehr haben alle Menschen die Pflicht, sich für die Würde und die Selbstachtung aller anderen Menschen einzusetzen.

Artikel 4: Was du nicht willst, das man dir tu, das füg auch keinem anderen zu.

Artikel 5: Streitigkeiten zwischen Staaten, Gruppen oder Individuen sollen ohne Gewalt ausgetragen werden.

Artikel 8: Jede Person hat die Pflicht, sich integer, ehrlich und fair zu verhalten.

Artikel 9: Alle Menschen, denen die notwendigen Mittel gegeben sind, haben die Pflicht, ernsthafte Anstrengungen zu unternehmen, um Armut, Unterernährung, Unwissenheit und Ungleichheit zu überwinden.

Artikel 11: Alles Eigentum und aller Reichtum müssen in Übereinstimmung mit der Gerechtigkeit und dem Fortschritt der Menschheit verantwortungsbewusst verwendet werden. Wirtschaftliche und politische Macht darf nicht als Mittel zur Herrschaft eingesetzt werden, sondern im Dienst wirtschaftlicher Gerechtigkeit und sozialer Ordnung.

Artikel 12: Jeder Mensch hat die Pflicht, wahrhaftig zu reden und zu handeln. Niemand, wie hoch oder mächtig auch immer, darf lügen.

Artikel 13: Kein Politiker, Beamter, Wirtschaftsführer, Wissenschaftler, Schriftsteller oder Künstler ist von allgemeinen ethischen Maßstäben entbunden. Berufsspezifische oder andersartige Ethikkodizes sollen den Vorrang allgemeiner Maßstäbe wie etwa Wahrhaftigkeit und Fairness widerspiegeln.

Artikel 16: Alle Männer und Frauen haben die Pflicht, einander Achtung und Verständnis in ihrer Partnerschaft zu zeigen.

Anti-Aging gleich Anti-Stress

Die wirksame Eindämmung und Bekämpfung von negativem Stress stellt bereits eine gute Anti-Aging-Maßnahme dar. Hilfreich ist dabei der selbst auferlegte Vorsatz, als Mann jeden Tag eine der oben genannten Menschenpflichten zu erfüllen. Vieles würde erreicht, wenn jedermann sich jeden Tag einen Artikel vornähme, um ihn in sein Alltagsleben einzubauen. In der Gesellschaft wird die Verpflichtung von Politik und Wirtschaft zu ethischen Normen langsam ein gesünderes Klima schaffen, das es Männern gestattet, aus ihrer alten Gewaltrolle herauszukommen. Erfahrungsgemäß dauert so ein Massenprozess sehr lange, weshalb die einfachste Lösung darin besteht, selbst den ersten Schritt zu tun. Wer mit der Umsetzung dieser Menschenpflichten beginnt, befreit sich gleichzeitig von krank machendem Stress.

Strategien gegen den Stress: Vernetzung

Besonders große Stressoren im Leben eines jeden Mannes stammen aus hierarchischen Systemen, die auf Gewalt und Macht basieren. Die Umstrukturierung der modernen Gesellschaft öffnet für den Mann neue Wege der Befreiung aus jahrhundertealten Herrschaftssystemen von Männern über Männer. Frauen dringen erfolgreich in diese Hierarchien ein und brechen die Macht der Gewalt vermittels Verständigung durch emotional unterstützte Konfliktlösung.

Die nächste Dekade der Sozialisierung und Strukturierung von Herrschaft gehört der Frau. In dieser Zeit bietet sich dem Mann die Chance, seinen naturgegebenen Mangel an harmonischer Konfliktlösung durch Vernetzung anstelle von Gewalt zu überwinden. Zum besseren Verständnis muss man sich noch einmal den Aufbau von männlichem und weiblichem Gehirn vor Augen führen. Im Gehirn der Frau besteht von Natur aus eine hohe Vernetzung beider Hirnhälften (Hemisphären) über den Balken. Hingegen ist beim Mann die Welt der Emotionen in der einen Gehirnhälfte lokalisiert und räumlich vom analytischen Verstand getrennt, der in der anderen Hemisphäre untergebracht ist. Diese Gehirnhälfte ist beim Mann zudem stärker entwickelt.

Während die Frau ihren gesellschaftlichen Einfluss in den nächsten Jahrzehnten ausweiten wird, kann der Mann diese Zeit zu seiner Umstrukturierung, seiner »Entgewaltigung« nutzen. Am Ende dieser Entwicklung treffen sie sich wieder – reife, mündige Kosmopoliten und gewaltarme Partner in einer neuen

Das »Gefangenendilemma«

Hierbei handelt es sich um ein Spiel, bei dem zwei oder mehr Spieler eine Entscheidung treffen müssen, dabei aber nicht wissen, wie sich der andere jeweils verhält, dessen Entscheidung aber wesentlich für den eigenen Erfolg beziehungsweise das eigene Scheitern ist. Ausgangspunkt ist eine fiktive Situation, in der zwei Gefangene, die man eines gemeinsam begangenen Kapitalverbrechens verdächtigt, völlig voneinander isoliert verhört werden. Die Staatsanwaltschaft hat keine hinreichenden Beweise für ihre Täterschaft und benötigt ein Schuldgeständnis. Beiden Verdächtigen wird unabhängig voneinander folgender Deal vorgeschlagen: Wer gesteht und den anderen belastet, wird freigesprochen, der andere erhält zehn Jahre Haft, sofern er die Tat geleugnet hat. »Singen« beide, erhalten beide ein reduziertes Strafmaß von drei Jahren, und wenn beide dichthalten, reichen die bisherigen Beweise nur für ein Jahr Strafe aus.

Die erfolgreichste Strategie wäre hier ein nicht-kooperatives Verhalten (also ein einseitiges Geständnis), sofern der andere kooperieren (das heißt nicht gestehen) würde, der dann der Dumme wäre. Wenn beide gestehen, werden beide wesentlich höher bestraft, als wenn sie den Mund hielten. Das Gefangenen-Dilemma ist ein so genanntes Nicht-Null-Summen-Spiel, weil man nicht allein dadurch gewinnt, dass der andere verliert. Besonders interessant wird es, wenn man es wie im richtigen Leben immer wieder mit denselben Partnern spielt.

Welt. Das Zauberwort dieser Vision, die schon begonnen hat, heißt »Vernetzung«. Anstelle von Geld wird Qualität wieder höher bewertet und gilt als Maß für den Erfolg. Immer mehr Menschen, Männer wie Frauen, werden Aktionäre ihrer Arbeitgeberfirma, wodurch demotivierende Stressoren wie Unterordnung und Gleichgültigkeit einer höheren Selbstmotivation Platz machen, die man dem Eu-Stress zurechnen kann. Aus männlichen Konkurrenten werden gleichberechtigte Teilhaber, krank machender Stress wird in individuelle Anstrengung umgeprägt. Das Medium, in dem das Zeitalter der Vernetzung schon begonnen hat, ist das Internet. Je eher man einsteigt, desto eher gelangt man ans Ziel. Das so genannte Networking funktioniert nur, wenn alle Teilnehmer ehrlich kooperieren; Betrug und Korruption fliegen rasch auf, und darin verwickelte Mitspieler sind draußen. Situationen wie das »Gefangenen-Dilemma« (siehe Kasten Seite 132) lassen sich nur durch vernetzte Kooperation lösen, wo jeder vom Vorteil des anderen profitiert.

Beginnen Sie heute, machen Sie sich fit für das neue Männerleben mit weniger Dis-Stress, der den Mann frühzeitig altern lässt. Eintrittskarte für Ihre Vernetzung sind die oben erwähnten »Menschenpflichten«, die man als »ethische Software« für das neue Networking betrachten kann.

Praktische Anleitungen

Umdenken statt mitlaufen

Lesen Sie jeden Tag einen Artikel aus den »Menschenpflichten« und setzen Sie ihn an diesem Tag bei jeder Ihrer Handlungen um. Lassen Sie nicht davon beirren, dass Ihre Umwelt voller Korruption, Betrug und Missachtung steckt und dass die darin Verstrickten nicht selten sogar sehr erfolgreich sind. Fragen Sie sich immer, worin das Glück dieser Männer eigentlich besteht. Gerade die politische Landschaft der letzten 15 Jahre in Deutschland hat gezeigt, dass sich männliches Handeln, das auf Korruption, Lug und Betrug basiert, letztlich

»Tit-for-Tat«

Der Politologe Robert Axelrod bat mehrere Forscher, Computerprogramme mit Entscheidungsstrategien für das Gefangenen-Dilemma zu entwickeln, und ließ diese dann gegeneinander antreten. Eindeutiger Gewinner war – auch nach mehreren Durchgängen – das einfache Spiel Tit-for-Tat («Wie du mir, so ich dir«). Bei dieser Strategie kooperiert man beim ersten Mal mit dem Spielpartner und wiederholt in allen Folgezügen die vorausgehenden Züge des Mitspielers. Die Strategie ist zunächst nicht egoistisch, bestraft aber sofort den, der nicht kooperiren will. Allerdings ist Tit-for-Tat nicht nachtragend, wenn der Mitspieler sich wieder kooperativ zeigt. Selbst wenn die auf Maximalgewinn fixierte egoistische Strategie kurzfristig besser abschneiden sollte, ist die kooperative Strategie langfristig erfolgreicher, wenn stets dieselben Partner aufeinander treffen.

nicht auszahlt, denn die soziale Ächtung macht inzwischen auch vor sehr prominenten Bürgern nicht Halt.

Gezielte Freizeitplanung

Erstellen Sie einen Tagesablaufplan, um das Argument, keine Zeit zu haben, entkräften zu können. Fangen Sie in kleinen Schritten an, indem Sie einmal pro Woche eine Stunde nur für sich reservieren. Treiben Sie dann etwas Sport, oder gehen Sie einem anderen Hobby nach. Treffen Sie sich mit Freunden oder gehen Sie mal wieder ins Kino oder ins Theater.

Aber bedenken Sie, dass Sport treiben nicht bedeutet, Ihren Körper einer neuen Stresssituation auszusetzen. Völlig sinnlos ist es daher, nach einem arbeitsreichen Tag mit viel Dis-Stress abends noch eine Stunde zu laufen. Damit treiben Sie nur Raubbau an Ihrem Körper. Empfehlenswert sind langsames Gehen, tiefes Atmen und genussvolles Wahrnehmen der Natur.

Steigern Sie Ihre Freizeit auf zwei, dann drei Stunden pro Woche. Manche wichtigen Angelegenheiten und Arbeiten lassen sich auch am Wochenende erledigen, indem man zwischendurch ein paar Stunden das Liegengebliebene aufarbeitet und sich dann wieder seiner Familie, seinen Kindern und Freunden oder dem Sport widmet.

Leben in der Balance

Anstatt abends Alkohol, stundenlanges TV und womöglich Schlafmittel zu konsumieren, nehmen Sie sich einfach vor, eine Entspannungsübung durchzuführen. Es würde den Rahmen des Buches sprengen, wenn an dieser Stelle Techniken wie autogenes Training, Meditation, Neuro-Linguistische Programmierung (NLP) oder andere sinnvolle Maßnahmen im Detail erläutert würden. Hierzu gibt es sehr gute Anleitungen und Bücher. Wichtig ist, dass Sie die richtige Technik für sich selbst finden.

Die Fähigkeit zur Entspannung ist die Voraussetzung dafür, sich in einen Zustand der »Hochspannung« versetzen zu können, was zum Beispiel im Berufsleben vor Versammlungen, Verhandlungen oder Vorträgen erforderlich ist. Ein gesundes Leben pendelt stets zwischen Entspannung und Hochspannung, zwischen Yin und Yang. Genaueres finden Sie im Kapitel *Körper und Bewegung* im Abschnitt über die Technik der Hochspannung (siehe Seite 148). Um ein ausgewogenes Leben zu führen und immer wieder Ihr inneres Gleichgewicht zu finden, sollten Sie beide Techniken, Entspannung wie Hochspannung, nutzen.

Sinnfindung

Ein häufiger Satz frustrierter, krisengeschüttelter Männer in der Lebensmitte lautet: »Ich sehe keinen Sinn in meinem

Leben.« Wenn Beruf und Alltagsleben infolge von Überlastung und Frustration sinn- und nutzlos erscheinen, ist dies nicht selten der Ausgangspunkt für Depressionen, Alkoholmissbrauch oder gesteigerten Nikotin- und Medikamentenkonsum. Später stellen sich organische Krankheiten ein, die den Alterungsprozess noch mehr beschleunigen.

Als einfaches Rezept: Geben Sie Ihrem Leben in scheinbar unwichtigen Bereichen einen Sinn und greifen Sie Hobbys und Tätigkeiten auf, in denen Sie früher erfolgreich waren oder die Ihnen einfach Spaß gemacht haben – ganz gleich, ob Sie nun Saxophon spielen, Gedichte schreiben, sich einen Hund halten oder ehrenamtlich in der Jugendbetreuung tätig werden. Oder tun Sie etwas, das Sie schon immer mal gerne gemacht hätten, vielleicht eine Fahrt im Fesselballon oder eine Bergbesteigung. Nehmen Sie sich die Zeit, in Ihrem Leben wieder einen Sinn zu finden.

Aggressionen ableiten

Wenn Sie öfters von dem Gedanken beherrscht werden, alles kurz und klein zu schlagen, dann sind das deutliche Warnsignale. Auch wenn Sie nichts von Kampfsport halten, gibt es doch eine Variante, die Ihnen enorme Stärke geben und Ihre Aggressivität komplett in Kraft und Ausstrahlung umlenken kann. Menschen, mit denen Sie dann aneinandergeraten, werden sofort spüren, dass man Sie nicht aufs Kreuz legen sollte, weil man dann selbst dort landen würde. Gemeint ist Aikido, jene »Kampfsportart«, die keinen Kampf darstellt, sondern vielmehr die Gewalt und Aggressionen angreifender Menschen »aufsaugt« und in geballte Energie umwandelt, die der Angegriffene dann für sich nutzen kann.

Ein Freund, ein guter Freund ...

Männer sind zwar einsame Streiter, die die wichtigsten Entscheidungen immer allein treffen und durchstehen, aber ab

Ob Boule, Boccia oder Pétanque, das Spiel mit Kugeln aus Stahl oder Holz ist seit jeher Sinnbild von mediterraner Entspannung und in sich ruhendem Lifestyle. Neben der wohltuenden Mittelmeerkost kann auch das Boulespiel aktives Anti-Aging sein.

und zu braucht auch der Mann mal einen Menschen, dem er sich anvertrauen kann. Und da Frauen in vielen Bereichen völlig anders denken und fühlen, wer käme da besser in Frage als ein anderer Mann?

Aus der Geschichte kennt man viele große Männerfreundschaften: Luther und Cranach, Schiller und Goethe, Marx und Engels – aber »beste Freunde« sind eher die Ausnahme als die Regel, insbesondere bei einflussreichen Männern. »Herrscher halten sich meist zwei Arten von Freunden, zum einen Nützliche, zum andern Angenehme. Doch meist empfinden sie die nützlichen Freunde als unangenehm und die angenehmen als unnütz.« Diese Weisheit stammt von keinem anderen als Aristoteles – Männerfreundschaften waren demnach bereits in der Antike nicht unproblematisch. Wahrscheinlich weil auch damals schon die Mächtigen Angst hatten, durch Preisgabe von Intimitäten die eigene Position zu schwächen.

Neueste Untersuchungen zeigen aber, dass Männer, die einen echten »Männerfreund« haben, dem sie sich mit allen Problemen anvertrauen können, länger leben. Leider sind solche Freundschaften selten. In einer Studie der Sozialwissenschaftler Rainer Volz von der Bochumer Ruhr-Universität und Professor Paul Zulehner vom Wiener Ludwig-Boltzmann-Institut behaupten 90 Prozent der befragten Männer, mindestens einen Mann als Freund zu haben, doch nur 38 Prozent gaben an, sich mit ernsthaften Problemen an ihn zu wenden. Der Frankfurter Männerarzt Haydar Kratepe geht davon aus, dass der Anteil echter Männerfreundschaften die 10-Prozent-Marke nicht übersteigt.

Tiefe Freundschaften werden meist in der Jugend, während Ausbildung und Studium, geschlossen. Ganz bestimmt lohnt es sich, solche Freundschaften später zu aktivieren. Gehen Sie ruhig einmal wieder zu einem Klassentreffen, oder rufen Sie den früheren Arbeitskollegen an, der vor zwei Jahren weggezogen ist und mit dem Sie sich damals so gut verstanden haben.

Lange Zeit neigte die Gesellschaft dazu, hinter engen Männerfreundschaften grundsätzlich homosexuelle Beziehungen zu vermuten. Wenn zwei Männer sich so gut verstehen, sind sie bestimmt schwul ... Dabei gibt es selbstverständlich enge Vertrauensverhältnisse zwischen heterosexuellen Männern – zwei Kumpels, die sich zueinander hingezogen fühlen, ohne miteinander Sex zu haben. Andererseits entwickelt sich aus einer solchen Zuneigung unter Männern manchmal durchaus eine homosexuelle Beziehung. Die Übergänge zwischen hetero- und homosexueller Lebensweise sind fließend, was eine wenig tolerante Gesellschaft nicht wahrhaben will. Allerdings wächst inzwischen gerade in Deutschland schrittweise die Toleranz gegenüber homosexuellen Männern und Frauen, sodass es heutzutage kein Ding der Unmöglichkeit mehr ist, sich auch als hochgestellte Persönlichkeit öffentlich zu seiner diesbezüglichen Lebensweise zu bekennen. Vielleicht nimmt dadurch nicht nur die Toleranz gegenüber Homosexuellen zu, sondern auch die Nähe unter Männern, sodass Berührungsängste und bestehende männliche Gewaltstrukturen *peu à peu* verschwinden.

Lachen ist die beste Medizin

Wer meint, schon lange nichts mehr zu lachen zu haben, ist nicht nur zu bedauern, sondern lebt tatsächlich ungesünder. Denn neuere wissenschaftliche Untersuchungen zeigen auf, dass Lachen gesund hält. Laut März-Ausgabe 2001 der Zeitschrift *Psychologie Heute* schützt Humor vor Herzerkrankungen. In einer empirischen Studie fand der amerikanische Kardiologe Michael Miller heraus, dass Herzpatienten vor ihrer Erkrankung nur halb so viel gelacht haben wie Menschen, die keine Herzbeschwerden hatten. Die Patientengruppe sah nicht nur viele Probleme des Lebens wesentlich ernster, sondern war darüber hinaus kaum in der Lage, sich auch in angenehmen Situationen mal richtig zu entspannen.

Wem auch angesichts von Problemen der Humor nicht ausgeht, der hält sein Herz gesund.

Wer lachen kann, hat deutlich weniger Stress; viele glückliche Männer lachen sich ihren Stress von der Seele. Lachen Sie nicht nur über andere und mit anderen, sondern versuchen Sie es auch mit ein wenig Selbstironie. Wenn Sie sich selbst auf den Arm nehmen und auch über einen Scherz lachen können, den man über Sie macht, werden Sie mehr Erfolg und weniger Stress haben, als wenn man vor lauter Respekt stets einen großen Bogen um Sie macht.

Die Vorschläge, die wir hier gemacht haben, erscheinen Ihnen vielleicht als triviale Gemeinplätze. Aber bedenken Sie, dass oft die einfachsten Lösungen die besten und erfolgreichsten sind! Betrachten Sie das Triviale als ein Bollwerk gegen die Macht, die Freundschaft als den Gegner der Ausbeutung und die Liebe als Pfand gegen die Gewalt.

10

Körper und Bewegung –

Das Training

Herzstück jedes Anti-Aging-Programms ist das richtige Training – sofern es nicht isoliert ausgeübt, sondern in ein Konzept zur Änderung des Lebensstils eingebettet ist. Die in den Muskeln gespeicherte Energie ist nämlich eine der wichtigsten Kraftquellen des Mannes, die ihm aber nur zur Verfügung steht, wenn er für Muskelaufbau durch Training sorgt.

Die ausführlichen, reich illustrierten Übungsanleitungen in diesem Kapitel bieten Ihnen die Gelegenheit, sich ein individuelles Programm zusammenzustellen, wobei Sie das Krafttraining durch ein aerobes Ausdauertraining ergänzen sollten. Der Erfolg wird sich bald einstellen: Ihr Wohlbefinden steigt spürbar, und vielleicht werden Sie sogar »süchtig« danach!

Interview

Das folgende Interview führte Prof. Rolf-Dieter Hesch mit Frank Hofmann, Chefredakteur von *Men's Health*, dem wohl bekanntesten und erfolgreichsten deutschsprachigen Magazin für Männergesundheit und -wellness.

Hesch: *Herr Hofmann, als Chefredakteur von* Men's Health *propagieren Sie einen Lebensstil für Männer, der nach unseren heutigen medizinischen Erkenntnissen auch dazu beitragen kann, gesund alt zu werden: der »ganze Kerl« als Metapher für ein wenig stressvolles, männlich betontes, beruflich, sozial, sexuell und körperlich erfolgreiches Leben. Haben Sie eine Vorstellung davon, ob der »ganze Kerl«, der heute den* Men's-Health-*Lebensstil lebt, später der »gesunde Alte« wird? Wie sieht der heute 30-jährige* Men's-Health-*Leser nach Ihrer Vorstellung in 30 Jahren aus?*

Hofmann: Wir bemühen uns, die 30-Jährigen von heute mit all dem zu versorgen, was der Vorgängergeneration für ein längeres Leben und gesünderes Altern gefehlt hat. Das sind nicht nur Informationen über einen entsprechenden Lebensstil, sondern auch Motivationshilfen und Denkanstöße. Wir wollen den Männern die Scheu vor der Körperlichkeit nehmen und ihnen helfen, ihren Körper nicht länger als Maschine zu begreifen, sondern als Teil ihrer Persönlichkeit. Deshalb bin ich guter Hoffnung, dass unsere Leser in 30 Jahren besser in Form sind als die heute 60- bis 70-jährigen Männer.

Hesch: *Viele »Fitnessgurus« verlangen von dem ohnehin schon überforderten modernen Mann zusätzlich anstrengende körperliche Leistungsprogramme als »Ausgleich«, die ihn in Wirklichkeit weiter schädigen. Wie weiß der Mann, was er sich zumuten kann, um seine Kraftquellen aufzufinden?*

Hofmann: Das ist ein wichtiger Punkt, den viele selbst ernannte Fitness- und Motivationspäpste nicht wahrhaben wollen: Ein für alle gültiges Patentrezept gibt es nicht. Ich halte gar nichts davon, Sportmuffel mit Gewalt in die Laufschuhe zu zwingen. Wir setzen dagegen auf die Appetit machende Vielfalt einer umfänglichen Speisekarte: In Bild und Text offerieren wir jeden Monat neu eine breite Palette an Bewegungsmöglichkeiten und hoffen, dass für jeden etwas dabei ist. Was die Belastungsintensität angeht: Die persönliche Zumutbarkeitsgrenze muss jeder für sich herausfinden – ich glaube, dass Männer generell zur Selbstüberschätzung neigen und sich deshalb dieser Grenze vorzugsweise von oben nähern.

Hesch: *Was ist das Geheimnis eines erfolgreichen Trainings beim Burnout, unter dem so viele Männer leiden?*

Hofmann: Ich denke, »Training« ist hier schon das falsche Wort. Das hat so etwas Zielgerichtetes, Systematisches, das zusätzlichen Ehrgeiz hervorrufen kann. Männer mit Burn-out-Problem sollten überhaupt erst eine Beziehung zu ihrem Körper aufbauen. Das kann auch eine Ayurveda-Kur hervorragend leisten.

Hesch: *Die Muskulatur hat zwei Energiespeicher, die Leistung und die Kraft. Leistung sorgt für einen schlanken, ausdauernden Körper, Krafttraining füllt die Energietanks.* Men's-Health-*Models haben beides in idealer Weise. Wie integriert man beide Merkmale in eine alltagstaugliche Lebensweise?*

Hofmann: Das hängt noch von zwei weiteren Faktoren ab: 1. Wieviel Zeit möchte ich für sportliche Betätigung investieren? 2. Mit welcher genetischen Veranlagung bin ich ausgestattet? Ich würde von Natur aus eher Stämmigen eine Aufteilung ihres Zeitbudgets in 80 Prozent Ausdauersport und 20 Prozent Gewichtstraining empfehlen, durchschnittlichen Figuren hingegen zu 60/40 Prozent und hageren zu 50/50 Prozent raten.

Hesch: *Zunehmend lebt der Mann im Spannungsfeld zwischen Beruf, Familie, Körper, Sexualität und Konsum. Welcher Konsum wird von Ihnen befürwortet und wie trennt der moderne Mann dabei zwischen schädlicher Manipulation und gesundem Nutzen?*

Hofmann: Männer mögen in vielen Dingen von Frauen noch lernen können, aber in einem Punkt sind wir meines Erachtens definitiv überlegen: Männer sind das pragmatischere Geschlecht. Wir lassen uns von der Werbung nicht so schnell mit geschönten Versprechen ködern und verfallen weitaus seltener einem Kaufrausch. Deshalb glaube ich, dass der Mann ganz gut selbst die manipulierte Spreu vom nützlichen Weizen in der Warenwelt unterscheiden kann.

Hesch: *Das Motto »Fit bis ins hohe Alter« hat eine soziale Komponente. Wie wird die Gesellschaft mit einer zunehmenden Zahl gesunder, trainierter, kompetenter und sexuell aktiver älterer Männer umgehen?*

Hofmann: Die geburtenstarken Jahrgänge, die heute um die 40 sind, werden bis in die 30-er Jahre des neuen Jahrtausends die Spitze der Alterspyramide darstellen. Diese Jahrgänge werden zwangsläufig weiterhin die Standards setzen: Sie werden immer eine der wichtigsten Zielgruppen für Medien, Werbung und Produktentwicklungen sein. Spätestens mit dem Altern dieser Generation wird der Umgang mit aktiven Senioren etwas ganz Normales werden. Ich freue mich schon darauf.

Gezielte Trainingsprogramme

Was hat Training mit Anti-Aging zu tun, wird sich mancher fragen – nicht nur der Skeptiker, der keinen Sport treiben will, sondern auch der Wissenschaftler, der seine Theorien kennt. Wie bereits erwähnt, führt sportliches Training zur vermehrten Bildung von Sauerstoffradikalen, die Gene und Proteine schädigen. Ein weiteres Gegenargument wäre die Tatsache, dass Tiere mit langsamem Stoffwechsel länger leben, während andererseits eine hohe Stoffwechselrate erhebliche Altersschäden auslösen kann. Wieso also trainieren, wenn dadurch alle diese Prozesse verstärkt werden? Warum wirkt sportliches Training dennoch gegen vorzeitiges Altern?

- Training baut Stress und Aggressivität sowie Gewaltbereitschaft ab, wobei Stress bekanntlich eine der Hauptursachen für vorzeitiges Altern beim Mann ist.
- Kardiovaskuläres Training im aeroben Bereich stärkt den Herzmuskel.
- Kardiovaskuläres Training im aeroben Bereich steigert die Durchblutung der Koronararterien (Herzkrankgefäße).
- Kardiovaskuläres Training verbessert die Hirndurchblutung sowie die Organdurchblutung und entfernt giftige Stoffwechselprodukte aus allen Organen. Die Stoffwechselprodukte sind Ursache für vorzeitiges Altern.
- Kardiovaskuläres Training baut Fett ab. Fett dient dem Körper als »Müllhalde«: Toxine, die dort eingelagert werden, schädigen jahrelang die DNS, die Erbsubstanz beziehungsweise die Eiweißkörper.
- Muskeltraining führt zur Speicherung von Glykogen und ATP im Muskel, den höchsten Energieformen des menschlichen Organismus. Diese Energie steht dem Organismus im Bedarfsfall kurzfristig zur Verfügung. Wird diese Energie genutzt, so werden die anderen Energieformen des Körpers (zum Beispiel die Strukturproteine) geschont, deren Abbau Schäden oder Abrieb bedeuten würde.
- Kardiovaskuläres Training und Muskeltraining fördern die Zellerneuerung und sorgen damit für den Abtransport geschädigter Zellen.

An dieser Stelle soll noch mal der Unterschied zwischen Anstrengung und Training dargestellt werden. Anstrengung ist ungezielte erhebliche körperlicher Belastung, wie man sie im Alltag leistet – z. B. im Hoch- und Tiefbau, bei Gartenarbeiten, als Fernfahrer, aber auch als leitender Angestellter, Konzerndirektor oder Minister. Ohne Rücksicht auf die Signale des Körpers werden diesem ständig große Leistungen abverlangt, wobei er weder darauf vorbereitet noch vor den Folgen geschützt wurde. Die Anstrengung im Alltagsleben unterscheidet sich deutlich von der gezielten Anstrengung des Trainings, wie es die Autoren verstehen. Selbstverständlich kann auch Training zu einer Überanstrengung führen – nämlich beim so genannten Übertrainingssyndrom, einer echten Erkrankung mit starker systemischer Reaktion des Körpers bis hin zu erhöhter Temperatur und Schlaflosigkeit. Vor einem derart unsinnigen Training, das man sowohl in Fitnessstudios als auch bei Joggern beobachten kann, wird der Leser eindringlich gewarnt. Training darf nur bis an die Grenzen dessen gehen, was der Körper als »Wohlfühlen« und angenehme Belastung empfindet. Mit zunehmendem Training werden diese Grenzen deutlich ausgeweitet, ohne dass der Organismus überbeansprucht wird. Darüber hinaus betonen wir, dass Training unabhängig von der Intensität, mit der es betrieben wird, für sich genommen keine umfassende Anti-Aging-Methode darstellt. Training sollte stets in ein Programm zur Änderung des Lebensstils eingebettet sein: *Ändere dein Denken, ändere deinen Körper, ändere dein Leben.*

Diese Maximen ergeben ein Lebensprogramm des Anti-Aging auf folgenden fünf Ebenen:

- Das Hineinwachsen in das Leben
- Umwelt, Gesellschaft, Beruf, Partnerschaft, Emotionen und Denken
- Der Körper und seine Organe
- Das Training
- Das Hormonsystem

Alle fünf Ebenen sind Gegenstand einer modernen Männermedizin, weshalb der »Männerarzt« eine integrale Ausbildung auf allen fünf Ebenen besitzen muss, damit er den Mann wirklich kompetent und effektiv beraten kann. Training ist Bestandteil dieses ganzheitlichen Konzepts; allerdings soll auch verdeutlicht werden, dass es keine Alternative zum Training gibt, da der Mensch nur zwei Kraftquellen hat, auf die wir weiter oben bereits hingewiesen haben.

In der westlichen Gesellschaft hat sich das Schönheitsideal in den letzten Jahrhunderten drastisch gewandelt. Auf barocken Bildern überwiegen die üppigen Schönheiten, während bei den Männern heute zunehmend ein muskulöser Körper gewünscht wird. Die Industriegesellschaft des 19. und 20. Jahrhunderts beutete den Mann als Arbeitskraft aus, sie wollte keinen schönen, kräftigen Körper, sondern einen funktionstüchtigen. Heute ist eine Körperästhetik der Kraft und Spannung gefragt, die den Mann wie eine Aura umgibt. Diese neue Ästhetik dient dem Einzelnen in seiner Beziehung zur Gesellschaft, gewissermaßen als Rückbesinnung auf das klassische *Mens sana in corpore sano*. Ein normales Gewicht, eine leistungsbereite Muskulatur, ein trainierter Kreislauf und ein freier Geist sind die Grundlage einer neuen »Leichtigkeit des Seins«.

»Ich brauche kein Training«

Manche Menschen sind der Meinung, sie bräuchten kein Muskeltraining, weil sie viel Hausarbeit machen, den Garten bestellen, im Wald arbeiten oder andere schwere körperliche Arbeiten verrichten. Wie schon erwähnt, liegen jedoch Welten zwischen körperlicher Anstrengung und körperlichem Training.

Gartenarbeit und Holzhacken sind anstrengend, sie bringen jedoch keinen Trainingseffekt. Training heißt, Muskeln gezielt zu belasten und zur Arbeit anzuregen. Anders formuliert, werden im Gehirn bewusst Muskelgruppen aktiviert, sodass es zu einer Koordination zwischen Gehirn, Nerven und Muskeln kommt, die das Training ermöglicht, und zwar bis an die Leistungsgrenze des Muskels. Nur so lernen Sie Ihren Körper kennen, im anderen Falle nutzen Sie ihn ab.

Gartenarbeit und vergleichbare körperliche Tätigkeiten sind kein Ersatz für gezieltes Muskeltraining.

Die Kraftquellen des Mannes

Menschen schöpfen ihre Kräfte aus zwei Quellen:
1. Die geistig-seelische Ebene, hierzu gehören Glaube, Meditation, Naturerlebnisse, Musik, Literatur, Freundschaften und Kultur.
2. Die Muskulatur.

»Ich bin zu müde zum Trainieren« – die Kraftquellen

Müdigkeit ist ein Vorwand, den man am häufigsten hört. Am Abend sind alle erschöpft von der Arbeit – meist eine Erschöpfung durch die Überforderung des Kopfes am Tage und die ungenügende Benutzung des Körpers.

Keine der beiden in der Box oben genannten Kraftquellen ersetzt die andere. Nach des Tages Arbeit, nach Sitzungen, Autofahren oder Fliegen ist der Kopf erschöpft, mental sind kaum noch Reserven vorhanden, die Muskulatur »hängt ab« – dies ist die beste Zeit zum Training, auch wenn Sie sich zu müde fühlen. Wer 30 bis 40 Minuten Training nach einem solchen Tag absolviert und die einzelnen Muskelgruppen bis an die Leistungsgrenze ausreizt, der überwindet zu seinem eigenen Erstaunen und entgegen allen Erwartungen seine Müdigkeit und Erschöpfung. Man fühlt sich gekräftigt und kann nun die Ruhe und Erholung genießen.

Wenn dieses Erlebnis zur »Sucht« wird, ist das durchaus zu begrüßen. Die meisten Menschen ersetzen diese Art von Sucht, indem sie sich in den Alkohol flüchten oder sich stundenlang mit minderwertiger Fernsehunterhaltung berieseln lassen. Wer originell ist, lädt Geschäftspartner und Freunde abends nicht in ein Feinschmeckerrestaurant, in dem man regelmäßig viel zu viel isst und trinkt, sondern überredet sie zu Training und Sauna – ein neuer Lebensstil der Erfolgreichen und Starken, die gesund und glücklich bleiben wollen.

»Ich habe keine Zeit für Training«

Dieses Argument stammt überwiegend von Männern, die Training am allermeisten nötig haben. Vor lauter Karrierestreben haben sie das Gefühl für den eigenen Körper und dessen Ausstrahlung verloren. Dieses Gefühl gilt es wiederherzustellen – und das gelingt weniger durch Entspannungstechniken als vielmehr durch eine umfassende Körperarbeit, die dem Mann zu mehr Kraft und Gesundheit, Selbstbewusstsein und Charisma verhilft.

Typusgerechte Trainingskonzepte

Da sich jeder Mann vom anderen unterscheidet, kann es auch kein einheitliches Trainingsschema geben, das für alle Männer richtig ist – nicht allein, weil die Lebensziele unterschiedlich sind, sondern auch, weil nicht alle Männer gleich aussehen möchten und können.

Daher sollen hier einmal die diversen »Mannsbilder« mit ihren unterschiedlichen Trainingszielen skizziert werden:

- Der Genießer, der nun endlich etwas für sich tun will, aber sein Genussleben nicht komplett aufgeben möchte.
- Der Vorsorgetyp, der aus Gesundheitsgründen seinen Lebenstil aktiv ändern möchte.
- Der Adonis, der mit seinem schönen Körper in jedem Alter als selbstsicherer Verführer auftritt.
- Der Sportsmann, der seine Leistungsgrenze sucht (und diese gelegentlich auch erreicht), seinen Körper kennen lernen und erobern will.
- Der Model-Typ, der auch im Alter noch Designer-Unterwäsche vorführen möchte.
- Der muskelbepackte Bodybuilder, der fast seine ganze Zeit darauf verwendet, so viel Kraft und Muskelmasse zu entwickeln wie Arnold Schwarzenegger. Von allen hier vorgestellten Männertypen ist er am meisten in Gefahr, seinen Körper zu schädigen und vorzeitig zu altern.
- Der rund um die Uhr beschäftigte Selbstständige, der eigentlich nie Zeit hat, aber sich endlich dazu durchgerungen hat, etwas für sich zu tun.
- Der Arthrosegeplagte, der angeblich nicht trainieren kann und soll, obwohl dies ein Vorurteil ist.
- Der gemütliche Dicke, der sich und seiner Umwelt vorgaukelt, mit seinem Lebensstil und Aussehen zufrieden zu sein, in Wirklichkeit aber seine Identität verloren hat.

Allein diese Vielfalt zeigt, dass ein Trainingsprogramm den ganzen Menschen einbeziehen sollte.

Das eigentliche Training setzt sich aus mehreren Modulen zusammen: Basistraining, Compoundtraining und Hochspannungstraining.

Das Prinzip des Basistrainings

Um den Körper nicht zu überfordern, sollte man immer ein Split-Training durchführen, wobei es sich bewährt hat, drei Mal in der Woche 45 bis 60 Minuten zu trainieren. Man sollte unbedingt wissen, dass die Pausen zwischen den Trainingseinheiten – also die Zeit, während der sich der Muskel ausruhen und tatsächlich wachsen kann – genauso wichtig sind wie die eigentlich Trainingszeit. Trainiert man eine Muskelgruppe, bevor die Belastung komplett in Muskelaufbau umgesetzt worden ist, so baut man den Muskel in Wirklichkeit ab statt auf. Ein derartiges Übertraining ist häufig von allgemeinem Unwohlsein und Krankheitssymptomen begleitet und schädigt den Organismus.

Beispiel für ein Split-Training
Erster Tag: Brusttraining und Trizeps
Zweiter Tag: Beintraining und Bauchtraining
Dritter Tag: Rückentraining und Bizeps
Vierter Tag: Bauchtraining

Anfänger
Leichte Gewichte, das heißt solche, die zwölf Wiederholungen erlauben, wobei die letzte nur noch mühsam durchführbar ist. Drei Sätze pro Übung.

Fortgeschrittene
Steigende Gewichte, das Gewicht wird pro Satz um 10 bis 15 Prozent erhöht, es werden zwölf Wiederholungen, acht Wiederholungen und zehn Wiederholungen durchgeführt. Auch hier gilt, dass sich die letzte Wiederholung nur noch mühsam durchführen lässt – ein sicheres Kennzeichen, dass das Gewicht richtig ausgewählt und der Muskel ausreichend belastet wurde.

Profis
Schwere Gewichte; das erste Gewicht so wählen, dass die letzte Wiederholung nicht mehr komplett gelingt (*Failure*), vier bis fünf Sätze mit steigenden Gewichten zwischen 10 und 25 Prozent, zwölf, zehn, acht, sechs, (eventuell vier) Wiederholungen, zwei Minuten Pause zwischen den Sätzen.

Zur Intensivierung des Trainings können Fortgeschrittene und Profis direkt im Anschluss an den letzten Satz das Gewicht auf die Hälfte reduzieren und ohne Pause so viele Wiederholungen durchführen, bis der Muskel komplett erschöpft ist (*Burnout*).

Ein solches intensiviertes Training darf aber nur durchgeführt werden, wenn der Körper bereits an das Training adaptiert ist. Ansonsten kommt es zur Überforderung und Abnutzung des Muskels, also zum Gegenteil dessen, was man erreichen will. Wichtig ist auch, dass man alle vier bis sechs Wochen – Profis unter Umständen häufiger – das Trainingsprinzip ändert, da der Muskel sich relativ schnell an die ihm angebotene Beanspruchung gewöhnt und dann nicht mehr wächst.

Dropout Sets
Wertvolle Abwechslungsprinzipien sind die so genannten *Dropout Sets:* Bei dieser Methode führt man einen Aufwärmsatz mit mittlerem Gewicht durch, dieser wird zwölf Mal wiederholt. Anschließend wählt man ein Gewicht, das maximal acht Wiederholungen zulässt, bei der achten Wiederholung sollte der Muskel erschöpft sein. Anschließend nimmt man 25 Prozent dieses Gewichts herunter und führt wiederum so viele Wiederholungen durch, bis der Muskel erschöpft ist. Dann nimmt man ohne Pause wiederum 25 Prozent dieses Gewichts herunter und führt erneut Wiederholungen bis zur Erschöpfung des Muskels durch. Am Schluss hat man nur noch das leichteste Anfängergewicht in der Hand, ist aber kaum noch in der Lage, zehn Wiederholungen durchzuführen.

Dieses Training sollte man nicht länger als zwei Wochen hintereinander durchführen und dann zu der alten Trainingsmethode für weitere vier bis sechs Wochen zurückkehren.

Volumentraining

Insbesondere für Männer, denen eine starke Ausbelastung des Muskels zuwider ist, empfiehlt sich das Volumentraining, da diese Trainingsform weniger auf Muskelmasse als auf Fitness setzt.

Im Wesentlichen werden die Übungen des Basistrainings durchgeführt, jetzt aber führt man zehn Wiederholungen mit einem mittleren Gewicht durch und wiederholt mit einer Pause von nur einer Minute zehn solche Sätze.

Sie werden merken, dass Sie nach zehn Sätzen mit einem relativ leichten Gewicht auch ganz schön erschöpft sind. Dieses Training hat den Vorteil, dass es noch eine deutliche kardiovaskuläre Komponente besitzt. Empfohlen wird, ein Volumentraining nach vier bis sechs Wochen Basistraining etwa drei Wochen lang durchzuführen und dann wieder zum Basistraining zurückzukehren. Wenn Sie zwischen diesen drei Trainingsarten hin und her wechseln, ist Ihnen ein langfristiger Gewinn an Fitness, Muskelkraft und Muskelmasse sicher.

Compoundtraining

In diesem kompakten und konzentrierten Trainingsprogramm haben wir für Sie eine Kombination aus Einzelübungen in einem Übungsablauf zusammengestellt. Das Compoundtraining erlaubt denjenigen, denen das Basistraining zu aufwändig ist oder die aufgrund starker beruflicher oder privater Terminbelastung keine Zeit für das Basistraining haben, ein vollwertiges Training, das je nach Intensität durchaus auch Muskeln aufbauen kann. Generell erhält es die Muskelmasse und führt zu einer guten Körperdefinition. Das Compoundtraining dauert, wenn man es intensiv und mit nur etwa einminütigen Pausen zwischen den Übungen und Sätzen durchführt, etwa 20 Minuten. Der Vorteil des Compoundtrainings besteht auch in dem geringen Materialaufwand, sodass man dieses Training eigentlich überall durchführen kann – jedenfalls kann man die Trainingsgeräte problemlos auch in kleinen Haushalten aufbewahren.

Das Compoundtraining muss wegen der komplexen Bewegungsabläufe sehr konzentriert und sorgfältig durchgeführt werden, damit es nicht zu Überlastungen kommt. Die Gewichte der Stangen und Hanteln sollten Sie individuell so einstellen, dass eine mittlere bis maximale Ausbelastung erzielt wird. Das Compoundtraining eignet sich besonders gut für Ältere, da es gleichzeitig hervorragend das Gleichgewicht trainiert. Es ist auch ein ideales Programm fürs Wochenendtraining.

Hochspannungstraining

Alle Welt spricht von Entspannung, und in den Buchhandlungen stapeln sich unzählige Ratgeber zu diesem Thema. Allerdings sollte man sich einmal fragen, ob Entspannung für den Menschen in der westlichen Kultur tatsächlich generell geeignet ist, um sich auf unterschiedliche Lebenslagen vorzubereiten.

Die meisten wirklich guten und effektiven Entspannungstechniken kommen aus dem Fernen Osten. Man müsste sich jedoch in die jeweilige Kultur und Mentalität der Menschen dort einleben, um das Prinzip, das zum Teil ja einen religiös-weltanschaulichen Hintergrund hat, wirklich zu verinnerlichen. Andernfalls bleiben diese Techniken nur an der Oberfläche und bewirken wenig. Hinzu kommt, dass die klassischen fernöstlichen Entspannungsmethoden primär der mentalen Entspannung dienen, das Alltagsleben der Menschen im Westen aber zu einer ausgeprägten Verspannung der Muskulatur im Halteapparat führt (häufige Folge: Rückenschmerzen). Hier hat sich die ebenfalls aus Asien stammende so genannte Myoreflextherapie weitaus besser bewährt als die mentalen Entspannungstechniken. In Kombination mit einem aeroben Training und Muskeltraining ergibt die Myoreflextherapie ein optimales Trio für Fitness in der westlichen Kultur und ist daher sehr empfehlenswert.

Wie schon erwähnt, ist es gelegentlich vor wichtigen Ereignissen erforderlich, seinen Körper in einen Zustand der Energieaufladung zu bringen. Diesen Leistungskick erreicht man am besten mit unserer Technik »Hochspannung«. Ideal ist die Kombination von mentalen Entspannungstechniken mit der Hochspannungs-Technik, um ein Leben in der Balance zu erreichen. Wenn man sich nicht ausreichend auf Anspannungssituationen vorbereitet, können diese Belastungen den Körper in einen extremen Stress versetzen, der bekanntermaßen Alterungsprozesse auslöst. Mit Hilfe der Hochspannung kann man den Körper auf einen leistungsbereiten Zustand trimmen, sodass erst gar keine Überlastung durch Stress aufkommen kann. Sinnvollerweise sollte man die »Hochspannung« etwa 30 Minuten vor einem wichtigen Ereignis (Prüfungen, Reden, usw.) durchführen. Sie werden feststellen, dass Sie wie mit einem Kraftfeld umgeben zu Ihrem Event gehen und dass man Ihre strotzende Kraft geradezu fühlen kann. Eine derart positive Ausstrahlung ist eine gute Voraussetzung für erfolgreiches Gelingen.

Bankdrücken

Betonung: *Kräftigung der Brust-, Schulter- und Armmuskulatur*

Übung mit Langhantel

Ausführung: Man legt sich rücklings auf eine Flachbank, sodass der Kopf, die Schultern und das Gesäß auf der Bank aufliegen. Die Beine können, um den Rücken zu schonen, rechtwinklig in der Luft überkreuzt werden. Die Augen sind unterhalb der Stange. Die Hände greifen die Stange etwa schulterbreit, sodass sie vom Mittelpunkt den gleichen Abstand haben.

Mit gestreckten Armen nun die Hantelstange aus der Ablage nehmen und über die Brust führen. Dabei befinden sich die Ellenbogen direkt unter der Stange. Die Hantel wird nun konzentriert abgelassen, bis sie gerade die Brust berührt. Beim Herunterlassen tief einatmen. Nun drückt man die Hantel gleichmäßig und zügig nach oben.

Übung mit Kurzhantel

Variation: Die Übung kann auch mit zwei Kurzhanteln durchgeführt werden.
Vorteile: Man kann ohne Hilfestellung arbeiten und die Übung ist gefahrloser. Die beiden Körperhälften werden gleichmäßiger trainiert, Balance und Koordination besser geschult.
Nachteil: Begrenzung in den Gewichten.

Mögliche Fehler: Die Langhantel wird auf der Brust abgefedert, um den toten Punkt zu überwinden. Die Gefahr einer Verletzung besteht. Die Arme werden beim Nach-oben-Drücken überstreckt (Gelenkschluss), dies sollte man unbedingt vermeiden.

Fliegende Bewegung

Betonung: *Kräftigung der Brustmuskulatur und Weitung des Brustkorbs*

Ausführung: Zwei Kurzhanteln fassen und auf die Flachbank legen. Vorteilhaft ist es, die Füße hoch anzuheben, um ein Hohlkreuz zu vermeiden. Die Kurzhanteln über den Schultergelenken auf Armlänge nach oben drücken. Die Arme leicht beugen und diese Haltung während der Bewegung beibehalten. Die Kurzhanteln so weit wie möglich im Halbkreis nach unten lassen und dann wieder im selben Bogen in die Ausgangsstellung zurückkehren. Beim Absenken tief einatmen und beim Anheben tief ausatmen.

Variation: Um den zu trainierenden Brustbereich zu verändern, kann auf einer Flach-, Schräg- oder negativen Schrägbank trainiert werden. Auch das Training an einer Butterfly-Maschine ist eine denkbare Variante. An der Butterflymaschine können durch eine weite Griffstellung fliegende Bewegungen durchgeführt werden. Wichtig ist dabei aber auch, dass zwischen Oberarm und Rumpf ein rechter Winkel besteht.

Mögliche Fehler: Die Arme werden ausgestreckt.

Trizepstraining

Stirnpresse

Betonung: *Trainiert wird der Armstrecker (Trizeps).*

Ausführung: Auf einer Flachbank liegend, mit in der Luft angewinkelten Beinen, hält man eine Langhantel, am besten eine SZ-Stange, mit ca. 30 Zentimeter Griffweite vor der Stirn. Ohne die Stellung der Oberarme und Ellenbogen zu verändern, werden nun die Arme ausgestreckt und anschließend wieder langsam in die Ausgangsstellung abgesenkt.

Variation: Die Übung kann mit dem so genannten Engbankdrücken zum Superset kombiniert werden – ein extrem anspruchsvolles, aber auch sehr wirksames Training: Die SZ-Stange wird bis fast auf den Bauch abgelassen und wieder hoch gedrückt.

Mögliche Fehler: Wegen der hohen Gelenkbelastung und der Verletzungsgefahr im Kopfbereich ist die Übung nur für Fortgeschrittene geeignet. Zur Schonung des Rückens (Hohlkreuz) sollten die Füße nicht auf dem Boden stehen, eher empfiehlt es sich, sie überkreuz anzuheben.

Drücken am Kabelzug

Betonung: *Kräftigung von Armstrecker, Rücken- und Bauchmuskulatur*

Ausführung: Um bei dieser Übung einen korrekten und stabilen Stand zu haben, sollte man eine leichte Schrittstellung einnehmen, in der die Belastung auf dem vorderen Fuß liegt. Der Griff wird nun aus einer 90°-Position (zwischen Ober- und Unterarm) bis zur vollständigen Streckung nach unten gezogen. Man sollte stets darauf achten, dass der Körper durch Anspannen der Rücken- und Bauchmuskulatur gerade bleibt. Die Oberarme sollten während der gesamten Übung an den Körper gepresst sein. Nun den Griff langsam zur Ausgangsposition zurücklassen, niemals über 90° anheben.

Variation: Die Übung kann mit verschiedenen Griffen ausgeführt werden, etwa mit dem Seil (siehe oben) oder mit beweglichen V-Griffen (Seite 153).

Mögliche Fehler: Die Arme lösen sich vom Körper. Der Oberkörper wird zu stark nach vorn gebeugt und mit in die Bewegung einbezogen. Das Handgelenk wird nicht gerade gehalten und knickt ab (anderen Griff verwenden).

Alternative und Trainingsabschluss: Wenn nach dem Brust-Trizeps-Training noch Kraft vorhanden ist, empfehlen sich ein paar Dips.

Dips

Betonung: *Kräftigung der Armstrecker-, Brust und Schultermuskulatur*

Ausführung: Die Übung wird im Barrenstütz mit nach hinten angewinkelten Unterschenkeln ausgeführt. Der Körper wird durch Beugen der Arme zwischen den Barrenholmen abgesenkt und wieder in die Ausgangsstellung zurückgedrückt. In der unteren Position sollte maximal ein Winkel von 90° zwischen Ober- und Unterarm sein. In der oberen Position sind die Arme durchgestreckt. Absenken zwei Sekunden, Hochdrücken zwei Sekunden.

Mögliche Fehler: Die Ellenbogen spreizen zu sehr nach außen ab. Der untere Umkehrpunkt von 90° wird nicht eingehalten, wodurch es zur Fehlbelastung der Schulter kommen kann (lang anhaltende Verletzungen der Rotatorenmanschette). Es wird leicht mit zuviel Schwung trainiert; achten Sie darauf, den Rhythmus »Zwei Sekunden Hochdrücken, zwei Sekunden Absenken« einzuhalten.

Kniebeugen (mit Langhantel)

Betonung: *Bei dieser klassischen Grundübung für die Beine werden außerdem die Gesäß-, Bauch- und untere Rückenmuskulatur trainiert. Zur Kontrolle sollte man vor einem Spiegel trainieren.*

Anmerkung: Für Anfänger ist diese Übung aufgrund der vielen Fehlermöglichkeiten nur nach einer genauen Einweisung empfehlenswert. Deshalb erfolgt an dieser Stelle eine detaillierte Beschreibung.

Ausführung: Man platziert eine Langhantel auf einem Kniebeugenständer und tritt unter die Hantel, um diese auf den Schultern zu positionieren (eventuell ein Handtuch darunterlegen). Nun fasst man die Langhantel neben den Gewichtsscheiben, um sie über den Schultern stabil zu halten. Anschließend streckt man die Beine, um die Langhantel aus dem Ständer herauszuheben, und macht einen Schritt zurück. Die Füße werden in einem etwa schulterbreiten Abstand und mit leicht nach außen abgewinkelten Zehen positioniert. Man spannt nun alle Muskeln des Rückens an und hält sie während der Ausführung angespannt.

Außerdem sollte der Oberkörper bei dieser Übung so aufrecht wie möglich gehalten werden. Langsam senkt man den Körper nun in die Hocke ab, bis das Gesäß etwa auf Kniehöhe ist (90° zwischen Ober- und Unterschenkel). An diesem unteren Punkt der Bewegung geht der Körper nun wieder nach oben, und man streckt die Beine, ohne Schwung zu holen. Wichtig ist, dass der ganze Fuß auf dem Boden bleibt. Ist das nicht möglich, so liegen Verkürzungen der Adduktoren und der Beinrückseite vor. In diesem Fall sollte ein Keil unter die Fersen geschoben werden. Durch regelmäßiges Dehnen kann diesem vorgebeugt werden. Die Übung darf beim Anfänger nur mit wenig Gewicht, zum Aufwärmen nur mit der Stange allein gemacht werden, bis der Bewegungsablauf vollkommen beherrscht wird.

Variation: Kniebeuge mit Kurzhantel (Abbildungen unten)
Wenn Probleme bei der Ablage der Langhanteln auf der Schulter bestehen, so kann man auch Kurzhanteln in die Hand nehmen und die Übung wie oben beschrieben ausführen.

Mögliche Fehler: Der Rücken wird nicht gerade gehalten. Der Winkel zwischen Ober- und Unterschenkel ist kleiner als 90°.

Beinbeuger liegend

Betonung: *Trainiert wird hauptsächlich der Beinbizeps.*

Ausführung: Legen Sie sich auf das flache Polster und stellen die Polsterrolle so ein, dass sie etwas oberhalb der Ferse liegt. Die Kniescheibe sollte nicht auf der Bank aufliegen und sich in direkter Verlängerung der Drehachse befinden. Nun die Griffe an der Seite der Liegefläche fassen und die Polsterrolle nach oben ziehen. In der oberen Position kurz halten, dann wieder langsam bis zur Ausgangsstellung absenken. Beine dabei nicht durchstrecken.

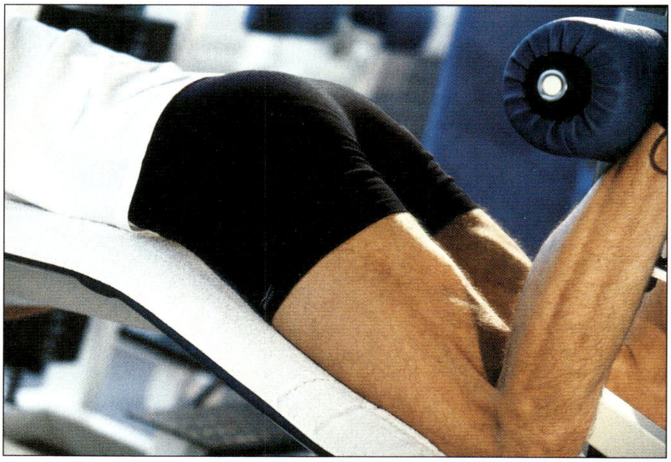

Variation: Diese Übung kann auch im Sitzen durchgeführt werden, sofern eine entsprechende Trainingsmaschine vorhanden ist. Die durch ein nach vorn kippendes Becken bestehende Gefahr des Hohlkreuzes wird so verringert.

Mögliche Fehler: Hohlkreuzbildung durch zu hohes Gewicht. Der Kopf wird in den Nacken gezogen (Kopf flach auf das Polster legen).

Beinstrecker

Betonung: *Trainiert wird die vordere Oberschenkelmuskulatur (Quadrizeps).*

Ausführung: Die Beinstreckmaschine wird individuell auf die entsprechende Oberschenkel- und Unterschenkellänge eingestellt. Bei korrekter Einstellung befindet sich das Kniegelenk auf Höhe des Gerätegelenks, zwischen Oberkörper und Oberschenkel besteht ein Winkel von etwa 90°. Die Fußrolle befindet sich kurz oberhalb des Fußes. Man umfasst die Griffe an der Seite des Sitzes, um den Körper während der Ausführung in Position zu halten. Die Beine werden bis zur Waagerechten gestreckt und so einen Moment lang gehalten. Die Fußrolle langsam in ihre Ausgangsposition herablassen.

Mögliche Fehler: Es wird mit Schwung trainiert, was den Trainingseffekt vermindert und zu einer Überlastung führen kann. Das Gesäß hebt vom Sitzpolster ab (Gewicht zu hoch eingestellt). Die Fußspitzen zeigen nicht senkrecht nach oben, dadurch können Hüft- und Kniegelenkprobleme auftreten.

Klimmzüge

Betonung: *Trainiert werden die obere Rückenmuskulatur, die Armbeuger (Bizeps) und die Schultermuskulatur.*

Klimmzüge zählen zu den effektivsten und besten Rückenübungen.

Ausführung: Man fasst die Klimmzugstange etwa doppelt schulterbreit und hängt sich unter die Stange. Die Beine werden leicht angewinkelt. Aus dieser untersten Position (Arme sind fast ganz ausgestreckt) zieht man nun den Körper so nach oben, dass die Stange leicht den Nacken berührt. Während man sich nach oben zieht, sollte darauf geachtet werden, dass sich die Ellenbogen nach unten und hinten beugen. Aus der oberen Position wird nun der Körper wieder langsam abgesenkt, bis die Arme fast gestreckt sind.

Mögliche Fehler: Die volle Bewegungsamplitude wird nicht ausgenutzt; dem kann man abhelfen, indem man die Rückenmuskulatur durch Latziehen der Maschine auftrainiert.

Rudern im Sitzen (am Kabelzug)

Betonung: *Trainiert werden breiter Rückenmuskel, Trapezmuskel und Rückenstrecker.*

Ausführung: Man benutzt am besten einen engen Parallelgriff und stellt die Füße auf die dazu gedachte Vorrichtung. Die Knie werden leicht angewinkelt. Nun zieht man, beginnend mit ausgestreckten Armen, den Griff zum Bauch und drückt zusätzlich die Brust heraus. Dabei bleibt man mit dem Oberkörper gerade. Achten Sie unbedingt darauf, dass sich die Ellenbogen eng an der Seite des Oberkörpers nach hinten bewegen. Nur so trainiert man den Rücken und nicht die Arme. Anschließend in die gestreckte Ausgangsstellung zurücklehnen.

Mögliche Fehler: Es wird mit Schwung trainiert, sodass der Oberkörper nach hinten ausweicht. (Daher immer langsam und konzentriert ziehen.) Die Brust wird zu stark herausgedrückt, was zu Rundrücken und Überlastung der Wirbelsäule führt.

Latziehen

Betonung: *Trainiert werden obere Rückenmuskulatur, Bizeps und Schultermuskulatur.*

Ausführung: In aufrechter Sitzposition wird der V-förmige Rundgriff mit gestreckten Armen von beiden Händen gefasst. Nun zieht man in aufrechter Haltung den Griff langsam vor die Brust, die dabei herausgedrückt wird. Dabei sollte man darauf achten, dass die Ellenbogen und die Schulterblätter stets gerade nach unten gezogen werden. Die Endposition liegt etwa knapp unterhalb des Kinns.

Mögliche Fehler: Niemals mit Schwung trainieren, die Gewichte langsam mit eng anliegenden Armen herunterziehen, weil sonst das Schultergelenk durch ungenügende Beteiligung der Schulterblattmuskulatur überlastet wird.

Rudern einarmig

Betonung: *Trainiert werden M. latissimus dorsi und hintere Schulter (Delta).*

Ausführung: Man stützt sich auf eine flache Bank, nimmt eine Kurzhantel und streckt den Arm vollständig aus. Der Griff sollte sich parallel zum Körper befinden. Nun die Kurzhantel aus dieser Ausgangsposition langsam nach oben ziehen, bis sie die Seite der Brust erreicht. Der Rücken muss dabei ganz gerade gehalten werden.

Variation (Übergang zum Schultertraining): Anstatt auf eine Flachbank stützen Sie sich auf eine Schrägbank, sodass sich der Oberkörper zunehmend aufrichtet. Dabei wird die hintere Schultermuskulatur mittrainiert. Dies ist eine gute Übung für eine schöne hintere Schulter-Rücken-Partie.

Mögliche Fehler: Der Kopf wird in den Nacken gezogen. Der Rücken ist nicht gerade.

Bizeps-Curls mit Langhantel

Betonung: *Kräftigung der Ober- und Unterarme*

Ausführung: Nehmen Sie eine Langhantel im Untergriff (die Stange liegt in den Händen), dabei sind die Hände etwa schulterbreit auseinander. Ideal ist eine Z-Stange, da sie die Hand- und Ellenbogengelenke entlastet und auf diese Weise die Bizepssehne schont. Die Füße stehen etwa hüftbreit auseinander, der Oberkörper ist gerade. Nun heben Sie durch Beugen der Unterarme die Hantel an, dabei sollte die Rumpfmuskulatur immer angespannt sein. Der Oberarm darf sich nicht bewegen, holen Sie keinen Schwung. Jetzt lassen Sie die Langhantel wieder langsam ab, ohne dass es zum Gelenkschluss im Ellenbogen kommt.

Variation: Als weitere Übung zur Kräftigung der Unterarme dient der Reverse-Curl. Die Ausführung ist wie beim Bizeps-Curl, allerdings wird hier die Stange im Obergriff statt im Untergriff gehalten (die Handfläche und die Finger liegen auf der Stange, ebenso der Daumen).

Mögliche Fehler: Wenn die Stange in der unteren Position ist, beugt man den Oberkörper nach vorn und wirft ihn beim Anheben nach hinten (Gefährdung des Rückens). Die Ellenbogen weichen nach hinten aus, dadurch werden die Arme, besonders die Unterarme, trotz eines möglichen höheren Gewichts nicht ausreichend trainiert.

Hammer-Curls

Betonung: *Unterarm und äußerer Teil des Bizeps*

Ausführung: Man greift zwei Kurzhanteln und lässt diese zunächst seitlich am Oberkörper in jeder Hand hängen. In der Ausgangsposition sind die Arme fast gestreckt, und die Handinnenflächen zeigen zum Oberschenkel. Nun werden die Unterarme abwechselnd bis auf Brusthöhe angehoben und wieder heruntergelassen. Die Arme werden so weit nach oben gehoben, bis eine maximale Bewegung erreicht ist, und am oberen Punkt wird der Bizeps noch einmal angespannt. Die Oberarme sollten sich weder in der Ausgangs- noch in der Endstellung vom Körper lösen und nicht mitbewegt werden.

Variation (Kurzhantel-Curls gedreht): Die Ausgangsstellung ist genauso wie bei den Hammer-Curls; während der Bewegung nach oben führt man allerdings eine korkenzieherartige Bewegung mit der Handfläche aus, sodass die Handinnenfläche auf Brusthöhe zur Brust zeigt. In dieser Stellung wird der Arm gehalten und die Muskulatur angespannt. Anschließend wird der Arm wieder langsam durch eine nach einwärts gerichtete Bewegung heruntergedreht zur Ausgangsstellung.

Mögliche Fehler: Die Oberarme lösen sich vom Körper, dadurch besteht die Gefahr, dass die Bewegung mit einem Auspendeln der Hand nach hinten eingeleitet wird und zusätzlich der Oberkörper durch Schwungholen mit in die Bewegung einbezogen wird.

Concentration-Curls

Betonung: *Maximale Herausarbeitung beider Bizepsköpfe, idealer Abschluss eines Bizepstrainings*

Ausführung: Zum Abschluss eines normalen Bizepstrainings sollten Sie unbedingt Concentration-Curls durchführen. Hierzu setzen Sie sich auf eine Bank und spreizen die Oberschenkel auseinander. Ergreifen Sie eine Hantel mit einer Hand, die Innenseite der Hand zeigt zum gegenüberliegenden Oberschenkel. Der Oberarm liegt kurz oberhalb des Ellenbogens dem gleichseitigen Oberschenkel auf. Nun führen Sie die Hantel langsam bis zur Brusthöhe der Gegenseite hoch. Dabei ist es wichtig, die Bewegung möglichst sauber auszuführen. Concentration-Curls werden daher nicht mit großen Gewichten durchgeführt (fünf bis zehn Kilogramm). Es kommt auf den langsamen und konzentrierten Bewegungsablauf an.

Schulter

Betonung: *Trainiert werden Gesamtmuskulatur, M. deltoideus und M. trapezius.*

Ausführung: In leicht gebückter Haltung wird eine Z-Hantel etwa bis zur Beckenhöhe gebracht und dabei der Körper ganz aufgerichtet. Nun spannt man Rückenmuskulatur und Bauchmuskulatur an, um den Oberkörper zu stabilisieren, und hebt die Z-Stange mit langsamen Bewegungen etwa bis in Schulterhöhe; dabei kommen die Ellenbogen flügelartig bis etwa in Kopfhöhe. Am obersten Punkt kurz anhalten und langsam wieder absenken, etwa bis in Beckenhöhe, und dann die Hantel mit leichter Beinbeugung wieder langsam am Boden ablegen.

Mögliche Fehler: Durch zu rasches, ruckartiges Anheben kann es zu einer Überlastung der Schultergelenke kommen, die lang anhaltende Schmerzen verursacht. Der Bewegungsablauf muss also langsam sein.

Bauchtraining

Crunches (am Boden)

Betonung: *Kräftigung der geraden Bauchmuskulatur*

Ausführung: Stellen Sie in Rückenlage die Beine mit den Fersen auf den Boden, die Oberschenkel bilden zur Hüfte einen Winkel, der etwa bei 120° liegt, zwischen Oberschenkel und Unterschenkel entsteht ein rechter Winkel. Aus dieser Position heraus werden nun Kopf und Schultergürtel angehoben. Die Blickrichtung ist dabei nach schräg vorn oben gerichtet. Am höchsten Punkt (der Lendenwirbelsäulenbereich liegt aber noch am Boden) erfolgt ein kurzes Halten der Bewegung, dann kehren Sie langsam in die Ausgangsstellung zurück, ohne den Kopf auf dem Boden abzulegen.

Variation: Je nach Haltung der Arme kann die Schwere der Übung variiert werden. Der größte Schwierigkeitsgrad besteht, wenn man die Arme hinter dem Kopf verschränkt; man kann sie aber auch seitlich am Gesicht halten oder auf der Brust überkreuzen.

Crunches seitlich

Betonung: *Kräftigung der schrägen Bauchmuskulatur*

Ausführung: In der Rückenlage werden die Beine in der Luft oder besser auf einer Ablage oder Hantelbank so angewinkelt, dass die Oberschenkel zur Hüfte und die Unterschenkel zu den Oberschenkeln jeweils einen rechten Winkel bilden. Aus dieser Position werden nun Kopf und Schultern angehoben. Die Hände werden abwechselnd links oder rechts an der Hüfte vorbei nach vorn geführt. Am höchsten Punkt (der Lendenwirbelbereich liegt aber noch am Boden) sollte man kurz innehalten und dann langsam in die Ausgangsstellung zurückgehen. Der Kopf berührt dabei jedoch nicht den Boden.

Variation: Die Schwere der Übung kann variiert werden, je nachdem, wie die Arme gehalten werden: Mit nach vorn geschobenen Händen ist es leichter als mit hinter dem Kopf verschränkten Händen (siehe Bild).

Mögliche Fehler: Die Füße werden unter einer Stange fixiert, dadurch wird der ohnehin meist verkürzte Hüftbeugermuskel trainiert (Hohlkreuzgefahr). Der Oberkörper wird mit Schwung angehoben.

Crunches twisted

Betonung: *Dient der Kräftigung der schrägen Bauchmuskulatur.*

Ausführung: Sie liegen auf einer Matte, das rechte Bein ist längs gestreckt, während das linke Bein den rechten Oberschenkel kreuzt – soweit dies aus der Hüftbewegung möglich ist – von der Hüfte her wird eine leichte, aber nicht komplette Seitlage erreicht. Man kann mit der Ferse des linken Beins sich auch am Knie des gestreckten rechten Beins abstützen. Aus dieser verdrehten Haltung heraus heben Sie den Körper an wie bei klassischen Crunches; bei dieser Übung hält man jedoch vorzugsweise beide Arme hinter dem Kopf verschränkt. Die rechte Schulter bewegt sich dabei in Richtung linke Hüfte, sodass man deutlich spürt, wie die schräge Bauchmuskulatur zusammengezogen wird. Nachdem eine Seite trainiert wurde, wechselt man die Position zur entgegengesetzten Seite und führt die Bewegung in derselben Weise wie oben beschrieben durch.

Anmerkung: Für Anfänger nicht empfehlenswert!

Beinheben sitzend

Betonung: *Trainiert wird die vordere Bauchmuskulatur, insbesondere das untere Drittel.*

Ausführung: Man sitzt auf einer Hantelbank und hält sich mit den Händen an der vorderen Kante fest, die Hände können aber auch gedreht werden und die hintere Kante festhalten. Anschließend werden die Beine stark angewinkelt nach oben in Richtung Brust gezogen, dabei soll das Becken mitgedreht werden, um eine maximale Kontraktion der Bauchmuskeln, ähnlich einer Ziehharmonika, zu erreichen.

Variation: Man kann die Beine mit zunehmenden Gewichten belasten (hierzu entweder Hanteln zwischen die Füße klemmen oder Beine mit speziellen Gewichtsmanschetten beschweren, um so eine erhöhte Last aufzubringen).

Mögliche Fehler: Bei Ungeübten und bei zu viel Gewicht werden Bein- und Rückenmuskulatur mitbelastet, es bildet sich ein Hohlkreuz, während beim richtigen Ablauf der Rücken eher eine leichte Rundung zeigen soll.

Compoundtraining

Das Prinzip des Compoundtrainings besteht darin, dass einzelne Muskelübungen zu einer Gruppe zusammengefasst werden (Siehe auch den Abschnitt »Compoundtraining« auf Seite 147.). Es sollte mindestens zweimal pro Woche durchgeführt werden und besteht aus drei Übungsgruppen.

1. Übung: »Flieger«

Betonung: *Diese Übung trainiert das Gleichgewicht, das Gesäß, den vorderen Oberschenkel, die Rückenmuskulatur und die hintere Schulterpartie.*

Ausführung: Stehen Sie aufrecht mit einer Hantel in jeder Hand, die Handflächen zeigen zum Körper. Heben Sie ein Bein vom Boden und bleiben Sie auf dem anderen stehen. Als nächstes beugen Sie das Standbein, heben das freischwingende Bein nach hinten und lehnen sich mit durchgedrücktem Rücken nach vorn. Nun führen Sie die Hanteln in einem Halbkreis nach oben und heben gleichzeitig das Spielbein noch weiter an, sodass das Gesäß maximal angespannt wird. In dieser Position verharren Sie kurz und gehen langsam zurück in die Ausgangsposition. Wiederholen Sie diese Übung etwa fünf bis zehn Mal mit mittlerem Gewicht. Dann wechseln Sie das Standbein und wiederholen fünf bis zehn Sätze.

2. Übung: »Powerman«
(Kreuzheben, vorgebeugtes Rudern, Langhantel-Schulterheben)

Ausführung: Stellen Sie sich hinter eine Langhantel. Beugen Sie sich mit den Knien in eine mittlere Beugestellung, senken Sie den Rumpf nach vorn, und umfassen Sie die Hantel schulterbreit. Anschließend führen Sie mit Beinen und Oberkörper eine langsame Streckbewegung durch und ziehen dabei die Langhantel unter leichtem Anwinkeln der Ellenbogen in Hüfthöhe. Anschließend bleiben Sie mit durchgedrückten Beinen und gestrecktem Oberkörper stehen und ziehen die Hantel langsam bis in Schulterhöhe, wobei die Ellenbogen sich nach oben etwa bis in die Höhe der Ohren heben. Anschließend lassen Sie die Hantel wieder langsam bis in Hüfthöhe herunter, beugen sich mit dem Oberkörper langsam nach vorn und lassen die Hantel möglichst nahe am Körper wieder zu Boden, dabei beugen sich die Beine ebenfalls sehr langsam.

Mögliche Fehler: Wichtig ist, dass die Langhantel sich immer möglichst nahe am Körper befindet, damit keine falschen Belastungen zustande kommen.

3. Übung: »Champion« (Kniebeuge, Bizeps-Curls und Kurzhanteldrücken)

Ausführung: Greifen Sie mit jeder Hand eine Kurzhantel, die Handflächen zeigen nach innen zum Körper. Beugen Sie nun die Knie wie zur Kniebeuge, bis die Oberschenkel etwa einen Winkel von 90° zu den Unterschenkeln bilden. Neigen Sie den Oberkörper dabei nicht zu stark nach vorn. Drücken Sie sich langsam nach oben, bis die Beine gestreckt sind. Anschließend drehen Sie die Hanteln so, dass die Handflächen nach vorn zeigen, und führen die Hanteln bis zur Schulter seitlich hoch, die Handflächen zeigen dabei nach hinten. Aus dieser Position heraus strecken Sie nun durch korkenzieherartige Bewegung die Arme nach oben, sodass am Ende der Bewegung die Handflächen nach vorn zeigen. Anschließend lassen Sie die Arme mit der gleichen Drehbewegung wieder bis auf Schulterhöhe kommen und führen einen negativen Bizeps-Curl durch, indem Sie die Unterarme wieder seitlich bis in Hüfthöhe führen. Aus dieser Stellung heraus gehen Sie wieder in die Kniebeuge und legen die Hanteln ab. Auch bei dieser Übung werden fünf bis zehn Sätze mit unterschiedlichen Gewichten durchgeführt. Bei den Compound-Übungen kann man auch das Konzept der »Pyramide« einbauen: Hierzu beginnt man den ersten Satz mit einem leichten Gewicht und erhöht dann – je nach Trainingszustand – das Gewicht pro Satz um 25 bis 50 Prozent. Um die Trainingsintensität bei allen Compound-Übungen zu erhöhen, kann man nach Durchführung der Pyramidensätze einen so genannten Burnout-Satz durchführen, indem man mit dem doppelten Gewicht der ersten Hantel noch einmal so viele Wiederholungen macht, bis absolut nichts mehr geht. Dieser Trainingsmodus von Pyramidentraining und Burnout-Satz ist ein extrem intensives Training; nach zwei bis drei Wochen sollte man dieses durch ein Volumentraining ersetzen (zehn Sätze zu jeweils zehn Wiederholungen mit einem mittleren Gewicht). Diesen Trainingsmodus behält man dann etwa wiederum drei bis vier Wochen bei, um dann wieder zum ersten Trainingsmodus zurückzukehren. Gerade beim Compoundtraining ist es wichtig, möglichst oft den Modus zu wechseln, damit sich die Muskulatur nicht an Bewegungsablauf und Belastung gewöhnt.

Hochspannungstraining

Im Prinzip gehen alle Variationen dieses Trainings auf Hettingers Isometrisches Training *zurück. Auch Arnold Schwarzeneggers* Posing as excercise *und Danny Hesters* Isoflextraining *stellen nichts anderes als Varianten des isometrischen Trainings dar. Dies gilt auch für unser Hochspannungstraining. Allerdings kann es das Basistraining und das Compoundtraining nicht ersetzen. Es ist jedoch immer dann sehr nützlich, wenn keinerlei Gerät vorhanden ist oder wenn man sich unbedingt einen Leistungskick geben – sprich, innerhalb kürzester Zeit zu maximaler Kraftform auflaufen – will.*

Brust – 1. Übung

Ausführung: Stellen Sie sich aufrecht hin, möglichst vor einen Spiegel, fassen Sie die Handflächen ineinander und pressen Sie über Oberarme und Unterarme maximal Kraft in die Handflächen. Dabei sollten Sie die Brustmuskulatur bis an die Schmerzgrenze anspannen. Diese Spannung halten Sie zehn Sekunden und lassen dann wieder los. Es empfiehlt sich, zehn solche Sätze durchzuführen.

Brust – 2. Übung

Ausführung: Aus aufrechter Haltung heraus – die Arme lose hängend mit geballter Faust – rollt man den Oberkörper ziehharmonikaartig unter maximaler Spannung der Bauchmuskulatur in Richtung Becken ein. Diese Spannung hält man zehn Sekunden, lässt dann langsam nach und rollt den Rücken wieder auf in die senkrechte Stellung. Zehn Sätze unter maximaler Kontraktion der geraden Bauchmuskulatur.

Bauch seitlich

Ausführung: Wie bei der ersten Übung stellt man sich aufrecht hin, zur Erhöhung des Kraftwillens spannt man eine Faust und neigt sich dann zur Seite, als ob man mit dem Arm der anderen Seite eine große Last anheben müsste. Dabei spannt man die seitliche Bauchmuskulatur so stark an, dass man den Druck am Beckenknochen spürt. Man hält die Spannung zehn Sekunden, entspannt sich und wiederholt den Satz zehn Mal.

Trizeps

Ausführung: Die Grundhaltung ist wieder aufrechtes Stehen. Man fasst mit einem Arm übergreifend den Handrücken des anderen Arms, sodass beide Hände vor dem Unterbauch gehalten werden. Die nach vorn zeigende Hand übt nun mit Unterarm und Oberarm einen maximalen, nach hinten gerichteten Zugdruck auf die darunter liegende Hand aus, sodass der Trizeps der anspannenden Seite maximal kontrahiert. Gleichzeitig trainiert diese Übung die vordere Schultermuskulatur der Gegenseite. Wiederum zehn Sekunden halten, loslassen und die Übung zehn Mal wiederholen.

Beine

Ausführung: Aus der senkrechten Haltung stellt man sich auf ein Bein. Nun geht man mit dem Standbein langsam in die Beuge wie bei einer Kniebeuge, wobei die Tiefe der Beugung abhängig ist von der Geschicklichkeit und der Muskelkraft der Quadrizeps-Muskulatur im gebeugten Standbein. Der Oberkörper neigt sich dabei langsam nach vorn, die Arme sind wieder zur Faust geballt. Dann hebt man das frei schwingende Bein unter maximaler Anspannung der hinteren Oberschenkel- und der Gesäßmuskulatur nach hinten oben. Man verweilt unter maximaler Anspannung der Muskulatur einige Sekunden in dieser Stellung und geht anschließend langsam in die Ausgangsstellung zurück.
Sie können nun gleich den zweiten Satz durch Wechsel der Beine anschließen. Denkbar ist auch, zunächst fünf bis zehn Sätze auf dem zuerst gewählten Bein durchzuführen und anschließend den Satz auf dem Gegenbein zu wiederholen. Wenn es jedoch an Kraft und Gleichgewichtssinn mangelt, ist das zunächst nicht zu empfehlen, weshalb man anfangs besser beide Beine abwechselnd trainiert.

Rücken

Ausführung: Man stellt sich aufrecht hin, beugt die Arme im Ellenbogengelenk und hebt sie leicht seitlich an, die Hände sind zur Faust geballt. Anschließend spannt man die Schultermuskulatur und die Muskulatur zwischen den Schulterblättern maximal an, so als ob man mit beiden Armen von vorn eine große Last nach hinten ziehen müsste. Am Punkt der höchsten Anspannung der Rückenmuskulatur hält man die Spannung für einige Sekunden, entspannt dann langsam wieder und senkt die Arme. Mit dieser Übung werden ebenfalls fünf bis zehn Sätze durchgeführt.

Bizeps

Ausführung: Stellen Sie sich aufrecht hin, beugen Sie die Arme im Ellenbogen 90° vor dem Bauch, die »Übungshand« zeigt mit der Handfläche nach oben, die »Haltehand« legt sich in diese Hand. Nun drückt die Übungshand von unten maximal gegen die Haltehand von oben unter Anspannung des Bizeps. Diese Spannung wird für zehn Sekunden gehalten, dann lässt man beide Arme entspannen und führt anschließend fünf bis zehn Wiederholungen durch.

Das ganze Hochspannungstraining dauert etwa 20 bis 25 Minuten, zwischen den einzelnen Sätzen soll kaum eine Pause zur Erholung gemacht werden.
Auf diese Art und Weise wird außerdem noch eine optimale Kreislauftrainings-Belastung erreicht.

Das aerobe Trainingsprogramm

Ein morgendliches aerobes Training sollte 30 Minuten vor dem Frühstück erfolgen. Stehen Sie nur eine halbe Stunde früher auf, ziehen sich leichte bequeme Schuhe, eine Trainingshose (Outdoorhose) und -jacke an, und trinken Sie dann eine Tasse Kaffee. Anschließend absolvieren Sie 30 Minuten Walking. Überprüfen Sie dabei Ihren Puls mit einer Polaruhr und halten Sie den Fettverbrennungs-(Fatburning-)Bereich ein. Das ist mit schnellem Gehen oder auch Joggen möglich; unter Umständen ist auch Radfahren geeignet. Anschließend genießen Sie Dusche und Frühstück. Sie haben Fett verbrannt und fühlen sich leicht, voller Tatkraft und guter Laune. Führen Sie dieses Bewegungsprogramm erst einmal in der Woche, zum Beispiel am Samstag, durch, dann nehmen Sie den Montag hinzu (das gibt Spannkraft für die neue Arbeitswoche), später auch noch den Mittwoch – das Training wird also langsam auf drei Mal pro Woche gesteigert. Sie werden überrascht sein, dass sich das aerobe Training immer und überall praktizieren lässt, sogar auf Geschäftsreisen und – ganz besonders – im Urlaub. Ihr Reisegepäck sollte in Zukunft also immer eine leichte Outdoorhose und -jacke, Wollmütze, leichte Joggingschuhe (auch geeignet fürs Fitnessstudio), Springseil und Badehose enthalten.

Weiten Sie das aerobe Training nicht übermäßig aus, es wird ergänzt durch das zuvor beschriebene intensive Gewichtstraining.

Die rechnerische Bestimmung der MHF

Grundvoraussetzungen für ein sinnvolles Training sind die Ermittlung und die konstante Kontrolle der individuellen Leistungsgrenzen (Zielzonen). Um Ihren Herzfrequenz-Zielzonenbereich zu bestimmen, müssen Sie Ihre maximale Herzfrequenz (MHF) kennen. Bei der Herzfrequenz handelt es sich um die Zahl der Herzschläge pro Minute. Zur Schätzung der MHF brauchen Sie lediglich Ihr Alter von 220 zu subtrahieren. Eine genauere Bestimmung kann Ihr Arzt oder Trainer mit einem Belastungstest durchführen. Ausgehend von der maximalen Herzfrequenz können Sie anhand der auf Seite 177 aufgeführten Prozentsätze Ihre Zonen und Zielbereiche errechnen.

Die Grafik zeigt, dass ein Training im nüchternen Zustand zu einem stärkeren Fettabbau führt als ein Training während des Tages (nach H. Beitat, unveröffentlicht).

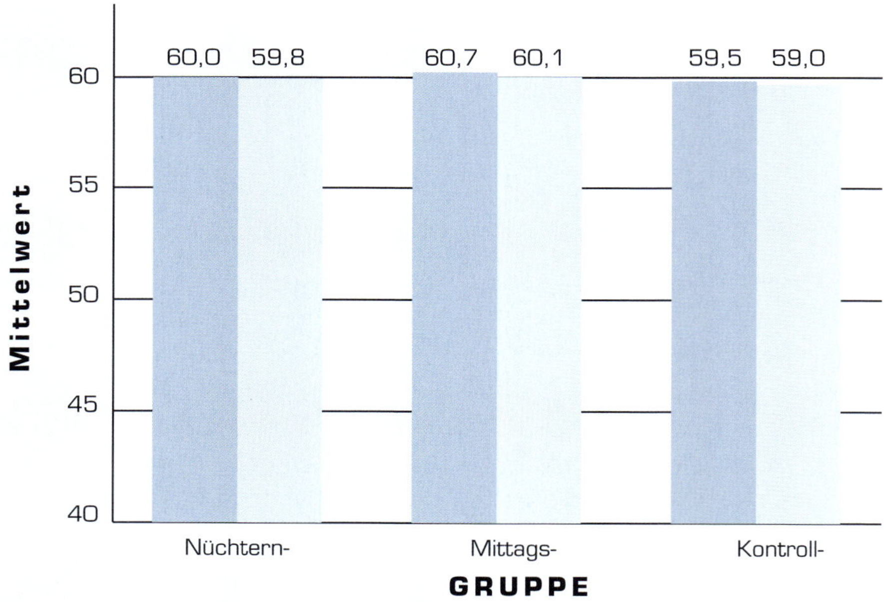

Mit zunehmendem Alter nimmt die MHF ab. Die Altersformel gilt als grobe Empfehlung, da die Herzfrequenzen individuell verschieden sind und von vielen unterschiedlichen Faktoren abhängen.

Aerobes und anaerobes Training

Die meisten täglichen Arbeiten können über aerobe Energielieferung getätigt werden. Anders ausgedrückt ist hier der Sauerstoffverbrauch der Muskulatur gleich dem vorliegenden Sauerstoffangebot: Der Mensch könnte die verrichtete Tätigkeit beliebig lange durchhalten, ohne dass der Stoffwechsel auf anaerob umschaltet.

Wenn man jedoch beispielsweise eine Treppe hochsprintet, beginnt die Muskulatur, anaerob zu arbeiten, da der in Blut und Muskeln verfügbare Sauerstoff nicht ausreicht. Bei diesem Umschalten des Stoffwechsels von aerober auf anaerobe Arbeitsweise entsteht Laktat, das Salz der Milchsäure. Laktat blockiert den Fettstoffwechsel und erzwingt bei starker Anhäufung, dass die körperliche Arbeit abgebrochen wird. Der Bereich, in dem die Energielieferungssysteme von aerob auf vermehrt anaerob umschalten, wird als aerob-anaerobe Schwelle bezeichnet. Bei einer aeroben Dauerbelastung werden vor allem freie Fettsäuren verbrannt, bei anaerober Arbeit hingegen Kohlenhydrate.

Altersbezogene Herzfrequenz-Zonen und -Zielbereiche

Alter	MHF (220 - Alter)	Stabile Gesundheit 50–60 % der MHF	Aktiver Fettstoffwechsel 50–70 % der MHF	Verbesserte Fitness 70–85 % der MHF
25	195	97–117	117–136	136–165
30	190	95–114	114–133	133–161
35	185	92–111	111–129	129–157
40	180	90–108	108–126	126–153
45	175	87–105	105–122	122–148
50	170	85–102	102–119	119–144
55	165	82–99	99–115	115–140
60	160	80–96	96–112	112–136
65	155	77–93	93–108	108–131

Definition von aerobem Training

Der eingeatmete Sauerstoff deckt den Bedarf des Körpers für die gewählte Geschwindigkeit beziehungsweise die Herzarbeit beim Training. Kohlenhydrate und Fette werden bei ausreichend Sauerstoff in der Muskulatur oxidiert und verwertet.

Definition von anaerobem Training

Unter Sauerstoffmangelbedingungen werden überwiegend Kohlenhydrate zur Energiegewinnung verstoffwechselt. Das führt zu einer Übersäuerung der Muskulatur (Laktatbildung) und kann zum vorzeitigen Abbruch der Belastung zwingen.

Die Prozentsätze für die beiden Zonen werden ausgehend von der maximalen Herzfrequenz ermittelt. Dabei ist die aerobe Zone als 50 bis 85 Prozent der maximalen Herzfrequenz definiert. Die anaerobe Zone wird auf 85 bis 100 Prozent festgelegt. Diese beiden Zonen werden den Trainingszielen gemäß in weitere Bereiche unterteilt.

Training zur Stabilisierung der Gesundheit (50–60 Prozent der MHF)
Dies ist einer der wichtigsten Trainingsbereiche, dennoch wird er häufig zu wenig geschätzt. Insbesondere beachten ihn solche Sportler kaum, die nach der Devise Sport treiben, dass kein Erfolg ohne Schmerz möglich sei. In genau diesem Bereich sollten Trainingsanfänger gesundheits- oder wellnessorientiert trainieren, ebenso gut trainierte Sportler nach einer Trainingspause. Das Training ist entspannend, leicht und hat viele positive gesundheitsfördernde Auswirkungen.

Training des Fettstoffwechsels (60–70 Prozent der MHF)
Ein Training in diesem Bereich wirkt sich positiv auf die Körperkonturen aus, unabhängig davon, ob man nun schon fit ist oder erst mit dem Training beginnt. Der Körper wird ausreichend belastet und hat die Möglichkeit, als Hauptenergielieferant die Fette heranzuziehen. Das ist gewährleistet, wenn die Mindestbelastungsdauer deutlich über 30 Minuten beträgt. Das anfallende Laktat stört den Fettstoffwechsel in diesem Intensitätsbereich nicht: Das bei jeder körperlichen Arbeit anfallende Laktat wird bei dieser Trainingsintensität schon während der Belastung so weit abgebaut, dass der Fettstoffwechsel nicht beeinträchtigt wird.

Training zur Verbesserung der Fitness (70–85 Prozent der MHF)
Ein Training in diesem Bereich wirkt sich sowohl auf Ihr Herz-Kreislauf-System als auch auf Ihr Atmungssystem positiv aus. Hier wird die Kapazität verbessert, Sauerstoff zu den arbeitenden Muskeln zu transportieren und Kohlendioxid abzuatmen. Am besten lässt sich die Intensität des Trainings auf dieser Stufe als »mittlere

Beanspruchung« beschreiben. Ihr Atem wird beschleunigt, und Sie spüren die Anstrengung Ihres Körpers. Wenn Sie ausdauernder werden möchten, ist das ein wichtiger Trainingsbereich für Sie. Innerhalb dieser Zone sind die Energielieferanten Fette und Kohlenhydrate. Je intensiver die Belastung, desto mehr Kohlenhydrate werden zur Energielieferung herangezogen.

Die anaerobe Zone (85–100 Prozent der MHF)

In dieser Zone sollten Sie nur trainieren, wenn Sie Ihre anaerobe Kapazität verbessern möchten, etwa weil Sie leistungs- und wettkampforientiert trainieren. Das Training in dieser Zone wird als anstrengend empfunden. Sie geraten außer Atem. Wichtigste Voraussetzung für das Training in der anaeroben Zone ist eine gut entwickelte aerobe Grundlagenausdauer.

11 Manngerechte Ernährung

Nur in Verbindung mit der richtigen Ernährung kann das Muskelaufbautraining erfolgreich sein. Achten Sie also ab jetzt darauf, was Sie essen! Aber wie sieht der optimale Speiseplan für den Mann aus?
Es gilt: Weniger Fett, und das richtige Fett! Weniger Kohlenhydrate und mehr Protein! Kein Alkohol bei Übergewicht! *Functional Food* ist besser als sein Ruf und liefert das nötige Eiweiß, dazu Vitamine und Mineralstoffe. Fatburner helfen beim Abnehmen – besser als die in Tablettenform sind die natürlichen in bestimmten Lebensmitteln. *Last but not least:* Ein erfülltes Sexualleben sorgt auf hormonellem Wege dafür, dass die Regelung von Sättigung und Fettspeicherung funktioniert und der Mann schlank und fit bleibt.

Männer achten im Gegensatz zu Frauen wenig auf das, was sie essen. Während Frauen sich häufig überwiegend vegetarisch oder mit einer wohl ausgewogene Mischkost (Gemüse, Obst, Milch- und Vollkornprodukte sowie wenig Fleisch) ernähren, scheinen Männer – wenn man ihnen die freie Wahl lässt – überwiegend Fleisch und Alkohol zu konsumieren. Der Nutzen von Ernährungsplänen und Kalorientabellen ist ihnen offenbar fremd, denn der Anteil übergewichtiger Männer liegt in Deutschland bei 66 Prozent. Andererseits essen wir Männer, getreu unser hierarchisch orientierten Konditionierung, brav alles auf, was uns Mütter, Partnerinnen und Kantinenwirte auf den Teller schaufeln. Diejenigen, die das Essen für uns eingekauft haben (wir selbst meist nicht), werden schon wissen, was gut für uns ist.

An dieser Stelle soll der Leser nicht etwa erwarten, das *Absolut Mann* ihm eine Wunderdiät oder schmackhafte Rezepte zum Abnehmen auftischt: Ziel unseres Buches ist, dass Sie als älter werdender Mann Ihre beiden verloren gegangenen Kraftquellen wieder mobilisieren – und das geschieht auch über die Nahrung: Während die geistigen Kräfte beispielsweise durch Stressabbau auf Vordermann gebracht werden, erfolgt dies bei der Muskelkraft durch Training – und im Zusammenhang damit ist eine richtige Ernährung unerlässlich.

Menschliche Nahrung und ihre Bestandteile

Der Mensch ist von Natur aus ein Mischköstler, das heißt, er ernährt sich von Eiweißen und Fetten, die von Tieren stammen, aber auch von Ölen, Fetten, Kohlenhydraten und Proteinen pflanzlicher Herkunft.

Die Nahrung wird vom Körper benötigt, um Energie für Zellprozesse zu gewinnen – für den Aufbau und die Erneuerung von Organen und Zellverbänden, zur Fortpflanzung, zum Arbeiten und zur Fortbewegung, zur Wärmeerzeugung – schlichtweg, um zu überleben. Doch wie muss die Nahrung für den Menschen beschaffen sein?

Wasser

Da unser Körper zu über zwei Dritteln aus Wasser besteht, ist das kostbare Nass oder die chemisch als H_2O bezeichnete Flüssigkeit für uns lebenswichtig. Im wässrigen Milieu der Zellen finden nicht nur alle Stoffwechselprozesse statt, als wichtiges Transportmedium ist das Wasser auch an der Versorgung des Körpers und der Entsorgung seiner Abfälle (im Urin) beteiligt. Wasser sorgt in Form von Schweiß dafür, dass sich der Körper nicht überhitzt, und dient *last but not least* als Lösungsmittel für bestimmte wasserlösliche Vitamine.

Proteine

Proteine, im Volksmund auch Eiweiße genannt, sind organische Verbindungen, die der Körper aus den Aminosäuren aufbaut. Die meisten der 20 Aminosäuren kann der Körper selbst bilden; die übrigen (so genannte essenzielle Aminosäuren) nimmt er mit der Nahrung auf. Proteine brauchen wir, um selbst körpereigene Eiweiße aufzubauen – etwa in den Muskeln –, der Organismus braucht sie aber auch, um Hormone und Enzyme herzustellen, sowie zur Immunabwehr (Bildung von Antikörpern). Außerdem regeln Proteine den Säure-Basen-Haushalt im Körper. Tierische Eiweiße stammen aus Nahrungsmitteln wie Fleisch, Fisch, Geflügel und Milchprodukten; aber auch pflanzliche Nahrungsmittel wie Hülsenfrüchte, Getreide und Sojabohnen sind reich an Proteinen.

Bei der Verdauung, dem Um- und Abbau gerade der tierischen Eiweiße, entstehen im Körper chemische Verbindungen, unter anderem die Purine; wenn sich nahrungsabhängig (etwa bei hohem Fleischkonsum) zu viele Purine im Organismus ansammeln, werden diese bei älter werdenden Menschen – zum Teil genetisch bedingt – nicht vollständig abgebaut, und es kommt zu Gichtbeschwerden. Einseitige, zum Beispiel zu viel Eiweiß enthaltende Ernährung kann also krank machen.

Kohlenhydrate

Wie der Name schon sagt, handelt es sich bei Kohlenhydraten um einfache Moleküle, die aus Kohlenstoff (C), Sauerstoff (O) und Wasserstoff (H) bestehen. Kohlenhydrate werden von den grünen Pflanzen im Verlauf der Fotosynthese aus Wasser, Kohlendioxid und Sonnenlicht gebildet. Dabei entstehen zunächst einfache Zuckermoleküle (zum Bespiel Glukose), die dann zu langen kettenartigen Kohlenhydrat-Molekülen, der so genannten Stärke, zusammengesetzt werden. Im Volksmund oft nur Zucker genannt – wobei es sich chemisch betrachtet um die einfachen Zucker Frucht-, Trauben- und Milchzucker handelt –, stellen Kohlenhydrate die Energie im Körper bereit, und zwar umso rascher, je kleiner sie sind. Eine wichtige Aufgabe im Rahmen der Zuckerverdauung im Körper hat das Hormon Insulin, das den Blutzuckergehalt steuert.

Kohlenhydrate nehmen wir in Form von Obst und Gemüse auf, aber auch über Milch und Milchprodukte (die den so genannten Milchzucker enthalten) sowie Getreide, Kartoffeln und Hülsenfrüchte, die hauptsächlich Stärke enthalten. Nach der Verdauung im Magen gelangen die Zucker unter Einfluss des Insulins zu den Organen und Körperbereichen, wo ihre Energie benötigt wird (Gehirn, Muskulatur); teilweise werden sie dort – etwa in den Muskeln – auch als Glykogen gespeichert, um bei Bedarf sofort zur Verfügung zu stehen. Eine andere Form der Speicherung ist die Umwandlung von Kohlenhydraten in Depotfette. Wie schnell bestimmte Nahrungsmittel im Körper als Zucker verwertet werden, das beschreibt der so genannte Glykämische Index (siehe Box).

Fett ist nicht gleich Fett

Fette sind sehr energiereiche Kohlenstoff-Wasserstoff-Verbindungen. Chemisch betrachtet, handelt es sich um ein dreiteiliges Kohlenstoffgrundgerüst, an dem die so genannten Fettsäuren hängen – das sind lange, kettenförmige Kohlenstoff-Wasserstoff-Verbindungen. Es gibt zwei Formen von Fettsäuren, ungesättigte und gesättigte. Diese Fettsäuregruppen haben jeweils unterschiedliche, aber in beiden Fällen sehr wichtige Funktionen im Rahmen von Ernährung und Gesundheit.

Im Körper nehmen Fette wichtige Aufgaben bei der Bildung der Zellmembran und der Biosynthese von Kohlenstoffverbindungen wahr. Zudem transportieren sie fettlösliche Vitamine, sind bedeutende Geschmacksträger und liefern auch einige wenige Fettsäuren, die der Körper nicht selbst herstellen kann (so genannte essenzielle Fettsäuren).
Fettgewebe ist ein Energiedepot, dient zur Isolierung gegen Kälte und zur Polsterung innerer Organe (Nierenfett).

In früheren Zeiten, als es noch echte Nahrungsknappheiten gab und die Menschen sich stark körperlich betätigten, machte es biologisch durchaus Sinn, diese Zeit des Mangels durch Energielieferung aus Fettgewebe zu überbrücken. Die gesamte Evolution des insulingesteuerten Zuckerstoffwechsels und die Umwandlung von Kohlenhydraten in Fett stellen urzeitliche Anpassungen an das Überleben in der freien Natur dar. Das Fettgewebe im Körper weiblicher Säuger dient zudem der Ernährung der Embryonen und der Neugeborenen. Ursprünglich galt das auch für die Frauen.

Die Bedeutung des Glykämischen Index

Der Glykämische Index (GI) beschreibt die Wirkung von Kohlenhydraten auf den Blutzuckerspiegel: Ein hoher Glykämischer Index bedeutet, dass Glukose rasch ins Blut einströmt und schnell zu den Muskelzellen transportiert wird.

Kohlenhydratreiche Lebensmittel mit hohem GI sind die meisten Zuckerarten (Glukose, Saccharose, Maltose), Honig, Kornsirup, Melasse, Rohr- und Ahornsirup, Bananen, Rosinen, Weiß- und Mischbrot, Kekse, Cornflakes, Müsli, Kartoffeln und Mais.

Einen mittleren GI weisen kohlenhyratreiche Lebensmittel wie Nudeln, Reis, Vollkornbrot, Trauben, Orangen, Haferflocken und Haferplätzchen auf.

Fruktose, Linsen, Erbsen, Bohnen, Äpfel, Kirschen, Pfirsiche, Birnen, Pflaumen, Milch, Joghurt und Eis wiederum sind kohlenhydratreiche Lebensmittel mit einem niedrigen GI.

Der Siebenschläfer frisst sich vor seinem Winterschlaf ein dickes Fettpolster an, um die kalte Jahreszeit zu überdauern. Dabei kann er ganz schön fett und rund werden – eine Tatsache, die bereits die alten Römer nutzten: Sie mästeten die kleinen Nager in speziellen Farmen und verzehrten sie gebraten als Delikatesse.

In unserer modernen Gesellschaft ist die ursprüngliche physiologische Bedeutung des Fettgewebes hinfällig. Die Mehrheit der Bürger in den westlichen Gesellschaften muss nicht mehr Hunger leiden. Der biologische Mechanismus, Fett für schlechte Zeiten zu horten, läuft aber nach wie vor bei jedem von uns ab. Weil die Ernährung vielfach immer noch auf eine (hypothetische) harte körperliche Arbeit ausgerichtet ist, wird die zugeführte Nahrung bei einem Großteil der Menschen in Depotfett umgewandelt – das nie mehr benötigt wird und für die lästigen Fettpölsterchen verantwortlich ist.

Nach Angaben des Deutschen Instituts für Ernährungsmedizin und Diätetik (DIET) in Aachen bringen 60 Prozent der Deutschen zu viele Pfunde auf die Waage, weil sie zu viel Fastfood futtern und zu oft zwischendurch naschen. In der medizinischen Fachzeitschrift *New England Journal of Medicine* wurde 1999 ein zu hohes Körpergewicht als Haupthinweis auf einen vorzeitigen Tod durch Herzinfarkt oder Schlaganfall bewertet – sowohl für Männer als auch für Frauen. Nach Angaben des *DIET* lagen die Kosten ernährungsbedingter Krankheiten in Deutschland im Jahre 2000 bei 73,96 Milliarden Euro, der Kostenaufwand zur Behandlung Übergewichtiger bei 15,34 Milliarden Euro.

Um dem Leser einen Überblick zu geben, wo überall versteckte Fette und Kohlenhydrate lauern, zeigt die Tabelle auf Seite 185 den Kalorien- und Fettgehalt einiger beliebter »Nahrungssünden«.

Fazit des Gesagten ist, dass wir einerseits zwar Fett brauchen, andererseits aber nicht alles verzehren sollten, was fett ist. Als Faustregel gilt, dass pflanzliche Fette (Sonnenblumen-, Distel-, Olivenöl) den Fetten, die von Tieren stammen (wie Milch und Fleisch), vorzuziehen sind. Eine Ausnahme bildet das Fett (Tran) aus fettreichen Fischen (Dorsch, Lachs), da es wie Leinöl viel gesunde Omega-3-Fettsäuren enthält.

Warum diese Fettsäuren so gut für den Körper sind, wird sofort ersichtlich, wenn man die Arbeitsweise der wohl größten Zerstörer im Organismus verstanden hat – der so genannten freien Radikale. Zum näheren Verständnis müssen wir einmal kurz einen Blick ins Chemiebuch werfen.

Freie Radikale – Steckbrief eines »Killermoleküls«

Da wir Sauerstoff zum Atmen benötigen, halten ihn manche Laien für eine harmlose Substanz. Weit gefehlt, denn das Oxygenium, wie man den Sauerstoff früher nannte, ist selbst in seiner molekularen Form (O_2) äußerst reaktiv und aggressiv. Grund ist die Doppelbindung zwischen den beiden O-Atomen, da die Bindungselektronen hier lockerer sitzen als bei einer Einfach-Bindung. Um diesen instabilen Zustand auszugleichen, versucht das O_2, anderen Molekülen ein Elektron zu »klauen«; dabei verwandelt es sich in ein so genanntes Superoxid (O_2^-). Oder aber es gibt ein eigenes Elektron ab und wird so zum positiv geladenen O_2^+. Auch wenn Sie durch die chemischen Fachausdrücke jetzt vielleicht ein wenig verwirrt sind, wird Ihnen hoffentlich klar, dass im Sauerstoff-Molekül ein enormes reaktives Potenzial steckt – mit Folgen für jeden, der damit in Berührung kommt: Angeschnittene Äpfel oder Kartoffeln, die sich dunkel

Fett plus Fastfood = Fatale Folgen

Artikel	Fettgehalt (Gramm)	Kilokalorien
1 Pizza, mittelgroß	52	1259
1 Teller Gyros	60	1114
1 Tafel weiße Schokolade	31	540
1 Hamburger (Big Mac)	26	505
1 McChicken	23	460
1 Portion Tiramisu	17	365
1 Magnum Mandel	23	325
1 kleine Portion Pommes frites	17	320
1 Currywurst mit Pommes rot-weiß	90	1110
1 Riegel Snickers	17	310
1 Doughnut	17	295
1 Hand voll Cashews	21	285
1 Mars-Riegel	11	275

verfärben, rote Kupferdächer, die schon bald von Grünspan überzogen sind, rostige Eisennägel – das alles beruht auf Oxidationsvorgängen, ausgelöst vom O_2.

Die Aktivitäten des »Elektronendiebes« O_2 bewirken, dass in der Zelle viele Moleküle ein Elektron zu viel oder zu wenig haben. Sie gehen nun auch dazu über, anderen Molekülen Elektronen zu entreißen bzw. zuzuwerfen – eine gewaltige Kettenreaktion bricht aus, die vor nichts halt macht. Proteine, Kohlenhydrate und Lipide werden genauso attackiert wie die Erbsubstanz DNA. Diese entarteten Moleküle sind die berüchtigten freien Radikale.

Freie Radikale sind für die häufigsten Schädigungen in der Zelle verantwortlich; infolge ihrer aggressiven Wirkung werden Zellmembranen brüchig und Nervenzellen zerstört, Bindegewebe und Haut verlieren an Elastizität, Blutgefäße verhärten. Alle diese Vorgänge, die in ihrer Gesamtheit als oxidativer Stress bezeichnet werden, lassen den Körper aber nicht allein altern. Sie sind zudem auch an der Entstehung einer Reihe von Krankheiten entscheidend beteiligt.

Dennoch darf man freie Radikale nicht von vornherein verdammen, denn sie werden zum Teil auch vom Körper benötigt – beispielsweise bei der Immunabwehr, wo die aggressiven Elektronenklauer eingesetzt werden, um Bakterien und andere Krankheitserreger zu zerstören. Schädlich ist nur ein Übermaß an freien Radikalen. Doch woher stammen diese eigentlich?

Der Hauptlieferant für das Gros der freien Radikale ist unsere Nahrung, denn nur etwa 10 Prozent stammen aus dem Körper selbst (gebildet zur Immunabwehr) oder sind durch Röntgen- und Sonnenstrahlung, Umweltbelastung, Rauchen und Stress entstanden. Allerdings gibt es eine Rettung aus diesem Dilemma: Mit Hilfe spezieller Radikalenfänger, so genannter Antioxidanzien, lässt sich die fatale Kettenreaktion abbrechen. Als solche Radikalenfänger wird eine Reihe von Mineralstoffen, Enzymen und Vitaminen eingesetzt.

Vitamine – Schutzpatrone gegen Zellverschleiß und Altern

Der Einsatz von Antioxidanzien ist eine wichtige Behandlungsmethode im Rahmen eines effektiven Anti-Aging. Diese Radikalenfänger verhindern oxidativen Stress, indem sie sich den »Zell-Hooligans« quasi als Opfer anbieten. Zwar werden sie dadurch ebenfalls zu freien Radikalen. Jedoch können sie aufgrund ihrer Molekülgröße und -struktur (mehrere Doppelbindungen mit lockeren Elektronen) diese Reaktion gut verkraften.

Im Weiteren verhalten sich Antioxidanzien nicht aggressiv, und die Oxidationskette hat somit ein Ende.

Da es den Rahmen dieses Buches sprengen würde, alle Vitamine und sonstigen Antioxidanzien im Detail zu beschreiben, sollen exemplarisch einige wichtige Beispiele vorgestellt werden. Größte Bedeutung als Radikalenfänger haben die Vitamine C und E, das Beta-Karotin, die Mineralstoffe Selen und Magnesium sowie das Hormon Melatonin.

Vitamin C
Vitamin C, auch Ascorbinsäure genannt, gilt als Klassiker unter den Anti-Aging-Substanzen. Der Chemie-Nobelpreisträger Linus Pauling war von der lebensverlängernden Wirkung der Ascorbinsäure so überzeugt, dass er täglich drei bis zwölf Gramm (!) einnahm – und das hohe Alter von 93 erreichte. Der Nutzen von Vitamin C ist seit mehreren Jahrhunderten bekannt. Skorbut, dessen Krankheitsbild unter anderem durch starkes Zahnfleischbluten und Blutungen in der Muskulatur gekennzeichnet ist, trat früher oft bei langen Schiffsreisen auf, weil die Seeleute kaum frisches Obst und Gemüse verzehrten. Skorbut ist also eine typische Vitamin-C-Mangelerkrankung. Vitamin C ist wasserlöslich, kann aber nicht im Körper gespeichert werden, zudem wird es beim Erhitzen und bei längerer Lagerung zerstört. Die empfohlene Tagesdosis liegt bei 75 Milligramm.

Als Antioxidans fängt Vitamin C schädliche Sauerstoffradikale ab und kann so Tumorbildungen sowie die Entstehung von Arteriosklerose hemmen. Es schützt seinerseits auch Antioxidanzien wie etwa das Glutathion vor Oxidation und beugt einer Anfälligkeit gegen Infektionskrankheiten vor.

Vitamin E
Vitamin E, auch Tocopherol genannt, ist eine fettlösliche Substanz und kommt besonders oft in Pflanzenölen vor. Tocopherol entfaltet seine Schutzfunktion vornehmlich an Zellmembranen, wo es freie Radikale abfängt. Es trägt dazu bei, dass die Haut jünger und straffer wirkt, Leberflecken und Hautfalten ver-

Selen, der Muntermacher

Selen ist ein Spurenelement, das in Nahrungsmitteln wie Austern, Pilzen, Kokosnüssen, Knoblauch, Sojasprossen, Sonnenblumenkernen, Thunfisch und Weizenkeimen vorkommt. Selen entgiftet den Körper nicht nur von Schwermetallen (Blei, Cadmium und Quecksilber), sondern auch von Alkohol, Nikotin und anderen Drogen. Als Co-Faktor vieler radikalenfangender Enzyme (zum Beispiel Glutathion) ist Selen ein Antioxidans von unschätzbarem Wert. Darüber hinaus gilt es als wirksame Anti-Aging-Substanz, da bereits eine Tagesdosis von 0,1 Milligramm bestimmte Gene aktiviert, die oxidativen Stress reduzieren.

schwinden. Aufgrund neuerer Untersuchungen hemmt Vitamin E unter anderem die Oxidation von LDL-Cholesterin im Blut und beugt so der Entstehung von Arteriosklerose vor. Bei verstärkter Aufnahme sinkt das Herzinfarkt-Risiko; manche Untersuchungen weisen auch auf eine krebsvorbeugende Wirkung hin: Krebszellen produzieren sehr viele Superoxid-Radikale, die durch Vitamin E unschädlich gemacht werden.

Beta-Karotin

Das vielfach als rot-oranger Lebensmittelfarbstoff eingesetzte Beta-Karotin ist ein Karotinoid und gehört zu den biogenen Pflanzeninhaltsstoffen – natürlichen Wirkstoffen, die in den Pflanzen selbst gebildet werden. Eine andere Bezeichnung lautet Provitamin A, da dieses Karotinoid im Körper in Vitamin A umgewandelt wird, wenn er zu wenig Vitamin A aufgenommen hat. Als Antioxidans soll Beta-Karotin auf ähnliche Weise wie Vitamin E der Entstehung von Arteriosklerose, Herzkranzgefäßerkrankungen und Krebs vorbeugen. Außerdem schützt Beta-Karotin vor Augenkrankheiten wie dem grauen Star und kräftigt die Immunabwehr.

Spitzenreiter unter den Vitamin-Lieferanten

Wer vermehrt Antioxidanzien in Form von Vitaminen zuführen will, muss nicht zwangsläufig zur Pillendose greifen. Viele Nahrungsmittel enthalten reichliche Mengen der wichtigsten Anti-Aging-Substanzen: Vitamin E kommt vor allem in Aal, Fenchel, Haselnüssen, Krabben, Sonnenblumen- und Weizenkeimöl vor; Vitamin C ist hingegen besonders reichlich in Zitronen, roher Paprika, rohem Weißkohl und frischem Obst (Apfelsinen, Erdbeeren, schwarzen Johannisbeeren, Kiwis und Honigmelonen) enthalten. Ergiebige Quellen für Beta-Karotin sind Aprikosen, Feldsalat, Grünkohl, Möhren (Karotten), rote Paprika sowie Spinat.

Im Wein liegt nicht nur Seligkeit

Eine andere Gruppe von pflanzlichen Inhaltsstoffen sind die so genannten Flavonoide. Diese Pflanzenfarbstoffe (ihr Name kommt vom lateinischen *flavus* = blond) sind aber im Gegensatz zu den fettlöslichen Karotinoiden in der Regel wasserlöslich. Als Antioxidanzien können Flavonoide die Wirkung mancher Vitamine verstärken. Besonders potent ist das Flavonoid Resveratol, das in den Kernen und Schalen roter Weintrauben enthalten ist. Resveratol beeinflusst als Radikalenfänger den Cholesterinspiegel und beugt so Herzinfarkt und Gefäßverkalkung vor, dabei zeigt es eine bis zu 1000-fach stärkere antioxidative Wirkung als etwa das Tocopherol.

Resveratol ist also der Grund, warum der mäßige Genuß von Rotwein lebensverlängernd wirken kann – mäßig, wohlgemerkt, da bei zu hohen Rotweinmengen die schädliche Wirkung des Alkohols zu Buche schlägt. (Das gleiche positive Resultat lässt sich mit rotem Traubensaft erzielen.)

Gefahren von Vitaminen

Die oft empfohlene Zufuhr hoher Dosen antioxidativ wirkender Vitamine ist allerdings problematisch. Hohe Dosen Vitamin A (und auch von Beta-Karotin) können zur Austrocknung von Haut und Schleimhäuten, zu Knochen- und Gelenkschmerzen, möglicherweise zu Leber- und Gehirnschäden führen. Bei Patienten, die mit gerinnungshemmenden Mitteln (zum Beispiel Marcumar) behandelt werden, ist die Gabe von Vitamin E bedenklich, da es die Wirkung der so genannten Antikoagulanzien verstärken kann.

In Tomaten wurde vor wenigen Jahren ein wahrer Hit unter den Antioxidanzien entdeckt: Ein Inhaltsstoff der Tomate, das Karotinoid Lycopen, blockiert durch Abfangen freier Radikale nicht nur die Entstehung neuer Krebszellen, sondern kann auch bereits vorhandenen Krebs im Wachstum hemmen. Als fettlösliche Substanz wird Lycopen besser in Kombination mit Ölen vom Körper aufgenommen, etwa als Tomatensauce.

Vitamine und Mineralien sind sicherlich gesund – der Umkehrschluss, wonach jemand gesünder lebt, der ständig Vitaminpillen schluckt, ist aber trügerisch. Grundsätzlich können Vitamin- und Mineralstoffpräparate keine ausgewogene Ernährung ersetzen, da sie immer nur einen Bruchteil aller erforderlichen Stoffe enthalten. Die aus diesem Manko heraus entwickelten Multi- oder Kombipräparate haben aber den Haken, dass Vitamine und Mineralstoffe sich gegenseitig beeinflussen, unter Umständen sogar in ihrer Wirkung behindern oder das Gleichgewicht im Stoffwechsel durcheinander bringen. Zu hohe Mengen Kalzium blockieren beispielsweise die Eisenaufnahme, die durch Vitamin D wiederum gefördert wird. Bei Kombipräparaten kritisch zu bewerten sind außerdem manche beigemischten Substanzen wie Vanadium, Lithium oder Nickel, von denen man nicht eindeutig weiß, ob sie giftig sind oder nicht. Auch sind manche Präparate eindeutig zu hoch dosiert – bei einem Kombipräparat enthielt die vom Hersteller empfohlene Tagesration 100-mal mehr Vitamin B12 als von kompetenter Stelle empfohlen. In einem anderen Fall enthielt die Tagesdosis eines kombinierten Vitamin-C-Präparats 100 Milligramm Eisen – das sind 70 Milligramm mehr als maximal empfohlen. Diese Vitaminbomben können also auch nach hinten losgehen. So liegen die tatsächlich benötigten Mengen gerade solcher wichtigen Anti-Aging-Substanzen wie Vitamin E und Selen oft nicht weit entfernt von einer Dosis, die Nebenwirkungen verursachen kann. Vergessen wird oft beim Einsatz von Kombipräparaten, dass man Vitamine und Mineralstoffe ja auch mit der Nahrung aufnimmt. Französische Experten haben daher Grenzwerte für die zusätzliche Zufuhr von Vitaminen festgelegt, die zum Teil nur zwei- oder dreifach über den üblichen Verzehrempfehlungen liegen.

An dieser Stelle ein Fazit zu ziehen fällt schwer – sicherlich ist es nicht grundsätzlich falsch und ungesund, wenn jemand, der aus beruflichen oder anderen Gründen nicht für eine ausgewogene, vitaminreiche Ernährung sorgen kann, wichtige Vitamine wie Vitamin A, C und E in der empfohlenen Dosis zusätzlich konsumiert.

Wie kann ein Mann vernünftig essen?

Nachdem wir jetzt wissen, welche Bestandteile die Nahrung enthält, die unsere Gesundheit fördern oder beeinträchtigen können, wollen wir wissen: Was ist denn nun eine »manngerechte« Ernährung?

Dabei sollten wir immer die Nutzung unserer Kraftquellen im Hinterkopf haben. Es geht auch darum, durch ausgewogene Ernährung eine optimale Muskulatur aufzubauen. Hier müssen wir zwischen zwei Typen von Männern unterscheiden: denjenigen, die bereits über gute Muskelpakete verfügen, und den anderen, die erst auf dem Wege dorthin sind. Die erfolgreichste Strategie für die zweite Gruppe im Hinblick auf den Austausch von Fett- gegen Muskelmasse ist eine konsequente Kohlenhydratreduktion bei gleichzeitiger ausreichender Proteinaufnahme

Die täglich aufgenomme Kalorienmenge sollte so gewählt werden, dass das Körperfett auf 10 bis maximal 20 Prozent des Gesamtkörpergewichts reduziert wird.

Die Kalorienmenge richtet sich wiederum nach dem tatsächlichen Verbrauch, beispielsweise beim Training. Empfehlenswert ist, über den Tag verteilt fünf bis sechs Mahlzeiten einzunehmen, damit kein Hungergefühl entsteht. Ab

Grundlagen der manngerechten Ernährung

1. Verringerung oder Vermeidung von Kohlenhydraten (Zucker, Stärke) in der Nahrung
2. Verzicht auf Alkohol (für sechs Monate, wenn man Fett in Muskeln umwandeln will)
3. Hoch proteinreiche Naturnahrung (weißes Fleisch, Eier, Fisch) zur Steigerung des Muskelaufbaus und Beschleunigung des Fettabbaus (Fatburner)
4. Vermehrtes aerobes Training

18 Uhr sollte man unbedingt die Menge der Kohlenhydrate reduzieren.

Die Kalorien verteilen Sie am besten etwa nach folgendem Muster: Frühstück und Mittagessen jeweils 30 Prozent der Gesamtkalorienzahl, die beiden Zwischenmahlzeiten je 15 Prozent und das Abendessen 10 Prozent. Das Essen sollte im Normalfall (bezogen auf den Kaloriengehalt) zur Hälfte aus Kohlenhydraten bestehen, zu 30 Prozent aus Proteinen und zu 20 Prozent aus Fett.

Wichtig ist, dass Sie tagsüber zwei bis drei Liter Flüssigkeit trinken (im Sommer und bei starkem Schwitzen ruhig einen Liter mehr). Trinken Sie Wasser oder Kräutertees, löschen Sie den Durst aber auf gar keinen Fall mit Limonade, Coca-Cola oder alkoholischen Getränken. Wenn Sie Alkohol konsumieren wollen, stimmen Sie dies nach den Kriterien Aussehen und Bauchfett ab – wenn Sie zuviel Hüftspeck haben, Finger weg vom Alkohol.

Typisches Essen für den modernen Mann

So könnte ein manngerechter Speiseplan aussehen. Wichtig ist, dass die Gesamtkalorienmenge, je nach körperlicher Belastung und einem Körperfettgehalt von 10 bis 15 Prozent, etwa 3000 bis 4000 Kilokalorien beträgt.

Frühstück: 1/2 Tasse Müsli, 1 Apfel, 1 Banane oder 1/2 Ananas, 1 Eiweißomelett (aus 6 bis 8 Eiern)
Zwischenmahlzeit: 25 bis 30 Gramm Eiweiß-Drink oder MRP (Nahrungsersatz), Obst
Mittagessen: 150 bis 200 Gramm weißes Fleisch oder Fisch, Gemüse, 1 kleine Portion Vollwertnudeln, 2 Kartoffeln, Obst
Zwischenmahlzeit: wie oben
Abendessen: 100 bis 150 Gramm Fleisch, Fisch, Gemüse, Obst
Spätmahlzeit: Proteindrink

Alkohol und seine Folgen

Der Hauptfeind eines idealen Gewichts und eines ästhetischen Körpers ist der Alkohol. 1 Gramm Alkohol hat 7,1 Kilokalorien; im Vergleich dazu sind es beim Fett 9,3 Kilokalorien/Gramm und bei Kohlenhydraten sowie Proteinen je 4,1 Kilokalorien/Gramm.

Am Wochenende konsumieren Männer abends im Durchschnitt an die 100 Gramm Alkohol, das sind 700 Kilokalorien, der tägliche Konsum liegt bei 30 bis 50 Gramm (was 350 Kilokalorien entspricht). Zwar sprechen Mediziner und Wissenschaftler, wie bereits erwähnt, dem mäßigen Rotweinkonsum eine gesundheitsfördernde Wirkung zu – die hierbei erlaubte Menge von ca. 20 Gramm Alkohol (ein Glas Rotwein) am Tag gilt aber nur für den Normalgewichtigen.

Beim Übergewichtigen verstärkt Alkohol die Fettgewebsvermehrung, insbesondere am Bauch. Das im Bauchbe-

Die Kreta- oder Mittelmeerdiät

Im Rahmen einer gesunden Ernährung empfehlen viele Mediziner und Ernährungswissenschaftler die so genannte Mittelmeer- oder Kretadiät. (Mit Diät ist hier eine allumfassende Ernährungsweise gemeint.) Der Gesundheitszustand der Mittelmeeranrainer ist trotz eines etwa gleich hohen Konsums von Tabakwaren, Alkohol und tierischem Fett wesentlich besser ist als jener der deutschen Bevölkerung. Herz-Kreislauf-Erkrankungen treten dort beispielsweise weitaus seltener auf. Die Ursache hierfür liegt nach Meinung von Wissenschaftlern in der unterschiedlichen Ernährung. In der mediterranen Küche wird viel Olivenöl, Gemüse, Obst, Knoblauch und Fisch verwendet, weniger Milchprodukte und Schweinefleisch; hinzu kommt der häufige Genuss von Rotwein anstelle von Bier und Schnäpsen. Viele der Inhaltsstoffe dieser Lebensmittel haben nachweislich eine gesundheitsfördernde Wirkung. Wahrscheinlich trägt aber auch die gemächlichere, stressfreiere Lebensweise der Mittelmeerbewohner (Siesta, mehr soziale Kontakte) zu einem gesünderen Altern bei.

reich angesammelte Fett – die »Bierwampe« – spricht nicht mehr gut auf Insulin an und löst sich daher sehr schwer auf. Die einzige Konsequenz für Männer, die den Umfang dieser kritischen Zone reduzieren wollen, besteht darin, mindestens ein halbes Jahr lang keinen Alkohol zu trinken. Eine Fettreduktion gelingt nicht, wenn man auch nur kleine Mengen Alkohol konsumiert.

Darüber hinaus gibt es genetische Defekte, die den Abbau von Alkohol verzögern oder dazu führen, dass im Körper gar kein Alkohol abgebaut wird.

Functional Food und Supplemente

Was bedeutet eigentlich *Functional Food?* Man versteht darunter eine Form der Nahrungsergänzung, die eine bestimmte Funktion im Körper ausüben soll.

Functional food wird in diesem Buch verstanden als eine Nahrungsergänzung, die Eiweiß für den Muskelaufbau liefert. Zusätzlich enthält sie Vitamine und Mineralien, die einerseits einem Mangel vorbeugen, andererseits als Antioxidanzien eingesetzt werden. Hypermoderne Präparate enthalten darüber hinaus thermogenesefördernde Substanzen, die den Gewichtsabbau forcieren.

Gerade unter heutigen Lebensbedingungen ist es für einen Mann nicht immer einfach, beim Umbau seiner Fett- in Muskelmassen auf eine ausgewogene Ernährung zu achten. Hier ist *Functional Food* eine hervorragende Ergänzung. Im Rahmen dieses Programms muss ein Mann zur Gewichtsreduktion tatsächlich viel, oft und richtig essen und alles mit einem geeigneten Sportprogramm kombinieren. Man nimmt zum Beispiel drei normale Mahlzeiten zu sich und verwendet zwei Mal *Functional Food*, um alle drei Stunden eine geeignete Nahrungsaufnahme zu gewährleisten.

Supplements zur Ernährung für den modernen Mann

- **Vitamin C:** 200–1000 Milligramm
- **Vitamin E:** 600–1000 I.E.
- **Cholin:** 60–100 Milligramm
- **Omega-3-Fettsäuren**
- **Magnesium:** 200–300 Milligramm
- **Beta-Carotin:** 10–15 Milligramm
- **Vitamin B-Komplex** (nach Bedarf)

In der Regel sind die hier angegebenen Mengen in modernem *Functional food* enthalten.

Functional Food wird unnötigerweise immer noch mit Skepsis und Vorurteilen betrachtet. Eine Reihe von Herstellern, wie beispielsweise Eder Sportprodukte in Freiburg i.B. (mit Protein- [B6 ProtiFit, CrashFit] und Aminosäure-Präparaten [Aminofit 8000 liquid]) oder Nuritur GmbH in Öhningen (mit der Produktreihe MAËL), liefert qualitativ hochwertige Produkte, die sich sehr gut als Nahrungsergänzung eignen. Greifen Sie deshalb lieber einmal zu *Functional Food* anstatt zu fasten oder gar einen Hamburger – sprich *Junk Food* – zu verschlingen.

Wie baut der Körper das gespeicherte Fett ab?

Bei der so genannten Lipolyse – der Verstoffwechselung oder Auflösung von Fettgewebe und Fett – werden Triglyceride frei, die durch das hormongesteuerte, fettabbauende Enzym Lipase in Glyzerin und Fettsäuren umgewandelt werden. Die Wärmeproduktion der Fettzellen wird durch die vegetativen Hormone, Adrenalin und Noradrenalin, gesteuert.

Noradrenalin wird an den Nervenenden in den Nervenspalt freigesetzt und bindet sich dann an die Signalstation der Zellen (Rezeptoren). Die Signalstation an der Zelloberfläche gibt die Information anschließend in die Zelle hinein, und zwar über Sekundärbotenstoffe wie das zyklische Adenosinmonophosphat (cAMP). cAMP kann anschließend das Enzym Proteinkinase A binden, das die fettauflösenden Enzyme stimuliert. Die vegetativen Hormone können nun über den gleichen Stoffwechselweg, der die Fettauflösung in den Fettzellen stimuliert, auch das anabole Muskelwachstum ankurbeln. Diesen Umstand haben sich Kälbermäster und Spitzensportler gleichermaßen zunutze gemacht, um verbotenerweise mehr Muskelzuwachs zu erzielen. Chemische Substanzen wie beispielsweise Glenbuterol können diese Muskelstimulierung bewirken – was im Sportlerjargon kurz und prägnant Doping genannt wird.

Neuere Forschungen ergaben, dass es drei verschiedene Typen von Rezeptoren für die oben erwähnten vegetativen Hormone gibt: die so genannten Beta 1-, Beta 2- und Beta 3-spezifischen Rezeptoren. Zur Zeit versucht die Pharmaindustrie, fettzellenspezifische vegetative Hormonsubstanzen herzustellen. Diese wären für Menschen mit Übergewicht und Diabetes außerordentlich interessant, sind zur Zeit aber noch nicht verfügbar. In der Zwischenzeit kann man bei Menschen mit starkem Übergewicht, die Muskeln aufbauen wollen, Substanzen wie Koffein und Ephedrin als so genannte Fatburner einsetzen. Dazu muss allerdings vorher medizinisch abgeklärt werden, ob keine Herz-Kreislauf-Erkrankungen vorliegen, weil es bei Verwendung dieser Substanzen zu Nebenwirkungen wie erhöhtem Blutdruck, Herzrasen und Herzrhythmusstörungen kommen kann.

Bei hartnäckigem Übergewicht lässt sich die Wärmeproduktion in Kombination mit Muskeltraining verbessern, wenn man die schon erwähnten thermogenesestimulierenden Substanzen als Fatburner einnimmt. Bewährt hat sich in diesem Fall eine Kombination von 20 Milligramm Ephedrin, 200 Milligramm Koffein und 100 Milligramm Aspirin, die man vorzugsweise morgens nüchtern und vor einem Training einnimmt. Diese Substanzen wirken aber nur, wenn gleichzeitig trainiert wird, für sich allein genommen können sie kein Fett abbauen.

Wie sieht ein Essen zum Abnehmen aus?

Fettgewebe kann man nur abbauen durch Änderung der Nahrungszusammensetzung, kombiniert mit erhöhtem Kalorienverbrauch durch Training. (Dieses sollte beim Mann hauptsächlich aus intensivem Muskeltraining bestehen; da man durch aerobes Training allein kaum Gewicht verliert, ist es nur zur Ergänzung geeignet.) Die Ernährung zum Abnehmen muss kohlenhydratarm sein, bei hartnäckigem Übergewicht dürfen keinerlei kurzkettigen Kohlenhydrate – sprich Raffinadezucker – verzehrt werden. Denn nur dann verliert der Körper Fett, wie die praktische Erfahrung mit professionellen Bodybuildern gezeigt hat.

Warnung

Nehmen Sie niemals synthetische Fatburner ohne Training ein und befragen Sie stets vorher Ihren Arzt! Ephedrin darf beispielsweise nicht genommen werden bei Schädigung von Nieren und Leber, bei Bluthochdruck und Herzbeschwerden – und das trifft gerade auf viele ältere Männer zu, die ihr Übergewicht reduzieren wollen.

Im Klartext bedeutet das, dass man für mindestens drei oder mehr Monate völlig auf Brot, Nudeln, Kartoffeln, Mehlspeisen sowie mit Zucker gesüßte Speisen verzichtet. Alternativ – und ohne Verlust der Lebensqualität – steigen Sie auf kohlenhydratarme Kost um (Müsli, Bananen, Hülsenfrüchte, Gemüse, Vollwertbrot und -nudeln), können aber auch weiterhin Fleisch und Fett verzehren, ohne zuzunehmen. Den Fettabbau unterstützen nämlich die in der Nahrung enthaltenen Fatburner.

Bei der Umtauschaktion »Fett gegen Muskel« sollte die Nahrung zu je 40 Prozent aus Proteinen und Kohlenhydraten und zu 20 Prozent aus Fett bestehen. Das heißt: weniger Kohlenhydrate, dafür aber viel Eiweiß (zwei Gramm pro Kilogramm Körpergewicht) und mehr Fett. Welche Proteine in Frage kommen, verrät Ihnen die Box auf dieser Seite.

Welche Nahrungsmittel liefern »gutes« Protein?

- Fettarme Milch bzw. fettarme oder -freie Milchprodukte
- Eiweißomelett, gekochte Eier
- Maispoularde, Pute
- Weißes Kalb- und Jungrindfleisch
- Fisch
- Hülsenfrüchte (ohne Fett zubereiten, später Öl zugeben)
- Mageres Schweinefleisch (Bio-Schwein)
- Nüsse, Kerne, Samen (Vorsicht Fett!)
- Molke-Designerproteine

Mit Fatburnern gegen die Pfunde

Ohne Änderung des Lebensstils wird kein Umbau des Körpers gelingen, und selbst Appetitzügler (wie Reduktil) oder Fettresorbtionshemmer (wie Xenical) machen nur dann Sinn, wenn man seine Ernährung umstellt. Fatburner sind biologische Substanzen, die Fetttransport und -verbrennung verbessern; außerdem stärken sie die Abwehrkräfte des Körpers. Zu diesen Fettverbrennern zählen neben Biostoffen wie Cholin, Taurin und Carnitin auch die Aminosäure Methionin, Linolsäure (eine doppelt ungesättigte Fettsäure), Magnesi-

Fisch ist ein im Rahmen der kohlenhydratarmen und proteinreichen Fitness-Kost hervorragend geeignetes Nahrungsmittel.

um und Vitamin C. Häufig werden diese Substanzen einzeln oder zu mehreren kombiniert in Tablettenform verkauft; sie kommen jedoch auch in bestimmten Nahrungsmitteln vor (siehe Tabelle auf Seite 196) und können so »biologisch-korrekt« in den Speiseplan integriert werden.

Viele Obst- und Gemüsesorten, aber auch proteinreiche Nahrungsmittel sind natürliche Lieferanten von Fatburner-Substanzen.

Kohlenhydrate und Hunger

Kohlenhydrate nehmen eine zentrale Rolle ein, wenn man Fett in Muskeln ummodeln möchte. Welche Prozesse sind daran beteiligt, dass die mit der Nahrung aufgenommene Energie nicht in Muskulatur umgesetzt, sondern als Fett gespeichert wird – und wie kann man diesen Vorgang wieder umkehren? Wie entsteht Hunger, und wie kann es sein, dass man zu viele Kalorien aufnimmt und diese nicht mehr los wird?

Hunger und Sättigungsgefühl werden vor allem durch die jeweilige Verfügbarkeit von Zucker (Glukose) bestimmt, also durch die Höhe des Zuckerspiegels und das Abfallen der Glukose in Zwischenhirn, Hirnstamm und Leber ge-

Fatburner in Lebensmitteln

Substanz	Vermehrt enthalten in
Vitamin C	Rohkost, frischem Obst (Kiwis, Sauerkirschen, Stachelbeeren, Trauben), Zitronen, Pampelmusen
Magnesium	Vollkornnudeln, Vollkornmehl, Nüssen, Hülsenfrüchten
Cholin	Leber, Eidotter, Milch, Blumenkohl, Fleisch, Tofu, Sojasprossen
Carnitin	Geflügel, Schinken, Lammfleisch, Käse
Linolsäure	Leinsamen, Flachsöl
Methionin	Eidotter, Geflügel, Leber, Fleisch, Fisch, Sojaprodukten, Linsen, Käse, Joghurt
Taurin	Muscheln, Krabben, Austern, Fleisch, Leber

steuert. Bei Genussessern sind nun jedoch nicht Hunger und Sättigung die entscheidenden Steuerungselemente, sondern es ist die Lust am Essen, also eine psychologische Komponente, die für die überhöhte Energiezufuhr verantwortlich ist. Darauf ist der Körper biologisch nicht vorbereitet, und er legt die Kalorien in Fett ab.

Bei der Aufnahme von Zucker wird viel Insulin ausgeschüttet, der Zuckerspiegel fällt rasch wieder ab, und man wird erneut hungrig. Schnell »verbrennbarer« Zucker bringt also den zuckergesteuerten Stoffwechsel auf ein höheres Niveau, man braucht immer mehr Zucker, um keinen Hunger zu empfinden. Der Körper speichert dann mit der Zeit immer effizienter alle hereinkommende Energie als Fett. Ein Dicker isst im Vergleich zum Normalgewichtigen oft nicht mehr, manchmal sogar weniger, jedoch ist seine Fettverwertung gestört und es wird mehr Energie in Fett gespeichert als bei einem Normalgewichtigen. Auch ist bei ihm die Wärmeabgabe aus dem Fettgewebe gestört, er fühlt sich zwar immer wärmer an als der Dünne und schwitzt auch mehr, dennoch wird er dadurch keine Energie los.

Wenn man Fettgewebe abbauen will, müssen die Kohlenhydrate insgesamt reduziert werden. Man darf nur solche verzehren, die langsam resorbiert werden und wenig Insulinanstieg verursachen, die ein Sättigungsgefühl hervorrufen und dauerhaft anhalten lassen. Auf diese Weise kommt man von dem höheren Niveau der Fettverwertung schrittweise herunter, Fett wird vom Körper wieder als Energielieferant herangezogen. Manche Fette dürfen sogar weiter verzehrt werden: Pflanzliche Öle (Olivenöl, Leinöl und andere), die sehr viele ungesättigte Fettsäuren enthalten, stabilisieren und schützen Zellmembran und Gefäße, während die gesättigten Fettsäuren für die Gefäßmembranen schädlich sind.

Nach Auffassung der Autoren sind es letzlich – entsprechend der Volksweisheit »Ein guter Hahn wird selten fett« – sexuelle Emotionen, die über eine Regulation des Fettgewebshormons Leptin das Volumen des Speicherfetts in erheblichem Maße steuern. Ihr Einfluss erstreckt sich auf die Zentralrezeptoren des Leptins im Gehirn an jenen Schaltstellen, wo auch Erlebnis und Regulation der Sexualität ablaufen.

Übergewicht ist oft eine Flucht aus enttäuschter Sexualität. Das zentrale Sättigungsverhalten und die Fettspeicherung sind gestört, schließlich gehen auch Selbstachtung und Selbstliebe verloren – am Ende macht die Lust am eigenen Körper vor dem Fett einen Rückzieher.

12 Hormonsystem und Hormontherapie beim Mann

»Es sind die Hormone!« Früher galt dieser mehr oder weniger spöttische Ausspruch meist der Frau und ihren angeblich häufigen Gefühlsschwankungen. In welchem Maße aber auch der Mann dem Einfluss seines Hormonsystems unterliegt, zeigen Forschungsergebnisse zunehmend deutlicher. Die Produktion der männlichen Hormone lässt ab der Lebensmitte stark nach.

Der Alterungsprozess hängt unmittelbar damit zusammen. So ist ein individuell dosiertes Auffüllen des Hormonspiegels wesentlicher Bestandteil eines Anti-Aging-Konzepts. Sie erfahren, welche Rolle die einzelnen Hormone spielen und wie eine Ersatztherapie bei typischen Beschwerden – ähnlich denen der Frau in den Wechseljahren – für Abhilfe sorgt.

Die Frage, ob der Rückgang der Hormonproduktion in reiferen Jahren eine zwangsläufige Begleiterscheinung des normalen Alterns ist oder nicht, bleibt nach wie vor ungeklärt. Grundsätzlich wird diese Debatte auch durch die Tatsache erschwert, dass sie zwischen zwei extremen Lagern ausgetragen wird. Auf der einen Seite gibt es die klassischen Schulmediziner, die nur an klinisch belegbare Fakten glauben (*evidence-based medicine*) und diese dogmatisch umsetzen. Auf der anderen Seite haben wir eine Ansammlung von Vertretern diffuser Heilslehren, die das Altern und die damit verbundenen Prozesse mit Hilfe von teils empirischen, teils esoterisch-mystischen Ansätzen deuten wollen. Die Wahrheit liegt wahrscheinlich – wie bei vielem anderen auch – in der Mitte.

Viele Beschwerden des älter werdenden Mannes gehen auf das Konto der nachlassenden Hormonproduktion – dies muss kein Schicksal sein.

Die statistisch abgesicherten Erkenntnisse der Schulmedizin werden aus großen Testgruppen gewonnen, wobei individuelle Schwankungen unter den Tisch fallen. Die Ergebnisse treffen gewiss auf viele, jedoch nicht zwangsläufig auf jeden Einzelnen zu – im medizinischen Alltag, wo der Arzt es immer mit Einzelschicksalen zu tun hat, kann dies mitunter ein gefährlicher Nachteil sein. Andererseits weist eine empirisch ausgerichtete Medizin, die ihr Wissen nur aus persönlicher Erfahrung gewonnen hat, das große Manko auf, dass man die individuelle Ausnahme nicht von der biologischen Regel unterscheiden kann.

Faktum ist, dass keiner altern will, aber jeder altern muss. Angesichts dieses Naturgesetzes liegt der entscheidende Ansatz darin, die Qualität des Alterns zu verbessern – und das ist der Ansatz von *Absolut Mann*. Zwei miteinander verflochtene Vorgänge lassen den Körper im Alter verfallen: Einerseits funktionieren seine Drüsen durch alterungsbedingte Gewebeschädigungen schlechter oder fallen ganz aus; zum anderen tragen sekundäre Organschäden, die sich infolge verminderter Hormonwirkung einstellen, zum Alterungsprozess bei. Doch gegen die – zugegebenermaßen – natürliche, weil alterungsbedingt nachlassende Drüsenfunktion kann man etwas unternehmen. Was und wie, hängt vom Einzelschicksal ab, denn jeder Alterungsprozess ist positiven wie negativen Umwelteinflüssen unterworfen, die ebenfalls individuell unterschiedlich sind.

Bevor der Arzt also als Anti-Aging-Maßnahme einen älteren Mann mit Hormonen versorgt, muss er zuvor bei ihm eine sorgfältige Diagnostik durchführen und alle Ergebnisse am besten in Form eines Dokumentations-Checkhefts festhalten, das auch während der Hormonersatztherapie weiter geführt wird. Diese Beobachtungsmethode wird als *individuum-based medicine* bezeichnet, um sie von der *evidence-based medicine* abzugrenzen.

Generell ist eine Hormonersatztherapie, beispielsweise die Behandlung mit Testosteron, nur einer von vielen Anti-Aging-Bausteinen, jedoch kein Ersatz dafür, seinen Lebensstil drastisch zu verändern. Doch welche Hormone kann man im Einzelnen beim alternden Mann ersetzen?

Testosteronbehandlung als Anti-Aging beim Mann

Testosteron ist das Hormon, das den Mann ausmacht, und sein Mangel tritt viel häufiger auf als bislang angenommen. Welche Rolle Testosteron im männlichen Organismus spielt, haben wir bereits im Kapitel *Biologie und Sexualität des Mannes* (siehe Seite 32 ff.) ausgeführt.

Bevor man sich jedoch zu einer hormonellen Behandlung entschließt, muss erst einmal ärztlich abgeklärt werden, ob überhaupt ein Testosteronmangel vorliegt beziehungsweise wo dessen mögliche Ursachen zu suchen sind (zum Beispiel könnte ein Hodenschaden vorliegen, oder die Lebensumstände sind der ausschlaggebende Faktor). Fällt der Testosteronspiegel im Blut niedrig aus, muss der Arzt weiterhin herausfinden, ob dieser Befund mit den typischen Hormonmangelsymptomen verbunden ist.

Medizinische Diagnostik vor der Testosterontherapie

- Allgemeine Laborwerte, insbesondere Bestimmung des DHT
- Bestimmung des Prostatatumormarkers PSA (empfohlen)
- Beantwortung und Auswertung der HOMMAGE- und Vita-Fragebögen (siehe Kapitel *Anti-Aging-relevante Diagnostik für den Mann*, Seite 94.)

Mögliche Ursachen eines Testosteronmangels

Für einen niedrigen Testosteronspiegel kann es drei verschiedene Gründe geben. Zum einen kann der Hoden – also der Entstehungsort des Testosterons – durch Infektionskrankheiten wie Mumps oder Tuberkulose, aber auch infolge einer Verletzung so geschädigt werden, dass er seine Hormonproduktion einschränkt. Dies äußert sich oft erst später, nachdem im Hoden bereits kaum noch oder gar keine Spermien mehr gebildet wurden. Der zweite Grund ist das fortgeschrittene Alter: Mit steigenden Lebensjahren lässt auch die Hodenfunktion nach, und der Testosteronspiegel sinkt ab. Als dritte Möglichkeit kann der Testosteronspiegel – unabhängig vom Alter – aber auch infolge schwieriger Lebensumstände abfallen. Starke psychische und körperliche Belastungen stören den hormonellen Regelkreis zwischen Hypothalamus, Hirnanhangdrüse (Hypophyse) und Hoden, sodass es zu einem so genannten *Komplexen Androgenmangel* kommt. Dieses Syndrom (siehe Box) ist eine typische Erscheinung der westlichen Leistungsgesellschaft, in der immer mehr jüngere Männer ihre Kräfte bis an die Erschöpfungsgrenze ausbeuten.

Darüber hinaus unterliegt der Testosterongehalt auch rhythmisch verlaufenden Tagesschwankungen. Daher sollte man an einem Untersuchungstag stets zwei Messungen durchführen – eine morgens um 8 Uhr, die andere abends um 18 Uhr. Anhand der jeweiligen Differenzen zwischen Morgen- und Abendwerten lässt sich erkennen, ob die hormonelle Steuerung durch das Gehirn noch voll funktioniert oder möglicherweise gestört ist.

Der Komplexe Androgenmangel – ein relativ unbekanntes Syndrom

Der so genannte Komplexe Androgenmangel wird durch andauernde körperliche und psychische Überforderung hervorgerufen und tritt meist zwischen dem 40. und 50. Lebensjahr auf. Medizinisch exakt versteht man unter diesem Syndrom eine drastische Absenkung des Testosteronspiegels, die nicht durch so genannte primäre Hodenschäden (etwa infolge von Mumps, Vergiftungen oder nach einer Leistenbruch-OP), sondern durch einen Ausfall der hormonellen Steuerung im Gehirn verursacht wird. Der Komplexe Androgenmangel betrifft Männer mittleren Lebensalters, die ihre Virilität zugunsten ihrer Karriereplanung vernachlässigt haben. Betroffen sind etwa fünf bis zehn Millionen Männer, die Dunkelziffer liegt aber wahrscheinlich sehr viel höher, zumal auch das Krankheitsbild sich charakteristischerweise nicht permanent manifestiert, sondern phasenhaft verläuft.

Testosteron und Prostatavergrößerung

Nachweislich führen sowohl der Komplexe Androgenmangel als auch das altersbedingte Nachlassen der Testosteronproduktion zu einer gutartigen Vergrößerung der Vorsteherdrüse. Prostatabeschwerden bereiten praktisch jedem Mann über 60 Jahren nicht nur Probleme beim Wasserlassen, sondern schränken auch sein Sexualleben ein. Diesen Verlust an Lebensqualität kann man nach Meinung der Autoren durch rechtzeitigen Hormonersatz mit Androgenen verhindern.

Welche Anti-Aging-Wirkung hat der Testosteronersatz?

Nach heutigem Stand der Wissenschaft fördert Testosteron die Bildung von Stickoxyd in der Innenhaut (Intima) der Blutgefäße. Dadurch werden Arterien und Venen elastischer, ein Effekt, welcher der Entstehung von Arteriosklerose vorbeugt. Dies widerlegt die ältere These, wonach Testosteron – aufgrund seiner Steroidstruktur – ähnlich wie Cholesterin in die Gefäßwand eindringt, sie dadurch verhärtet und brüchig macht. Ein weiterer Verjüngungseffekt macht sich an der Haut bemerkbar, da die Kollagendicke bei Männern, bei denen Testosteron substituiert wird, zunimmt und die Haut insgesamt elastischer und straffer wird.

Der nächste Anti-Aging-Effekt betrifft das Gehirn. Dort wird Testosteron durch das Enzym Aromatase vermehrt in das weibliche Hormon Östradiol umgewandelt. Man könnte dies als Nachteil ansehen, da ja eine Erhöhung des Testosteronspiegels erwünscht ist. Aber dieses im Gehirn gebildete Östrogen hat vermutlich eine weitere – allerdings noch nicht in klinischen Studien bewiesene – Wirkung: Es schützt das Gehirn des Mannes wirksam vor Alzheimer.

Auch am Knochengerüst zeigt Testosteron einen klassischen Anti-Aging-Effekt: Das Hormon fördert die vermehrte Ausschüttung des so genannten IGF 1, eines Botenstoffs des Wachstumshormons, und wirkt sich dadurch günstig auf Masse und Kalziumgehalt der Knochens aus. Aus diesem Grunde ist ein Mann mit Testosteronsubstitution mobiler und sportlicher als ein Mann mit niedrigem Testosteronspiegel. Diese gesteigerte Gesamtaktivität wirkt dem altersbedingten Abbau vieler Organe entgegen. Und *last but not least* erhöht eine Hormontherapie generell die Stressfähigkeit des Organismus.

Testosteronbehandlung: Diagnose und Therapie

Vor Beginn einer Behandlung mit männlichem Hormon muss der behandelnde Arzt selbstverständlich eine sorgfältige Diagnose beim Patienten durchführen (siehe Box auf Seite 200). Um mögliche Sekundärfolgen wie Prostataerkrankungen auszuschließen, sollte vor allem das dem Testosteron verwandte Hormon Dihydrotestosteron gemessen werden, das bei der Entstehung von Prostatakrebs eine wichtige Rolle spielt. Empfehlenswert ist auch die Abklärung, ob der Patient Risikogene für diese Form des Karzinoms besitzt; dies erfolgt über die regelmäßige Bestimmung des Prostatatumormarkers PSA. Für die Anamnese reicht eine Auswertung der empfohlenen Fragebögen, die zudem eine eindeutige Aussage bezüglich der Art des Hormonmangels gestattet.

Im Zusammenhang mit Testosteronersatztherapien wird immer wieder auf die Gefahr hingeweisen, dass es hierdurch zu Prostatakrebs kommen kann. Gegen dieses Argument kann man einwenden, dass sich die Prostatakrebsrate bei Menschen, denen aufgrund einer fehlenden Hirnanhangdrüse regelmäßig Testosteron gespritzt wurde, nicht erhöhte – somit stellt selbst ein sehr hoher Testosteronspiegel im Blut, wie er nach einer Injektion typischerweise vorkommt, kein Risiko dar. Andererseits gilt die Beteiligung eines erhöhten Dihydrotestosteronspiegels an der Entstehung von Prostatakarzinomen durchaus als erwiesen. Je stärker die Konzentration von Testosteron nachlässt (was auch beim Komplexen Androgenmangel der Fall ist), desto mehr Dihydrotestosteron (DHT) wird in der Vorsteherdrüse gebildet. Es ist also gerade umgekehrt, wie die Kritiker behaupten: Testosteronmangel fördert sogar die Tumorbereitschaft in der Prostata.

Zusätzlich zur absinkenden Testosteronkonzentration kann eine genetische Veränderung in der 5-Alpha-Reduktase auftreten, jenem Enzym, das Testosteron in DHT umwandelt. Diese Veränderung führt zu einer vermehrten DHT-Bildung. Vor einer Ersatztherapie mit Testosteron sollte also durch eine Genanalyse abgeklärt werden, ob der Patient diese erbliche Veranlagung besitzt, da die Testosterongabe sonst zu einem erhöhten DHT-Spiegel und somit tatsächlich zur Entstehung eines Prostatakarzinoms beitragen kann.

Das Ziel der Hormonersatztherapie besteht darin, den verminderten Testosteronspiegel bei entsprechender Indikation auf Blutwerte von sechs bis zehn Nanogramm pro Milliliter und somit in den Referenzbereich von 25- bis 30-jährigen Männern zu bringen – der Phase der optimalen hormonalen Gesundheit des Mannes. Der Patient erhält ein testosteronhaltiges Pflaster, das an einer beliebigen Körperstelle befestigt werden kann. Zur Zeit gibt es in Deutschland zwei handelsübliche Präparate in Pflasterform (Androderm und Testoderm) deren Gebrauch nicht alltagstauglich ist. Wir bevorzugen eine Testosteroncreme (3–7 %), die morgens aufgetragen wird – diskret und effektiv. 14 Tage nach Therapiebeginn erfolgt eine Kontrolle, um die Dosis der verwendeten Testosteroncreme einzustellen. Die Blutentnahme erfolgt mittags zwischen 12 und 14 Uhr. Sechs Wochen später gibt es eine zweite Kontrolluntersuchung; dabei wird neben Testosteron auch der Gehalt an DHT bestimmt und der Patient nach seinem Befinden befragt. Bei einem zu starken Anstieg des DHT-Spiegels wird die Einnahme von Sägepalm- oder Sabalfruchtextrakt (320 Milligramm) bzw. Finasterid (ein Milligramm) empfohlen, auch eine Behandlung mit Proscar ® ist möglich (nur 0,5 Milligramm). Dihydrotestosteron muss in diesem Fall erneut nach sechs Wochen kontrolliert werden.

Nach drei Monaten findet ein Gespräch mit dem Arzt statt, der die Therapie verordnet und begleitet hat. Anhand der beiden Fragebögen (siehe Box auf Seite 200) wird dann die Wirkung der Testosteronersatz-Behandlung (Substitution) neu bewertet. Gleichzeitig werden auch noch einmal Testosteron und Dihydrotestosteron gemessen, aber auch HDL, Cholesterin, Blutfette und PSA bestimmt. Später reicht eine Kontrolle alle sechs Monate aus.

Was kann man von einer Testosteronersatztherapie erwarten?

Aus den persönlichen Erfahrungen eines der Autoren, der mehrere hundert Männer bei dieser Therapie begleitet hat, liegt der nachhaltigste Effekt der Testosteronsubstitution in der Rückkehr der männlichen Grundstimmung. Lustlosigkeit, Depression, nachlassende Aktivität und Tatkraft sind oft wie weggeblasen. Ein positiver Einfluss des normalisierten Hormonspiegels auf die Sexualität ist noch immer nicht wissenschaftlich geklärt, im Einzelfall kommt es aber oft zu einer überraschenden Wirkung.

Fettabbau und Muskelaufbau sind übrigens nicht möglich, wenn der Testosteronspiegel morgens unter fünf Nanogramm/Milliliter liegt. Wichtig ist es auch zu wissen, dass ein Anheben des Testosteronspiegels in den oberen Normbereich nicht dazu führt, dass der Mann grundsätzlich aggressiver wird.

Die Substitution mit Testosteron wird jedoch als Anti-Aging-Maßnahme nur dann erfolgreich sein, wenn man auch die anderen drei Ebenen (Stressabbau, Ernährungsumstellung und Muskeltraining) umsetzt. Sonst wird es zu herben Enttäuschungen kommen.

Der Nutzen im Überblick

Da Testosteronmangel bei Männern, insbesondere jungen Männern, viel häufiger auftritt als bisher vermutet und die männliche Lebensqualität erheblich beeinträchtigt, kann sich eine Substitution mit diesem Androgen nur positiv auf Biographie, Körper und Befinden des Mannes auswirken. Zudem schützt sie ihn vor vor gutartiger Prostatavergrößerung und erhöht keinesfalls das Risiko für Prostatakrebs.

Wachstumshormonersatz – ein Jungbrunnen für den Mann?

Die Diagnostik von Störungen bei der Sekretion des Wachstumshormons gewinnt zunehmend an Bedeutung, weil man immer häufiger nach Mitteln und Wegen sucht, um den sinkenden Spiegel dieses Hormons ab dem 50. Lebensjahr zu kompensieren. Einzelheiten aus dem Steckbrief des Wachstumshormons zeigt die Box rechts.

Diagnose und Therapie

Zweifellos gibt es beim Erwachsenen eine so genannte Somatopause, denn das Wachstumshormon fällt mit dem Alter ab. Etwa zwischen dem 45. und 50. Lebensjahr kommt es zu folgenden Veränderungen: Im Laufe der Nacht fallen die Pulse des Wachtumshormons, und somit sinkt auch seine Ausschüttung, wobei sie sich jedes Jahr halbiert. Parallel dazu verkürzen sich die tiefen Schlafphasen, und auch die Konzentration von IGF 1, dem Vermittler des Wachstumshormons, fällt ab. Mit dem 50. Lebensjahr wird so gut wie kein Wachstumshormon mehr gebildet, während die IGF-1-Konzentration weiter abnimmt. Nur etwa 20 Prozent der 60-jährigen Männer weisen normale IGF-1-Werte auf. Über mögliche Zusammenhänge der genetischen Ausstattung dieser Altersgruppe in Bezug auf Schlafrhythmus, Beweglichkeit, Gehirnalterung und der Ausschüttung von Sexualhormonen weiß man heute noch relativ wenig.

Symptomatik eines Wachstumshormonmangels bei älteren Männern

An welchen Symptomen man einen Mangel an STH erkennen kann, lässt sich bereits bei Patienten ohne Hirnanhangdrüse, in deren Organismus also kein Wachstumshormon mehr hergestellt wird, nicht so einfach beantworten. Da das Hormon ein allgemeiner Stoffwechselregulator ist, findet man keine spezifischen gravierenden Ausfallerscheinungen (wie beispielsweise beim Ausfall des Kortisons aus der Nebenniere). Die Leitsymptome eines Mangels an STH zeigt die Box auf Seite 207.

Infolge von Muskelschwund und Abnahme der Körperflüssigkeit verliert der

Wanted: Wachstumshormon

Der Steckbrief dieses Hormons liest sich wie folgt: Wachstumshormon, auch als Somatotropes Hormon (STH) oder Human Growth Hormone (HGH) bekannt, ist ein Peptidhormon, das in der Hirnanhangdrüse (Hypophyse) gebildet wird. STH ist ein typisches Stoffwechselhormon, das in zahlreiche Stoffwechselprozesse eingreift; deshalb kann man ihm auch kein spezielles Zielorgan zuweisen. Seine wichtigste Aufgabe ist – wie der Name schon verrät – die Kontrolle des normalen Wachstums nach der Geburt. Aus diesem Grund drängt sich das Wachstumshormon als geeignete Anti-Aging-Substanz dem Andrologen förmlich auf.

IGF – das »Helferlein« der Zell-Zell-Kommuniktion

IGF 1 (= *insulin-like growth factor*) und IGF BP3 (= *insulin-like growth factor binding protein 3*) sind kleine Proteine (Peptide) im Serum, die als so genannte Wachstumsfaktoren für die Verständigung der Zellen untereinander sorgen. Diese »Mini-Boten-Proteine« regen unter anderem die Zellteilung an und teilen der Zelle mit, welche anderen Zellen, Hormone und anderen Wachstumsfaktoren sich in ihrer Nachbarschaft befinden oder auf welchem Untergrund sie sich gerade befindet.

Körper an Elastizität, auch der Grundumsatz des gesamten Organismus wird gedrosselt. Im Prinzip wäre eine verminderte Stoffwechselaktivität ja wünschenswert, da dies möglicherweise ein hohes Alter begünstigt; allerdings ist es ein Unterschied, ob der Grundumsatz infolge von Anti-Aging-Maßnahmen oder durch den Mangel an Wachstumshormon heruntergefahren wird. Denn in sämtlichen Studien, die sich mit dieser Thematik beschäftigen, liegt die Sterblichkeit von Patienten mit unzureichender Hormonsekretion der Hirnanhangdrüse doppelt so hoch wie bei anderen Menschen. Laboranalysen zeigen ferner, dass die Protein-Biosynthese bei diesen Patienten generell gedrosselt ist und auch ihre Blutfette sich verschlechtert haben: Der Anteil des günstigen Cholesterins (HDL) hat sich gegenüber dem des »schlechten« LDL verringert. Wenn dann außerdem ein Testosteronmangel besteht, wird dieser so genannte artherogene Effekt noch verstärkt, es besteht die Gefahr einer Arteriosklerose. Denn auch der schützende Effekt des Testosterons, das durch Bildung von NO die Gefäßwände geschmeidig hält, fehlt in diesem Fall.

Zur diagnostischen Abklärung der Somatopause misst man das Wachstumshormon im Blut mit Hilfe einer geeigneten Bestimmungsmethode; die Blutabnahme erfolgt frühmorgens. Bei dieser Untersuchung wird auch die Konzentration von IGF 1 und IGF BP3 gemessen.

Vorteile einer Therapie mit dem Wachstumshormon

Aus Studien zum Wachstumshormonersatz bei Menschen mit Erkrankungen der Hypophyse weiß man, dass durch die Behandlung Fettgewebe und LDL-Spiegel deutlich weniger werden bei gleichzeitiger Zunahme von Kraft, Muskel- und Knochenmasse, einer allgemeinen Leistungssteigerung sowie einer verbesserten Herz- und Nierenfunktion. Mittlerweile ist auch bekannt, dass STH-Mangel zu einer niedrigen Knochendichte und einer gehäuften Frakturrate führt (wie schon erwähnt, leiden mittlerweile fast genauso viele Männer wie Frauen an Osteoporose). Ein wichtiges Argument für eine STH-Substitution ist außerdem die Verbesserung des Schlafverhaltens und somit des allgemeinen Wohlbefindens.

Behandlung

Die korrekte Dosierung des Wachstumshormons ist nicht ganz einfach, da eine zu hohe Dosierung zu Nebenwirkungen wie Schwellungen im Bereich der Knöchel, Finger- und Fußgelenke sowie Muskel- und Gelenkschmerzen führen kann. Wenn die Dosis reduziert wird, verschwinden diese Beschwerden allerdings wieder.

Zu Therapiebeginn wird eine niedrige Einstiegsdosis von 0,1 bis 0,2 Milligramm Wachstumshormon pro Tag empfohlen; individuell verschieden kann sie nach Bestimmung des IGF-1-Spiegels höher gewählt werden, wobei der mittlere bis obere Normwertbereich des 30- bis 40-jährigen Mannes angepeilt wird. Bei einer maßgeschneiderten Anpassung der Dosis an den Patientenorganismus können Nebenwirkungen praktisch ausgeschlossen werden.

Hinweise auf einen Wachstumshormonmangel

- Altersatrophie der Haut (vermehrte Faltenbildung)
- Abmagern – oder auch:
- Anstieg des Körperfettanteils (insbesondere im Bauchbereich)
- Abnahme der Muskelmasse
- Antriebsarmut
- Austrocknen (Abnahme des Gesamtkörperwassers)
- Lustlosigkeit
- mangelnde körperliche Leistungsfähigkeit
- rasche Erschöpfung
- reduzierter Grundumsatz

Für und Wider von STH-Ersatztherapien

Klinisch abgesichert wird der Erfolg einer hormonellen Therapie der Alterungsvorgänge beim Mann mit STH durch vier fundierte internationale Studien. Besonders interessant erscheint dabei die Wiederherstellung eines jugendlichen Körper- und Hormonprofils, aber auch die Fettreduzierung bei gleichzeitigem Muskelaufbau im älteren Organismus durch die Kombinationswirkung von Testosteron und Wachstumshormon.

Das von Kritikern häufig angeführte Argument, Wachstumshormonersatz könne zur vermehrten Ausbildung von Tumoren (zum Beispiel Prostatakarzinom) führen, ist nicht haltbar.

In der so genannten KIMS-Studie wurden unter anderem die Ergebnisse von weltweit 6000 Therapien ausgewertet. Die Hormondosis entsprach in allen Fällen den Mengen des Wachstumshormons, die als Anti-Aging-Maßnahme bei älter werdenden Männern eingesetzt werden sollten. Fazit: In all diesen Fällen wurde kein vermehrtes Auftreten neuer Tumoren beobachtet.

Um eventuell trotzdem vorhandene Zweifel auszuräumen, wird jedem, der eine Ersatztherapie mit dem Wachstumshormon an sich durchführen lassen möchte, unbedingt eine Begleituntersuchung nach modernen wissenschaftlichen Gesichtspunkten empfohlen.

Einer der Autoren hat ein umfassendes Protokoll entwickelt, in dem erstmalig auch das biologische Alter berücksichtigt und mit Messdaten belegt wird. Auf diese Weise kann sich der Patient vor und während der Behandlung sicher fühlen, gleichzeitig wird sich dabei aber auch zeigen, ob eine Therapie für ihn überhaupt sinnvoll ist.

Unter der Voraussetzung, dass der Patient während einer Wachstumshormonbehandlung rundum medizinisch betreut und die Wirksamkeit der Maßnahmen in allen Phasen kontrolliert wird, stellt diese Methode eine durchaus sinnvolle Anti-Aging-Maßnahme dar.

Begleitende Sicherheitsmaßnahmen sind beispielsweise nicht nur Laboruntersuchungen, um Wirkung und Nebenwirkung des Wachstumshormons zu überprüfen, sondern auch zusätzliche Untersuchungen von Gehirn-, Gefäß- und Herz-Kreislauf-Funktion, Messungen der Muskel- und Knochendichte sowie die Bestimmung des biologischen Alters der Haut.

Schilddrüsenhormone

Die Hormone der Schilddrüse, nämlich das Thyroxin (T4) und das Trijodthyronin (T3), sind Stoffwechselhormone, die einen bedeutenden Einfluss auf Wärmehaushalt und Körpertemperatur ausüben. Die Schaltzentrale dieser Hormone liegt ebenfalls in der Hirnanhangdrüse (Hypophyse). Wie wir oben schon erfahren haben, wirken sich Alterungserscheinungen in diesem Bereich des Gehirns dramatisch auf die Funktion der hormonell abhängigen Zielorgane (Hoden, Nebennieren) aus. Warum sollte die Schilddrüse eine Ausnahme bilden?

Bekanntlich frieren ältere Männer oft, wofür ein altersbedingter Verschleiß der Schilddrüse mit Konsequenzen für die Regelung der Körpertemperatur eine durchaus sinnvolle Erklärung ergibt. Tatsächlich altert auch die Schilddrüse und bildet weniger Thyroxin (T4), das erst im Körper in Trijodthyronin (T3) umgebaut wird. T3 ist das eigentliche »Wärmehormon«, das die Mitochondrien, die Kraftwerke der Zellen, anregt, Wärme zu produzieren. Weniger T4 bedeutet also weniger T3 im Körper, zwangsläufig beginnt man zu frösteln. Als weitere Folgeerscheinungen einer alternden Schilddrüse treten Gewichtsprobleme, allgemeine Müdigkeit und erhöhte Cholesterinwerte auf.

Diagnose und Therapie

Die Diagnose wird auch in diesem Fall durch die Messprobleme erschwert. Die Schwankungsbreite der Normwerte ist so groß, dass beispielsweise ein Abfall des Thyroxins immer noch als normal durchgehen würde.

Die Erforschung der altersbedingten Hormonmangelerscheinungen muss noch viele Wissenslücken schließen. Vorerst weiß man, dass relativ häufig ein Hormonmangel besteht; welche Nutzen und Risiken eine mögliche Therapie beinhaltet, weiß man jedoch nicht. Eine Behandlung ins Blaue hinein ist daher sicherlich nicht nur unseriös, sondern birgt auch viele Gefahren. Vertrauen Sie sich also nicht irgendeinem Arzt an, der etwas von Hormonen verstehen will, sondern lassen Sie sich nur von einem Facharzt, einem so genannten Endokrinologen, beraten und behandeln.

Mögliche Symptome eines T4- oder T3-Mangels sind – als aussagekräftigste Kennzeichen – allgemeine Abgeschlagenheit und vermehrtes Schlafbedürfnis, ferner Frieren, trockene und alt wirkende Haut, erhöhte Cholesterinwerte sowie sich schleichend etwickelndes Übergewicht («pastöse« Form). Bei diesen Anzeichen sollte man T4, T3 sowie das Hypophysenhormon TSH (= *thyreoid stimulating hormone* oder Thyreotropin) bestimmen lassen. TSH bewirkt die Freisetzung von T3 und T4 aus der Schilddrüse, dabei unterliegt es selbst der Kontrolle eines anderen Hormons, des TRH (= *thyreotropine releasing hormone*), das aus dem Zwischenhirn (Hypothalamus) stammt. Da TRH die Ausschüttung von TSH aus der Hypophyse anregt, findet man nach Verabreichung dieses Zwischenhirn-Steuerhormons messbare Mengen an TSH im Blut. Wenn T4 und T3 im unteren Normbereich liegen und TSH überschießend ansteigt (>20 U/ml), so liegt ein latentes Schilddrüsenversagen vor. Falls der TSH-Anstieg unter 2 U/ml liegt, dann ist die Steuerungsfähigkeit durch die Hirnanhangdrüse altersbedingt eingeschränkt. Die empfohlene Behandlung besteht aus 1/2 Tablette Prothyrid® (ein Schilddrüsenhormon-Kombipräparat mit thyroxin- und thyroninähnlichen Wirkstoffen) morgens vor dem Frühstück, drei Monate lang. Die Einnahme darf niemals eigenmächtig erfolgen und muss stets mit dem Arzt abgeklärt werden.

»Schlafhormon« Melatonin

In den letzten Jahren taucht in den Medien immer wieder das Schlagwort von der »Wunderdroge Melatonin« auf, der viele Heilsapostel nahezu magische Eigenschaften attestieren. Doch was verbirgt sich tatsächlich hinter dieser Substanz, die als Schlafhormon den Tagesrhythmus des Menschen bestimmt?

Das Indolamin Melatonin wird in der Zirbeldrüse (auch Pinealorgan oder Epiphyse genannt) im Dach des Zwischenhirns gebildet und entsteht über das Hormon Serotonin aus der Aminosäure Tryptophan. Die Ausschüttung des Hormons geschieht zyklisch im 24-Stunden-Rhythmus, und zwar meist nur während der Dunkelheit; tagsüber wird kaum Melatonin synthetisiert. Die Sekretion hängt zudem stark von der Lichtintensität, also der Sonneneinstrahlung und der Tageslichtdauer, ab, sodass sich neben einem Tages- auch ein Jahresrhythmus ergibt: Im Winter wird mehr Melatonin gebildet als im Sommer.

Wirkungen von Melatonin

Im Laufe eines Lebens verändern sich beim Menschen die Konzentrationen, in denen Melatonin freigesetzt wird. Während das Serum von Säuglingen bis zum dritten Lebensmonat kaum Melatonin enthält, steigt ab dann die Konzentration drastisch an. Vom 1. bis 3. Lebensjahr bildet der Mensch am meisten Melatonin, in den folgenden Jahren geht die nächtliche Melatoninbildung immer weiter zurück: Bei jüngeren Menschen steigt Melatonin nachts etwa auf das Zwölffache an, bei älteren nur noch auf das Dreifache. Möglicherweise ist dies der Grund, warum ältere Menschen so oft unter Schlafstörungen leiden.

Melatonin fördert in erster Linie den Schlaf und verkürzt die Einschlafphase, wirkt aber auch bei veränderten Schlaf-Wach-Rhythmen wie beispielsweise beim *Jet Lag* oder bei manchen Krankheiten. Dabei wirkt das Hormon jedoch nicht direkt als Schlafmittel, sondern als Auslöser; als Medikament verabreicht, verkürzt es die frühen Schlafphasen und verlängert den REM-Schlaf (also die Tiefschlaf-Phase).

Aus diesem Grunde stellen Pharmafirmen in den USA oft Kombipräparate aus Melatonin mit einem Schlaf- oder Beruhigungsmittel her (etwa Diazepam, auch als Valium® bekannt).

Auch als Anti-Aging-Substanz ist Melatonin vermutlich wirksam, denn es gilt als ein noch effektiverer Fänger von freien Radikalen als beispielsweise Glutathion oder Vitamin E; diese Schutzwirkung entfaltet sich allerdings erst bei einer sehr hohen Blutkonzentration. Me-

Melatonin als Radikalenfänger

Dass das Hormon Melatonin nicht nur den Schlafrhythmus des Menschen bestimmt, sondern auch freie Radikale abfängt, ist erst seit kurzer Zeit bekannt. Natürliches Melatonin schützt insbesondere die Gehirnzellen, die überwiegend aus sehr radikalanfälligen Fettsäuren bestehen, vor oxidativem Stress – leider kann die Zufuhr von Melatonin in Tablettenform dies noch nicht befriedigend leisten.

Melatonin in der Nahrung

Manche Obst- und Gemüsesorten (unter anderem Banane, Kiwi, Gurke, Möhre, Radieschen und Tomate) enthalten besonders viel Melatonin. Damit dieses jedoch als Schlafmittel wirkt, müsste man täglich riesige Mengen verzehren: Um eine durchschnittliche nächtliche Melatoninkonzentration zu erzielen, wäre es etwa erforderlich, am Tag zehn Kilogramm Tomaten oder eine Tonne Gurken zu »verspachteln«.

latonin soll unter anderem auch die Entstehung von grauem Star blockieren und wird als mögliche Schutzsubstanz gegen Alzheimer diskutiert; Beweise hierfür gibt es aber noch nicht.

Nach einer weiteren Hypothese stimuliert Melatonin die Körperabwehr, da Teile des Immunsystems (T-Helfer-Zellen, Lymphozyten) unter seinem Einfluss eine stärkere Wirkung entfalten. Da unter Stress – der ja bekanntlich die Immunabwehr schwächt – mehr Melatonin im Körper freigesetzt wird, könnte das Hormon diese schädigende Stresswirkung wieder ausgleichen.

Darüber hinaus hemmt Melatonin angeblich auch das Krebswachstum – wegen seiner Eigenschaften als Radikalenfänger und Immunstimulans. Allerdings konnte bisher niemand nachweisen, dass von außen zugeführtes Melatonin die Wahrscheinlichkeit für das Überleben von Krebspatienten erhöht.

Ursachen für Melatoninmangel

Hauptursache für einen Mangel an Melatonin ist eine ungenügende Lichtexposition. Hiervon sind beispielsweise Skandinavier (die im Winter kaum Tageslicht abbekommen) genauso betroffen wie Bergleute, das Bordpersonal von Transatlantikflügen sowie alte Männer, die nicht mehr vor die Türe gehen. Der Mangel führt zu Schlaflosigkeit und einer Störung des Tag-Nacht-Rhythmus. Weil heute immer mehr Männer in ungenügend natürlich beleuchteten Räumen arbeiten und leben, schlafen sie schlecht. Hier kann Melatoninersatz echte Hilfe leisten, denn gesunder Schlaf fördert gesundes Leben und ist ein klassischer Anti-Aging-Faktor.

Melatoninsubstitution: Pro und Contra

Die vielfach angepriesenen Wundereigenschaften des Schlafhormons haben sich beim Menschen bisher noch nicht beweisen lassen. So wirkt Melatonin angeblich lebensverlängernd, da es freie Radikale abfängt und dadurch die Zelle schützt. Allerdings entfaltet Melatonin seine schützende Wirkung nur in großen Mengen – und diese könnten sich bei eventueller Substitution nachteilig auf den Organismus auswirken, beispielsweise den Tag-Nacht-Rhythmus stören oder die Sexualität beeinflussen (Melatonin wirkt bei Frauen empfängnisverhütend).

Weiterhin fällt die Melatoninproduktion nicht bei allen Männern im Alter ab, und daher stellt sich auch hier – wie schon bei den anderen Hormonen – das Problem der Messquantifizierung: Wie hoch sind die Normwerte und ab wann besteht ein Mangel? Ein weiteres Dilemma ist die Darreichungsform von Melatonin. Die handelsüblichen Tabletten, die drei Milligramm von dem Hormon enthalten, bewirken einen kurzfristigen Anstieg (*Peak*) mit entsprechend kurzer hormoneller Wirkung. Als Mittel zum Einschlafen kann man sie durchaus einnehmen.

Derzeit entwickelt man Tabletten mit Retard-Wirkung (die ihren Wirkstoff nur langsam freisetzen – *slow release*). Die zur Zeit frei verkäuflichen Mittel mit *slow-release*-Wirkung – beziehbar über das Internet – sind nicht ausreichend geprüft worden, daher wird dringend vom Gebrauch dieser Pillen abgeraten.

Wissenswertes über DHEA

Das Steroidhormon DHEA oder Dihydroepiandrosteron ist ursprünglich kein Produkt der Pharmaindustrie, wie man angesichts der Werbung in den US-Medien vielleicht vermuten mag, sondern ein natürliches Androgen, das in der Nebennierenrinde gebildet wird. Im Körper dient es als Vorstufe zur Bildung von Östrogenen, zum Beispiel Östradiol. Hormonell wirkt es als Antagonist zu Cortisol, dessen Stresswirkung von DHEA »ausgebremst« wird.

DHEA – die Wunderdroge?

Wieder einmal gelang es einem weiteren Hormon, in den USA als Anti-Aging-Substanz gefeiert zu werden – Dihydroepiandrosteron, abgekürzt und bekannter als DHEA. In Amerika ist DHEA frei verkäuflich und von der FDA, der obersten US-Gesundheitsbehörde (die so kritische Maßstäbe anlegt, dass diese in Deutschland als Richtwerte in der Arzneimittelforschung übernommen werden) als Nahrungsergänzung zugelassen – ähnlich wie Vitamin- oder Mineralstoffpräparate. In Deutschland wird es als Medikament eingestuft und muss daher eine Arneimittelprüfung durchlaufen. Abgesehen von individuell verschriebenen Rezepturen kann man DHEA dank des globalen Marktes – sprich Handel per Internet – aber auch bei uns bekommen. Aufgrund des halboffiziellen Status In Deutschland besteht hier eine gewisse Informationslücke über DHEA.

DHEA-Therapie: Pro und Contra

DHEA soll die Produktion von Stresshormonen drosseln, die Leistung der Mitochondrien erhöhen, das Gedächtnis verbessern, vor Krebs und Herzgefäßkrankheiten schützen und die Körperabwehr fördern. Wie zu erwarten, kommt es auch zu einer altersbedingten Absenkung der Konzentration von DHEA. Mit 20 Jahren werden die höchsten DHEA-Spiegel gemessen, im Alter von 80 Jahren sind es nur noch 20 Prozent dieser Werte. Anstelle von DHEA bildet die Nebenniere alter Menschen nun vermehrt Cortisol, das so genannte Stresshormon. Ist Altern demnach Stress ohne Gegenwehr?

Die Frage ist, ob sich DHEA als Anti-Aging-Substanz eignet. Über den schützenden Einfluss dieses Hormons auf Gehirn, Gedächtnis und Denkvorgänge gibt es kontroverse, tendenziell eher schwammige Ansichten. In Bezug auf Herz- und Gefäßkrankheiten zeigt sich aber zweifelsfrei, dass ein niedriger DHEA-Spiegel auf ein erhöhtes Herzinfarktrisiko hinweist. (Die Schutzwirkung von DHEA besteht darin, dass es die Zerstörung von Lipiden – Fettsäuren – durch Sauerstoffradikale verhindert.) In diesem Fall sollte eine Substitution dieses Hormons in einer Dosierung von 25 bis 50 Milligramm durchgeführt werden.

Mangelndes Östrogen spielt bei Männern ebenfalls eine große Rolle; als Symptome eines Östrogenmangels treten Beschwerden wie Depressionen, nächtliches Schwitzen, Schlafstörungen und geringere Knochendichte auf. Um den Östrogenspiegel beim Mann zu erhöhen, wird ebenfalls DHEA substituiert, das im Körper in Östrogen umgebaut wird. Beschwerden, die bei Männern mit einer DHEA-Konzentration unter 500 Pikogramm/Milliliter auftraten, konnten durch die abendliche Gabe von 25 bis 50 Milligramm DHEA verbessert werden.

Alternativ ist auch eine Behandlung mit pflanzlichen Östrogenen möglich (siehe Kasten).

Pflanzliche Östrogene

Isoflavone sind pflanzliche Inhaltsstoffe – zum Beispiel in Sojabohnen –, die aufgrund ihrer ähnlichen Struktur im Körper wie normale Östrogene wirken. Darüber hinaus senken Isoflavone Cholesterin und Triglyceride im Blut und schützen so vor Herzkrankheiten.

Der häufige Verzehr von Soja und Sojaprodukten, wie beispielsweise Tofu, senkt bei Japanern nachweislich das Risiko von Prostatakrebs. Grund ist der erhöhte Anteil des Isoflavons Genistein in der Sojabohne, das ähnlich wie das in der Tomate vorkommende Lycopen ein natürliches Antikrebsmittel darstellt.

Die Isoflavone in Sojabohnen und Sojaprodukten wie Tofu schützen vor Herzkrankheiten und Krebs

13

Ist Vorbeugung gegen Alzheimer möglich?

Morbus Alzheimer – der Schrecken der älter werdenden Menschen. Das Risiko, daran zu erkranken, steigt im Alter exponentiell an. Über die Ursachen dieser Erkrankung des Gehirns, bei der langsam, aber stetig ganze Hirnareale zerstört werden, ist bisher wenig bekannt. Die persönlichen Risikofaktoren lassen sich allerdings relativ genau ermitteln. Es gibt eine gewisse erbliche Disposition. Eine wichtige Rolle spielen die den Alterungsprozess kontrollierenden Gerontogene. Sie lassen sich nachweislich positiv beeinflussen, um das Gehirn zu schützen: durch richtige Ernährung und körperliche Bewegung, durch Stressmanagement und vielfältige geistige Aktivität bis ins hohe Alter.

Interview

Das folgende Interview führte Prof. Rolf-Dieter Hesch mit Prof. Dr. Dr. h.c. Konrad Beyreuther vom Zentrum für Molekulare Biologie der Universität Heidelberg. Prof. Beyreuther ist eine der anerkannten europäischen Größen auf dem Gebiet der Alzheimer-Forschung und Staatsrat für Lebens- und Gesundheitsschutz in Baden-Württemberg. Er berät die Landesregierung auch in Sachen BSE.

Hesch: *Herr Beyreuther, können Sie uns bitte erläutern, welche heute bekannten Faktoren die Alzheimer-Krankheit auslösen, speziell im Hinblick darauf, wie man sie möglicherweise verhindern kann. Wie viele dieser Faktoren liegen in unserem Erbe begründet und wie viele sammeln wir Laufe unseres Lebens an?*

Beyreuther: Die Alzheimer-Krankheit kann jeden ereilen, sofern er das dafür erforderliche Alter erreicht. Bei einer Untersuchung von 100-Jährigen wiesen alle neun Untersuchten Zeichen von Demenz auf. Was die Ursachen der Alzheimer-Krankheit anbelangt, so sind sie, da es sich um eine komplexe Erkrankung handelt, multifaktorieller Natur. Zum einen haben wir die autosomal dominant vererbte familiäre Form der Alzheimer-Krankheit mit Mutationen in drei verschiedenen Genen. Weiterhin spielen Risikogene und Umweltfaktoren, die auf diese auch als Prädispositionsgene bezeichneten Erbfaktoren wirken, eine große Rolle.

Hesch: *Bei welche Menschen besteht ein besonderes Risiko für diese Krankheit und wie kann man dieses erkennen? Gibt es Verfahren, mit deren Hilfe man sein persönliches Risiko ermitteln kann?*

Beyreuther: Hauptrisiko ist das Alter. Für Demenz – 70 Prozent aller Demenzen sind vom Alzheimer-Typ – steigt die Häufigkeit oberhalb des 65. Lebensjahrs exponentiell von einem Prozent auf 15 Prozent (im Alter von 85 Jahren) an. Betrachten wir die Menschen über 95 Jahre, so liegt deren Risiko bei 40 Prozent. Zur Abschätzung des persönlichen Risikos ist es hilfreich, die Krankengeschichte der Eltern, Großeltern und Verwandten ersten Grades heranzuziehen. Gibt es bereits Erkrankte in der Familie? Wann zeigten sich bei den Verwandten die ersten Symptome, vor dem 60. Lebensjahr oder danach? Wenn die erste Frage bejaht wird, könnte es sich um die erwähnte präsenile familiäre Form der Krankheit handeln. Es sollte aber keine Gendiagnose erfolgen, solange keine wirksame Therapie etabliert ist. Mit Vorsorgemaßnahmen sollte jedoch so früh wie nötig, das heißt etwa 30 Jahre vor dem Alter, in dem bei den Verwandten die Krankheit ausbrach, begonnen werden. Bei 99 Prozent der Patienten beginnen die Symptome nach dem 60. Lebensjahr. Gibt es in der Familie Hypercholesterinämie im Zusammenhang mit dem Gen ApoEe4, so besteht ein in dem erwähnten Maße erhöhtes persönliches Risiko gegenüber dem Nicht-ApoEe4-Genotyp. Frauen haben ein etwa 1,7fach erhöhtes Risiko gegenüber Männern, an Alzheimer zu erkranken. Dies gilt jedoch nicht für Frauen mit Hormonersatztherapie nach den Wechseljahren. Eine vergleichbare Untersuchung von Männern mit reduzierten Testosteronwerten gibt es noch nicht. Für diese sollte jedoch das Gleiche gelten wie für Frauen nach den Wechseljahren. Demnach würde eine Hormonsubstitution bei diesen Männern vermutlich ebenfalls vorbeugend wirken.

Hesch: *Können Sie einen Lebensstil beschreiben, also eine besondere Art, persönlich den Alltag zu gestalten, der geeignet ist, die Krankheit hinauszuzögern?*

Beyreuther: Eine generelle Empfehlung sähe etwa so aus: Ausgewogene Ernährung und optimiertes Stressmanagement unter Beachtung des Wissens, das heute über die so genannten Gerontogene existiert. Gerontogene kontrollieren das Altern, das heißt den Übergang vom gesunden und fitten Menschen zum alternden Menschen, dessen Risiko zu erkranken und für Verletzungen drastisch angestiegen ist. Es gibt zwei Gruppen von Gerontogenen, deren Wirkung durch Ernährung beeinflusst werden kann. Die erste Gruppe repräsentieren solche Gerontogene, die aggressive Sauerstoffmoleküle (Radikale) neutralisieren können. Deren Wirkung wird durch Antioxidanzien verstärkt, zu denen die Vitamine E und C gehören, aber auch bestimmte Inhaltsstoffe von Tomaten, Rotwein, grünem Tee, den meisten Hülsenfrüchten, Gemüse und Obst, vor allem Äpfel. Die zweite Gruppe von Gerontogenen kontrolliert den Blutzucker (Glukose). Es handelt sich teils um Gene, die ähnlich wirken wie das Insulin, teils um solche, welche die Insulinsignale im Körper weiterleiten. Die Wirkung dieser Gene, die den Blutzuckerspiegel optimieren, wird durch eine angemessene Ernährung unterstützt. Eine besondere Position nehmen dabei Glukose und Stärke in der Nahrung ein. Wer zu viel Zucker (Glukose) und Stärke (hohe Konzentrationen zum Beispiel in Nudeln und Weißbrot) zu sich nimmt, arbeitet gegen diese Gerontogene. Der *Body Mass Index* ist hier ein guter Indikator einer optimal eingestellten Glukose/Stärke-Diät. Eine dritte Gruppe von Gerontogenen kontrolliert entscheidend, welche Zellen überleben oder untergehen werden.

Risiko Alzheimer

Wie wir aus dem Interview mit Prof. Beyreuther erfahren haben, gibt es auch bei einer so furchtbaren Krankheit wie Morbus Alzheimer die Möglichkeit, durch vorbeugende Genpflege in den Erkrankungsverlauf einzugreifen beziehungsweise den Ausbruch zu verhindern.

Was ist eigentlich Alzheimer?

Obwohl der Begriff in aller Munde ist, weiß der Laie im Allgemeinen nicht genau, was sich dahinter tatsächlich verbirgt. Die Alzheimer-Krankheit ist eine chronische, nicht ansteckende Erkrankung des Gehirns, bei der langsam, aber im zunehmenden Maße Nervenzellen und Hirnareale zerstört werden. Man kann Morbus Alzheimer als unaufhaltsames Versagen des Gehirns bezeichnen. Die Ursachen dafür kennt man noch nicht genau, höchstwahrscheinlich sind sie genetischer Natur.

Zwar werden im Gehirn keine unmittelbar lebensnotwendigen Bereiche betroffen, die Krankheit befällt jedoch vornehmlich jene Hirnareale, die für die geistigen Fähigkeiten des Menschen verantwortlich sind. Dadurch kommt es zu immer häufiger auftretenden Ausfällen und Störungen von Gedächtnis, Erkennen und Orientierung. In ihrer Gesamtheit bezeichnet der Mediziner diese Störungen auch als Demenz. In Deutschland leidet etwa eine Million Menschen – fast 75 Prozent davon Frauen – an einer Demenzerkrankung. Morbus Alzheimer ist mit die häufigste Form einer Demenz. Da die Ursachen dieser Krankheit noch nicht schlüssig geklärt sind, kann man auch keine an der Wurzel des Übels ansetzenden Behandlungen durchführen, wohl aber wirksame Vorsorgemaßnahmen treffen (siehe unten).

Am Anfang treten Gedächtnislücken auf, und die geistigen Fähigkeiten nehmen ab. Nach und nach machen sich diese geistigen Schwächen im Alltag bemerkbar: Die Erkrankten sind zunehmend hilflos, ihre Leistungsfähigkeit ist vermindert, und auch ihre zwischenmenschlichen Beziehungen sind betroffen (so werden Kinder und Ehepartner manchmal nicht mehr erkannt).

Untersuchung und Therapiemöglichkeiten

Bei der Untersuchung von Alzheimer-Patienten geht der behandelnde Arzt (etwa der Hausarzt) vor allem nach einer so genannten Ausschlussdiagnostik vor. Erschwerend ist, dass manche Symptome auch auf eine Depression oder möglicherweise auf eine frühe Phase der Creutzfeld-Jacob-Krankheit verweisen können. Ein Beispiel, wie eine solche Ausschlussdiagnose erfolgen kann, zeigt der auf Seite 220/221 abgedruckte TFDD-Fragebogen (TFDD =

Test zur Früherkennung von Demenzen mit Depressionsabgrenzung). Dieser Test wurde speziell zur Früherkennung von Alzheimer entwickelt – er sollte möglichst kurz und aussagekräftig sein und sich zudem rasch auswerten lassen. Diesen Anforderungen wird der TFDD-Test durchaus gerecht: So berücksichtigt er Kriterien wie unmittelbare Wiedergabe von Begriffen, zeitliche Orientierung, Wortflüssigkeit und verzögerte Wiedergabe von Begriffen, die sich der Teilnehmer bei Testbeginn einprägen sollte. Auf diese Weise werden Kurzzeit- und Langzeitgedächtnis analysiert. Zwei Zusatzfragen helfen dem Interviewer zu klären, ob die Testperson depressiv ist.

Die Behandlung der Alzheimer-Krankheit hat sich in den letzten Jahren im Bereich der medikamentösen Therapie verbessert. Hier wurden einerseits Verbesserungen bei den Arzneimitteln erzielt, welche die geistigen Fähigkeiten steigern und stabilisieren, aber auch die Bewältigung des Alltags erleichtern. Fortschritte gab es auch bei den Medikamenten gegen Begleitsymptome wie Angst, Depression oder Unruhe.

Wie kann man das alternde Gehirn schützen?

Lebenserwartung und Lebensqualität eines Menschen werden drastisch eingeschränkt, wenn bestimmte Teile des Gehirns ausfallen oder nur noch teilweise funktionieren. Der Verlust von Nervenverbindungen und Nervenzellen ist das dramatischste Merkmal, an dem man den Alterungsprozess unseres Gehirns, den Verfall von Körper und Geist, feststellen kann.

Schutzgene im Alter

Wie schon im Interview mit Prof. Beyreuther erwähnt, wird der Übergang vom gesunden zum alternden Menschen von so genannten Gerontogenen kontrolliert. Die genaue Identifizierung dieser Gene stellt eine große Herausforderung für die Wissenschaft dar.

Für das Altern an sich gibt es derzeit keine Messgröße. Messbar ist allerdings die durchschnittliche Lebenserwartung einer Art und die Beeinflussbarkeit derselben durch bestimmte Gene. Hierzu wurden Genexperimente an Tierarten mit einer kurzen Lebenserwartung durchgeführt – so an der Taufliege *Drosophila melanogaster* (mit 80 Tagen Lebenserwartung), dem Fadenwurm *Caenorhabditis elegans* (21 Tage Lebenserwartung) oder der Hausmaus *(Mus musculus)*, die eine Lebenserwartung von 850 Tagen besitzt. Die Ergebnisse beweisen, dass es drei verschiedene Gengruppen gibt, die offensichtlich lebensverlängernd wirken und allesamt von außen gesteuert werden können.

Gene, die direkt oxidativen Stress reduzieren (SOD, Katalase)
Im Experiment erhöhten zusätzliche Kopien dieser Gene die Lebenserwartung bei der Taufliege *Drosophila* um das 1,5-fache auf 120 Tage. Werden diese Gene inaktiviert, so verkürzt sich beispielsweise die Lebenserwartung des Nematoden *Caenorhabditis elegans* drastisch. Antioxidanzien wie Selen und die Vitamine C und E förderten die Wirkung dieser Schutzgene. Um dies zu erreichen, empfehlen Fachleute die in der Box unten angegebene jeweilige Tagesdosis dieser Antioxidanzien.

Gene, die den Energieverbrauch regulieren (vom Insulin regulierte Gene)
Auch hier halfen Tierexperimente, erste Erkenntnisse zu finden: Wenn man den Energieverbrauch des Nematoden *C. elegans* drosselte, wurden seine Alterungsgene ausgeschaltet – und seine Lebenserwartung verdoppelte sich.

Eine Reduktion der Kalorienaufnahme um 30 bis 40 Prozent wirkte nicht allein bei diesem Fadenwurm lebensverlängernd. Durch die kalorische Restriktion erhöhte sich auch die Lebensspanne bei der Bäckerhefe *Saccharomyces cerevisiae*, bei der Taufliege *Drosophila melanogaster* sowie bei fast allen Mäuse- und Rattenstämmen.

Die typischen Folgen einer solchen Kalorienreduktion, wie erniedrigter Blutzucker- und Insulinspiegel, erhöhte Insulinempfindlichkeit sowie erniedrigte Körpertemperatur, kann man auch bei Primaten feststellen, also bei höher entwickelten Tierarten, die eng mit dem Menschen verwandt sind, wie bei-

Tägliche Dosis von Antioxidanzien zur Alzheimer-Prophylaxe

Vitamin C	500–1000 Milligramm
Vitamin E	400 Milligramm
Selen	0,1 Milligramm

Die Gesundheit seines Gehirns bis ins hohe Alter kann jeder Mann durch seine Lebensweise beeinflussen.

TFDD – Test zur Früherkennung von Demenzen mit Depressionsabgrenzung

Unmittelbare Reproduktion

1. Lesen Sie sich bitte jedes Wort laut vor und prägen Sie es sich gut ein!

❍ Verkäufer ❍ Komet ❍ Nachricht ❍ Spiegel
❍ Märchen ❍ Dampf ❍ Abenteuer

Erreichte Punktzahl (max. 7)

Zeitliche Orientierung

2. Welches Datum ist heute?

Tag Monat Jahr

Erreichte Punktzahl (max. 3)

3. Welche Jahreszeiten gibt es?

❍ Frühling ❍ Sommer ❍ Herbst ❍ Winter

Erreichte Punktzahl (max. 4)

4. Welche Jahreszeit haben wir jetzt?

Toleranz ± 14 Tage ❍ falsch ❍ richtig

Erreichte Punktzahl (max. 1)

5. Welche Monate gehören zu dieser Jahreszeit?

Frühling	**Sommer**	**Herbst**	**Winter**
❍ März	❍ Juni	❍ September	❍ Dezember
❍ April	❍ Juli	❍ Oktober	❍ Januar
❍ Mai	❍ August	❍ November	❍ Februar
❍ Juni	❍ September	❍ Dezember	❍ März

Erreichte Punktzahl (max. 4)

Anweisungen befolgen

6. Greifen Sie sich erst mit der linken Hand an das rechte Ohr, ❍
dann mit der rechten Hand an das linke Ohr und ❍
klatschen Sie danach in die Hände! ❍
Vollständig richtige Reihenfolge der Durchführung ❍

Erreichte Punktzahl (max. 4)

Konstruktive Praxis

7. Bitte zeichnen Sie das Zifferblatt einer Uhr mit allen Zahlen und stellen Sie die Zeiger auf 11.10 Uhr ein! (Auswertung nach Schema Sunderland → Anlage).

Verzögerte Reproduktion

8. Vorhin haben Sie Wörter gelesen, die Sie sich einprägen sollten.
An welche dieser Wörter können Sie sich noch erinnern?

❍ Verkäufer ❍ Komet ❍ Nachricht ❍ Spiegel
❍ Märchen ❍ Dampf ❍ Abenteuer

Erreichte Punktzahl (max. 7)

Wortflüssigkeit

9. Für die nächste Aufgabe haben Sie eine Minute Zeit. Bitte nennen Sie mir so viele Tiere, wie Sie können.

Erreichte Punktzahl (max. 10)

Erreichte Punktzahl Teil 1, Demenzscore:

Fremdbeurteilung Depression

10. wirkt: ausgeglichen schwer depressiv

0 1 2 3 4 5 6 7 8 9 10

Selbstbeurteilung Depression

11. gibt an: ausgeglichen … schwer depressiv …

0 1 2 3 4 5 6 7 8 9 10

… zu sein

Erreichte Punktzahl Teil 2, Demenzscore:

Angaben zur Person

Name

Alter Jahre

Datum

spielsweise Rhesusaffen. Als Fazit bleibt die Erkenntnis, dass Langlebigkeit und Stoffwechsel (insbesondere die Reaktion bei Kalorienreduktion) von den Nematoden bis zu den Säugetieren offenbar – über einen Steuerungsprozess, der dem des Insulins ähnlich ist – aneinander gekoppelt sind.

Der optimale Energieverbrauch lässt sich über den Körper-Massen-Index (BMI, siehe Box) ermitteln.

Clock-Gene – Gene, welche die biologische Uhr kontrollieren

Bei *Caenorhabditis elegans* wird die Lebenserwartung noch durch eine weitere Gengruppe beeinflusst – die so genannten Clock-Gene. Werden diese experimentell abgeschaltet, leben diese Würmer nicht etwa – wie gewöhnlich – drei Wochen, sondern 30 Wochen! Ihre Lebenserwartung steigt also um das Zehnfache. *Clock*-Gene beeinflussen auch das angeborene Anti-Stress-Programm, das zu einer verlängerten Lebensspanne führt. Dieser Prozess findet sich bei zahlreichen verschiedenen Organismen.

Der Körper-Massen-Index

- Das Maß für Normal- beziehungsweise Übergewicht ist der Körper-Massen-Index (Body Mass Index, BMI). Er wird berechnet, indem man das Gewicht (in Kilogramm) durch das Quadrat der Größe (in Metern) teilt.
- **Untergewicht:** BMI zwischen 10 und 18,5
- **Normalgewicht:** BMI zwischen 18,5 und 25
- **Übergewicht** (leichte Adipositas): BMI zwischen 25 und 30
- **Fettleibigkeit** (Adipositas): BMI von mehr als 30
- **Starke Fettleibigkeit** (schwere Adipositas): BMI zwischen 40 und 60

Die Bedeutung der Gerontogene für die menschliche Lebenserwartung

Welchen Einfluss haben die drei genannten Gengruppen aber letztendlich auf die Lebensspanne des Menschen, insbesondere auf jene Phase, in der man normalerweise im Vollbesitz seiner geistigen und körperlichen Kräfte ist? (Dieser Lebensabschnitt beträgt für Menschen in der westlichen Welt zur Zeit zwischen 50 und 55 Jahren und wird in der angelsächsischen Fachliteratur als so genannte *Health Expectancy* bezeichnet; diese ist etwa 25 bis 30 Jahre kürzer als die *Life Expectancy*, die Gesamtlebenserwartung.)

Optimistische Schätzungen setzen den Einfluss der Gerontogene bei etwa 25 Prozent an. Diese Gene lassen sich zwar nur schwer durch die Ernährungsweise beeinflussen, allerdings kann man sowohl durch Medikamente als auch durch eine bestimmte Lebensführung (siehe Kapitel *Stress und Stressabbau*, Seite 122) auf sie einwirken.

Vorbeugende Manipulation durch Umwelteinflüsse

Wie beispielsweise aus Untersuchungen an eineiigen Zwillingen hervorgeht, bestimmen Umwelteinflüsse und Verhalten etwa 75 Prozent des Alterungsprozesses. Nachweislich können sich bestimmte Umwelteinflüsse auf die Genexpression – also die Umsetzung der genetischen Information in Proteine – auswirken. Hierzu zählt beispielsweise eine Stimulierung der Nervenzellen durch Aufgeschlossenheit und rege geistige Tätigkeit, aber auch durch körperliche Betätigung. Zudem spielen vermutlich die aufgenommene Kalorienmenge und das Körpergewicht eine Rolle.

Maßnahmen für Gesunde zur Minderung des Alzheimer-Risikos

Laut Prof. Beyreuther sind die folgenden Punkte ein guter Anfang zur Prophylaxe von Demenzerkrankungen:

- Einnahme von Antioxidanzien, wie Vitamin E in Kombination mit Vitamin C
- Einnahme von Entzündungshemmern wie beispielsweise Aspirin
- eine ausgewogene Diät mit einem niedrigen, aber individuell optimierten Glukose- und Stärkegehalt
- ein hoher Nahrungsanteil an Gemüse und Obst
- eine optimierte Cholesterindiät und Eiweißernährung
- mindestens 20 Minuten Sport am Tag (beispielsweise schnelles Gehen)
- geistige Aktivität (zum Beispiel viel Sprechen im Dialog)

Kommunikationsfähigkeit, gute soziale Kontakte und intensiver geistiger Austausch sind wichtige Bausteine der *Brain Fitness.*

Beherzigen Sie folgende Grundregeln für sinnvolles Anti-Aging

- Seien Sie aufgeschlossen und geistig wie körperlich rege.
- Nehmen Sie Antioxidanzien (Radikalenfänger) wie Vitamin C, Vitamin E und den Mineralstoff Selen ein, um die Lipide in Ihren Gehirnzellen zu stärken und vor schädlichen freien Radikalen zu schützen. (Die empfohlenen Tagesmengen finden Sie in dem Kasten auf Seite 219.)
- Kontrollieren Sie Ihren Energieverbrauch mit Hilfe des *Body Mass Index* (BMI, siehe Kasten auf Seite 222).
- Vermeiden Sie Stress jeglicher Art, soweit dies möglich ist, und eignen Sie sich Methoden an, wie Sie ihn besser bewältigen können.

Fragebogen *Living to 100* (»Hundert Jahre alt werden«)

Wer wissen möchte, wie hoch seine individuelle Lebenserwartung ausfällt, kann hierbei das Internet zu Rate ziehen. Auf einer US-amerikanischen Website *(www.beeson.org/livingto100)* findet der interessierte Leser den Fragebogen *The living to 100 Life Expectancy Calculator*, dessen Auswertung die persönliche Lebenserwartung ergibt. Aus den Fragen, die hier in deutscher Übersetzung wiedergegeben werden, geht hervor, welche Maßnahmen der einzelne treffen kann, um seine eigenen Gerontogene zu beeinflussen, damit sein Gehirn gesund alt wird. (Maß- und Gewichtsangaben sind US-Standards, weshalb man diese Hohl- und Flächenmaße entsprechend umrechnen muss, um den Test durchführen zu können.)

Sind Sie ❍ Männlich ❍ Weiblich

Alter:

1. Rauchen Sie beziehungsweise benutzen Sie Kautabak, oder müssen Sie häufig passiv rauchen?

❍ Ja ❍ Nein

2. Essen Sie öfter als einmal pro Woche Hotdogs, Schinken oder Wurstwaren?

❍ Ja ❍ Nein

3. Grillen oder braten Sie Fisch, Geflügel oder Fleisch, bis es dunkelbraun oder verkohlt ist?

❍ Ja ❍ Nein

4. Verzichten Sie möglichst auf Butter, Sahne, Schokolade, Pommes Frites, Fettgebäck und andere gesättigte Fettsäuren?

❍ Ja ❍ Nein

5. Versuchen Sie, möglichst fleischarm zu essen und stattdessen auf viel Obst, Gemüse und ballaststoffreiche Kost umzusteigen?

❍ Ja ❍ Nein

6. Konsumieren Sie Bier, Wein oder Spirituosen im Übermaß (mehr als zwei Drinks täglich)?
Ein Standard-Drink bedeutet hier:
1 Flasche Bier à ~333 Milliliter
1 Glas Wein à ~150 Milliliter
1 Glas 80-%-Spirituosen à ~40 Milliliter

❍ Ja ❍ Nein

7. Konsumieren Sie Bier, Wein oder Spirituosen in Maßen (ein bis zwei Drinks am Tag)?

❍ Ja ❍ Nein

8. Werden Sie an Ihrem Wohnort über akute Luft- und Umweltverschmutzungen informiert?

❍ Ja ❍ Nein

9 A. Trinken Sie täglich mehr als 16 Unzen Kaffee (~450 Milliliter oder ~ 3 Tassen; 1 US-Unze entspricht 28,3495 Gramm bzw. Milliliter)?

❍ Ja ❍ Nein

9 B. Trinken Sie stattdessen täglich grünen Tee?

❍ Ja ❍ Nein

10. Nehmen Sie täglich eine Tablette Aspirin ein?

❍ Ja ❍ Nein

11. Putzen Sie sich täglich Ihre Zähne oder reinigen sie täglich mit Zahnseide?

❍ Ja ❍ Nein

12. Haben Sie an zwei aufeinander folgenden Tagen weniger als ein Mal Stuhlgang?

❍ Ja ❍ Nein

13. Führen Sie ein risikoträchtiges Sexualleben (ungeschützter Verkehr, wechselnde Geschlechtspartner) oder sind Sie heroinabhängig, sodass die Gefahr einer HIV-Infektion oder einer Infektion mit Viren, die Krebs auslösen können, erhöht ist?

❍ Ja ❍ Nein

14. Nehmen Sie häufig Sonnenbäder oder gehen oft ins Sonnenstudio, um braun zu werden?

❍ Ja ❍ Nein

15. Wurden in Ihrer Wohnung gefährliche Mengen an Radon gemessen?

❍ Ja ❍ Nein

16. Mein Gewicht beträgt Kilogramm und meine Körpergröße Zentimeter

17. Wohnen Sie in der Nähe von anderen Familienmitgliedern (Ehepartner und leibliche Kinder ausgenommen), die Sie spontan besuchen können?

❍ Ja ❍ Nein

18. Welche der folgenden Aussagen trifft auf Sie zu?

A. »Stress frisst mich auf. Ich kann mich offenbar nicht von ihm frei machen.«

❍ Ja ❍ Nein

B. »Ich kann mich von Stress frei machen.« (beispielsweise durch Gebet, Sport, Meditation, durch humorvolles Akzeptieren oder auf andere Weise)

❍ Ja ❍ Nein

19. Ist mehr als einer Ihrer direkten Verwandten (Eltern und Geschwister) an Diabetes erkrankt?

❍ Ja ❍ Nein

20 A. Ist eines Ihrer Elternteile vor dem 75. Lebensjahr gestorben (Unfalltod ausgenommen)?

❍ Ja ❍ Nein

20 B. Waren beide (oder nur einer, sofern der andere Partner vor dem 75. Lebensjahr verstorben ist) pflegebedürftig, als sie das 75. Lebensjahr erreicht hatten?

❍ Ja ❍ Nein

21. Wurde einer Ihrer nachfolgend aufgeführten Verwandten bei bester Gesundheit mindestens 90 Jahre alt: Eltern, Tanten, Onkel oder Großeltern?

❍ Ja ❍ Nein

22 A. Sind Sie ein Sportmuffel (weder Gymnastik, Aerobic noch Ausdauersport)?

❍ Ja ❍ Nein

22 B. Treiben Sie täglich oder häufiger mindestens 20 Minuten Sport?

❍ Ja ❍ Nein

23. Nehmen Sie täglich Vitamin E (800 I.E.) und Selen (0,1–0,2 Milligramm) ein?

❍ Ja ❍ Nein

14

Wie wirkt der Mann nach außen?

Das Outer Image

Attraktivität, Wohlbefinden und Erfolg im Umgang mit anderen Menschen sind eng miteinander gekoppelt. Das *Inner Image* bedingt das *Outer Image* – es gibt aber auch eine Wechselwirkung. Haut und Haare, Augen und Gesicht sind Spiegelbilder der Seele, wollen jedoch von außen ebenfalls gut behandelt werden. Entscheidend ist der Lebensstil, zu dem der sorgsame Umgang mit dem äußeren Erscheinungsbild des männlichen Körpers gehört. Mit gezielten Pflegemaßnahmen, die gar keinen großen Aufwand bedeuten, bis hin zu kleinen kosmetischen Interventionen lässt sich eine Menge erreichen. So wirkt ein gut aussehender, sicher auftretender älterer Herr oft attraktiver und dynamischer als ein ungepflegter, wenig Substanz zeigender junger Mann.

Interview

Das folgende Interview führte Prof. Rolf-Dieter Hesch mit René Koch, der seit über 25 Jahren als Stylist und Kosmetikfachberater in Berlin tätig ist. René Koch hat eine Reihe von Büchern verfasst, unter anderem *Mann, bist du schön* (zusammen mit Frank Naumann).

Hesch: *Herr Koch, Sie brechen in Ihrem Buch* Mann, bist du schön *eine Lanze dafür, dass der älter werdende Mann sich mehr pflegt, und zeigen, wie viel er davon profitieren kann.*

Koch: Die Zeiten, wo Männer stolz auf ihre wettergegerbten Falten waren und wie bei Hemingway nur nach Whisky und Zigarren riechen durften, sind vorbei. Die Männer des neuen Jahrtausends sollten mittlerweile so weit kosmetisch emanzipiert sein, dass sie selbstbewusst eine Parfümerie oder ein Kosmetikinstitut betreten, um sich hauttypgerecht beraten zu lassen. Auch eine kosmetische Gesichtsbehandlung alle vier bis sechs Wochen wäre anzuraten. Selbst einen Aufenthalt auf einer Wellness- oder Schönheitsfarm sollte ER als ganz normal betrachten. Laut Statistik besuchen mittlerweile zehn Prozent der Männer regelmäßig ein Kosmetikinstitut. Nur wer sich wohl fühlt, kann sicher auftreten. Wer sicher auftritt, wirkt attraktiv. Und wer attraktiv ist, hat mehr Erfolg. Deshalb sollten reife Männer nicht nur an ihr Aktienpaket denken, sondern auch an ein Anti-Aging-Konzept für Gesicht und Körper. So hat ein gutaussehender, kosmetikbewusster 50-jähriger Powerman letztendlich mehr Erfolg als ein 20-jähriger Schlaffsack.

Hesch: *Was kann der Mann als Anti-Aging für seinen Körper täglich morgens nach dem Duschen tun?*

Koch: Nicht erst nach der Dusche sollte das Anti-Aging-Programm beginnen, sondern bereits davor. So befreit zum Beispiel eine Trockenbürstenmassage die Haut nicht nur von abgestorbenen Hautschüppchen, sondern bringt auch den Kreislauf in Schwung. Dazu ein paar Fitnessübungen wie Situps, Liegestützen und so weiter am offenen Fenster, die das Immunsystem stimulieren. Erst danach erfolgt die warme Dusche, die kühl endet. Nach der Dusche ist es sinnvoll, sich mit einer Bodylotion einzucremen. Weiterhin sollte man nach der Rasur ein Aftershave auftragen, um pH-Wert und Hautfeuchtigkeit wiederherzustellen und die Haut zu glätten. Nicht vergessen werden sollte ein Deospray, denn Männer transpirieren, vor allem unter den Armen, oft stärker als Frauen.

Hesch: *Wie sieht das Basisprogramm der Gesichtspflege aus?*

Koch: Der Anwendung jeder Gesichtspflegeserie sollte eine Hautdiagnose vorausgehen, die mit Mikroskop per Computer gemacht werden kann, um den Hautzustand vor dem Pflegestart und die Verbesserung während der Anwendung auf dem Bildschirm zu verfolgen. Als Basispflege würde ich jedem Mann raten, ein Waschgel anstelle von Seife zu benutzen. Dazu eine Feuchtigkeitscreme für den Tag und eine Aufbau-Vitamin- oder Antifalten-Creme für die Nacht, ab 30 sollte man auch eine Augencreme verwenden. Ab und zu ist eine Gesichtsmaske von großem Vorteil für das Hautbild.

Hesch: *Wie oft sollte man ein Peeling anwenden?*

Koch: Das richtet sich nach der Hautbeschaffenheit. Männer mit öliger und grober Haut dürfen das öfter tun als solche mit sensibler Haut. Es kommt aber auch auf die Art des Peelings an – ein sanftes Waschpeeling kann öfter angewendet werden als ein Fruchtsäurepeeling oder ein intensives Chemical- oder Laser-Peeling. Letzteres sollte nur von einem Spezialisten durchgeführt werden. Dabei wird ein Teil der Oberhaut abgetragen; die darunter liegende junge Haut bedarf besonders intensiver Pflege und Schutz vor Sonneneinwirkung (auch im Solarium). Der Effekt bei großen Poren, kleinen Fältchen und Narben ist enorm.

Hesch: *Männer haben häufig Falten, wie kann man diesen langfristig vorbeugen?*

Koch: Indem man frühzeitig dagegen angeht, denn Vorbeugen ist besser als Altern. Haben sich schon Furchen tief in die Haut eingegraben, ist es meist zu spät. Deshalb sollten alle Männer spätestens mit 30 sich über eine langfristige kosmetische Systempflege Gedanken machen und kosmetisch aktiv werden. Kosmetikprodukte mit Aloe vera haben sich in der Herrenpflege als Altersbremse sehr bewährt. Außerdem ist vitaminreiche Ernährung sowie eine spezielle Nahrungsergänzung mit den Vitaminen C, A und E, den so genannten Antioxidanzien, anzuraten.

Hesch: *Die Augen verraten oft einen schlechten Lebensstil. Wie kann man hier wirksam abhelfen?*

Koch: Die Augen sind der Spiegel der Seele. Also gilt es, den schlechten Lebensstil zu ändern, Genussgifte einzuschränken, aber auch von außen etwas zu tun. Augengymnastik, wie etwa das Rollen und Drehen der Augen sowie meine Löffelmassage können einen positiven Augen-Blick unterstützen. Hierzu wird mit einem gekühlten Kaffeelöffel großflächig um die Augen gekreist, insbesondere um Schwellungen oder dunkle Augenschatten zu mildern.

Wie wirkt der Mann nach außen?

Wie das vorausgegangene Interview gezeigt hat, bedarf es oft nur weniger Handgriffe, damit das *Inner Image* auch zum *Outer Image* wird. Ein gepflegtes Aussehen und körperliches Wohlbefinden verhelfen dem Mann zu mehr Erfolg im Umgang mit anderen Menschen.

Doch möchten die Autoren, die aus dem medizinisch-wissenschaftlichen Lager kommen, den Kosmetikern und Stylisten nicht das Wasser abgraben. Von daher darf der Leser an dieser Stelle nicht erwarten, Details über Gurkenmaske, Anti-Falten-Pflege oder Pediküre zu erfahren. Wir werden uns auf wenige medizinisch relevante Tatsachen beschränken und *last but not least* ein paar persönliche Erfahrungen und Tipps einfließen lassen.

Ein warmes Bad kann sich positiv sowohl auf das *Inner* als auch auf das *Outer Image* auswirken ...

Aufbau und Funktion der Haut

Die Haut als äußere Hülle des menschlichen Körpers ist gleichzeitig auch sein größtes Organ. Die beim Erwachsenen fast zwei Quadratmeter große Fläche besteht aus drei Schichten – der äußeren Oberhaut (Epidermis), der in der Mitte gelegenen Lederhaut (Corium) und der inneren Unterhaut (Subcutis).

Als Schnittstelle zwischen Körper und Außenwelt hat die Haut vor allem die Funktion, den Organismus zu schützen. Hierzu werden die etwa zwei Milliarden Zellen, aus denen sich die menschliche Haut zusammensetzt, kontinuierlich erneuert; täglich werden etwa 300 Millionen Hautzellen nach außen abgestoßen und durch neue ersetzt. Die Hautoberfläche wird außerdem von einem Film aus Schweiß und Talg bedeckt, der eine erste Barriere gegen äußere Angriffe darstellt: Ihr – wenn auch schwacher – Säuregehalt (pH ~ 5,5) verhindert, dass die Haut völlig von Bakterien und Pilzen überwuchert wird. Der feine Schweiß-Talg-Film hält sie außerdem schön feucht und verleiht ihr ein samtiges Aussehen.

Tipp für Sonnen-Fans

Generell sollte jeder Mann unbedingt eine Sonnencreme mit mittlerem Lichtschutzfaktor verwenden. Bei häufiger Benutzung des Solariums ist es ratsam, fünf Tage vorher kein Fruchtsäure-Peeling durchführen.

Über die Haut erfolgt auch die Temperaturregelung des Körpers. Der aus zahlreichen Schweißdrüsen abgesonderte Schweiß bildet nicht nur – wie oben geschildert – den Säureschutzmantel der Haut, sondern bewirkt durch Verdunsten, dass sich der Körper nicht erhitzt. Weiterhin sorgen spezielle Hautpigmentzellen, die Melanozyten, bei starker Sonnenstrahlung dafür, dass die Haut braun wird, und schützen sie auf diese Weise vor UV-Strahlung.

Anti-Aging für die Haut

Es gibt eine Reihe verschiedener Hauttypen, die jeweils unterschiedliche Pflegemaßnahmen verlangen. Wenn Sie sich intensiver mit der richtigen Hautpflege beschäftigen möchten, empfehlen wir Ihnen die Spezialliteratur, in der Autoren wie Astrid Wronsky und René Koch aufgrund profunder Kenntnis wertvollen Rat und nützliche Tipps geben (siehe Literaturverzeichnis, Seite 236ff.). Effektives Anti-Aging für die männliche Haut erreicht man – aus medizinischer Sicht – vor allem, indem man etwas gegen die im Folgenden genannten Feinde der Haut unternimmt.

Sonnenlicht

Die unterschiedlichen UV-Strahlen (UV-A, vor allem aber UV-B) sowohl des natürlichen Sonnenlichts als auch des künstlichen Lichts im Solarium führen bei zu intensiver Bestrahlung nicht nur zu einer erheblichen Schädigung des Kollagens in der Haut, sondern können auch Mutationen in der DNA der Hautzellen auslösen. Vor kurzem wurde der Nachweis erbracht, dass eine schwach saure, leicht mit Vitamin A angereicherte Hautcreme die oben erwähnten Hautschäden vermeiden kann. Wer also gerne Sonnenbäder nimmt oder das Solarium aufsucht, sollte vorher niedrig dosierte Vitamin-A-Tabletten einnehmen und eine derartige Creme verwenden.

Rauchen

Jedem Männergesicht kann man ansehen, ob und wieviel sein Besitzer raucht. Charakteristische Kennzeichen wie eine fahle oder fahl-bräunliche Verfärbung der Haut, die zudem oftmals grobporig ist, lassen sofort den starken Raucher erkennen. Leider sind diese schweren Raucherschäden an der Haut, speziell im Gesicht, auch noch Jahre später sichtbar, nachdem man das Rauchen aufgegeben hat. Daher sei jedem Mann dringend geraten, möglichst bald aufzuhören, damit er wieder zu seinem schönen glatten Jugendgesicht zurückfinden kann.

Schlaf

Der dritte Feind der Haut ist der fehlende Schlaf. Schlafmangel lässt nicht nur dunkle Augenringe entstehen, sondern gräbt oft tiefe Falten in das Gesicht, besonders um die Augen herum, sodass Männer, die immer zu wenig schlafen, auch tatsächlich unausgeschlafen aussehen. Selbstverständlich fällt das individuelle Schlafbedürfnis unterschiedlich aus, und jeder muss selbst herausfinden, wie viel Schlaf er benötigt beziehungsweise ihm gut tut. In der Regel ergeben sechs bis acht Stunden eine ausreichende Nachtruhe; aber auch das Nickerchen in der Mittagspause bekommt der Haut sehr gut – hierzu reicht es bereits, eine kurze Siesta von 20 Minuten einzulegen.

Schwitzen – und was man dagegen tun kann

Beruflicher Stress lässt immer mehr Männer stärker schwitzen. Dabei gibt es zwei unterschiedliche Arten des Schwitzens, einmal das allgemeine Transpirieren im gesamten Hautbereich, dann aber auch die Schweißbildung im Bereich von Handinnenflächen, Achseln und Fußsohlen. Gegen das allgemeine Schwitzen hilft nur wenig. Bei übermäßigem Schweiß sollte man allerdings unbedingt beim Hausarzt einen Gesundheitscheck durchführen lassen, um abzuklären, ob beispielsweise eine Schilddrüsenüberfunktion oder eine Erkrankung des Nebennierenmarks (die oft mit Bluthochdruck einhergeht) vorliegt. Generell sollten solche Männer Kaffee und schwarzen Tee meiden, da beide Getränke die allgemeine Schweißsekretion der Haut verstärken.

Nicht nur ihre gesunde Kost, sondern sicherlich auch ihre tägliche Siesta während der heißen Mittagsstunden lässt die Menschen im Mittelmeerraum häufig steinalt werden.

Seit kurzem gibt es bei starkem lokalem Schwitzen eine hervorragende Abhilfe: Die Schweißdrüsen in Handtellern, Achselhöhlen und Fußsohlen werden mit Hilfe des so genannten Botulinus-Toxins für eine gewisse Zeit verödet. Die Prozedur ist zwar recht schmerzhaft, keineswegs billig und hält zudem nicht andauernd an – trotzdem ist es für viele Männer die Methode der Wahl, um wenigstens eine Zeit lang keine schweißnasse Hand geben zu müssen.

Neben dieser so genannten Botox-Methode bewährt es sich zusehends als weiteres Verfahren, die vegetativen Nerven im Bereich von Ober- und Unterarm zu durchtrennen. Diese so genannte Sympathektomie stellt heute in den Händen von erfahrenen Chirurgen eine kleine, wenig invasive Operation dar, die zu dauerhaft trockenen, warmen Hand- und Fußflächen führt.

Hautpflege

Die alltägliche Pflege bedarf der fachlichen Beratung, da die Männerhaut dick ist und häufig Unreinheiten aufweist.

Manche Haut ist empfindlich oder trocken, und bei Rotblonden gibt es manchmal eine allergische Haut, die besonders gepflegt werden muss. In diesen Fällen sollte man unbedingt Produkte kaufen, die mit den Vermerk *hypoallergen* versehen sind.

Eine sorgfältige tägliche Hautpflege lohnt sich auch für den Mann.

Eine gute allgemeine Anti-Aging-Maßnahme – besonders für die alte Haut mit einem relativ schlechten Stoffwechsel – besteht in einem schonenden »Abradieren« der Haut. Jeder Mann sollte ein Peeling mit so genannter abrasiver Creme durchführen. Diese Creme enthält kleine Partikel, welche die Haut sozusagen abschmirgeln. Ein solches Peeling kann man auch am ganzen Körper anwenden. Als praktisch hat sich ein Fruchtsäure-Peeling bewährt, das sehr schonend ist und unterschiedlich lange auf der Haut bleiben kann. Wegen der starken Sonneneinstrahlung sollte man dieses Peeling im Sommer seltener durchführen, bei einem Sommerurlaub in Gegenden mit sehr starker Sonneneinstrahlung darf man diese Methode überhaupt nicht anwenden.

Empfohlene Peeling-Präparate sind beispielsweise *Neostrata Day Time smooth Creme 8*, die am Morgen aufgetragen wird, sowie *Neostrata Face Cream 15 für den Körper* (Lotion bzw. Gel) für den Abend. Die Wirkung ist unmittelbar sichtbar, denn wenn man sich beispielsweise nach dem morgendlichen Duschen mit einem weißen Handtuch abtrocknet, sieht man darin die alte abgetragene Haut in Form brauner Flecken. (Das Handtuch muss danach zwar in die Wäsche, aber die Demonstration der Wirkung ist recht eindrucksvoll.)

Kosmetische Intervention

Als kosmetische Anti-Aging-Maßnahmen gibt es für den Mann bereits einige kleine Eingriffe, die jedoch eine recht große Wirkung entfalten.

Restylan-Injektion

Bei dieser kleinen Schönheitsoperation wird so genanntes Restylan in bestimmte Bereiche der Gesichtshaut eingespritzt. Restylan ist kein künstliches Produkt wie etwa Silikon, sondern besteht aus Hyaluronsäuren – das sind natürliche Bestandteile des Körpers, wie sie beispielsweise im Knorpel vorkommen. Von daher besteht keine Gefahr, dass es zu Unverträglichkeitsreaktionen kommt. Durch Restylan-Injektion lassen sich sehr gut Falten im Stirnbereich (»Zornesfältchen«) entfernen, aber man kann dadurch auch Abhilfe schaffen bei sehr schmalen Lippen, die das Gesicht erheblich älter wirken lassen. Da der typische verkniffene, schmallippige Altmännermund hauptsächlich auf einem Gewebeverlust beruht, kann man mit Restylan die Lippe im Randbereich wieder auffüllen und so das Lippenvolumen erhöhen. Gleichzeitig empfiehlt sich eine Restylan-Injektion im Bereiche der so genannten Krähenfüße, während man Lachfalten keinesfalls mit dem Präparat unterspritzen sollte.

Botox

Hochkonzentriertes Botulinus-Toxin ist zwar ein gefährlicher Stoff, in niedriger Konzentration lassen sich damit jedoch örtlich Nerven lähmen und auf diese Weise hervorragende Effekte bei der Bekämpfung von Achselschweiß erzielen (siehe Seite 232). Aber auch Stirn- und Sorgenfalten können durch Botox-Injektionen mühelos beseitigt werden, mit dem Resultat eines glatten und unbekümmert wirkenden Gesichts.

Die Wirkung von Botox- und Restylan-Injektionen kann durch Kombination mit der *Neostrata*-Hautpflege-Kur geradezu überraschend ausfallen.

Ausblick ins 21. Jahrhundert

Absolut Mann beschreibt ein Anti-Aging-Konzept für den Mann von heute. Für die Zukunft erhoffen sich die Autoren eine neue Entwicklung des Mannes, dem es gelingen wird, sich aus seiner biologischen Prägung und aus seiner historisch-gesellschaftlichen Rolle zu befreien, so wie dies im letzten Jahrhundert die Frau für sich auf den Weg gebracht hat.

Wenn wir davon ausgehen, dass krank machender Stress als Folge von biologisch codierter Aggression im männlichen Gehirn eine der Hauptursachen für Zell- und Organschäden beim Mann ist, und wenn wir außerdem bedenken, dass der Mann solche Schäden aufgrund seiner ungünstigen genetischen Veranlagung schlechter kompensieren kann als die Frau, so erscheint es sinnvoll, diesen Weg weiterzugehen. Er beruht auf einem gesellschaftlichen Entwurf der Vernunft, ist also im Wesentlichen traditionell.

Wird es ihn tatsächlich geben, jenen Mann, der sich seiner selbst bewusst ist und der sich auf allen gesellschaftlichen und unternehmerischen Ebenen einer Gesellschaft verändert, die um das Weltethos bemüht ist? Die Realisierung des Weltethos bleibt wohl ein Wunschtraum aller kosmopolitisch denkenden Männer, die endlich aus ihrer angestammten Rolle ausbrechen wollen, aber werden sie es können, werden sie aus eigener Kraft jung bleiben? Der einzelne Mann, den unser Buch erreicht und der schon auf der Suche nach sich selbst ist, vielleicht, aber der Mann schlechthin, will er gegen Macht und Besitz zu seinem *Inner Image* zurück? Möglicherweise hat die Demokratie mit diesem Manns-Bild noch eine Chance, sonst würde sie womöglich von Herrschaftssystemen, die auf einem religiösen Fundamentalismus oder auf anderen Ideologien basieren, hinweggefegt werden.

Denkbar wäre ein politisches Modell, in dem Herrschaft weitgehend abgebaut und durch vertrauensvoll vernetzte Kooperation ersetzt ist. In einem derartigen System könnte der Mann gesund alt werden. Erst wenn sich die Gewalt gegen sich selbst wie gegen andere, wenn sich Betrug und Korruption nicht mehr lohnen, wird ein effektives Anti-Aging auf dem Boden der menschlichen Tradition möglich sein. Wir wissen aus zahlreichen wissenschaftlichen Untersuchungen wie aus eigener Erfahrung, dass ein solches Anti-Aging-Konzept für den Mann erfolgreich sein kann, denn es verschafft ihm zusätzliche Jahre eines glücklichen und gesunden Lebens. Der Mann sollte es verstehen, nach und nach alle vier Ebenen des in diesem Buch besprochenen Konzepts in sein Leben zu integrieren.

Wir hoffen, dass die medizinische Forschung uns in absehbarer Zeit Androgene liefern wird, welche Virilität, Muskulatur und Gefäße des Mannes schützen, denen aber die Potenz zur Aggression fehlt. Dringend benötigt ist auch ein Steroid, das unnatürliches Wachstum und bösartige Entartung der Prostata verhindert.

Möglicherweise wird die Entwicklung aber auch so verlaufen, dass das Anti-Aging für den Mann einen anderen Weg einschlägt, der es ihm gestattet, in seiner angestammten Rolle zu verharren und sich noch mehr auszubeuten als zuvor. Der Zell- und Organersatz durch embryonale und erwachsene Stammzellen ist schon jetzt ein großes Geschäft. Die Heilung von Krankheiten wird als ethische Rechtfertigung für eine ganz andere gigantische Unternehmung vorgeschoben. Der Traum vom Wegwerforgan ist schon Realität; Gefäße können ausgetauscht werden, Herzteile liegen vor, zugrunde gegangene Hirnregionen werden ersetzt, die alte Haut wird neu überzogen, Gelenke entstehen in Kultur, das Immunsystem wird erneuert: insgesamt eine Entwicklung, die offenbar ihre Grenzen noch nicht kennt. Anti-Aging durch Zell- und Organersatz aus »biologischer« Zuchtfabrik?

Auch hier könnten Geld und Macht alle ethischen und gesellschaftlichen Entwicklungen überrollt haben, bevor es den staatlichen Machtorganen oder der Bevölkerung überhaupt bewusst wird.

Wem auch dies nicht genügt, der kann sich bald ganz neu entstehen lassen, mit beliebigen Verbesserungen durch Genaustausch, und sein Leben von Jugend auf noch einmal neu leben. Allerdings wird er wohl kaum derselbe Mensch sein, als der er sich geplant hat. Gegenwärtig deutet alles daraufhin, dass der erste geklonte Mensch innerhalb der nächsten zwei Jahre geboren wird – eine gruselige, vom wissenschaftlichen Standpunkt aus allerdings spannende Vorstellung. Vielleicht werden dem »neuen Mann« dann Chimären aus Mensch und Tier zur Verfügung stehen, womöglich auch anstelle einer Frau – die Entkoppelung von Sexualität, Fortpflanzung und Liebe wäre damit komplett.

Auch wenn die Entwicklung in diese Richtung läuft, so werden doch viele Männer einen anderen Weg gehen und die wissenschaftlichen Erkenntnisse dazu nutzen, um ihre Rolle neu zu definieren, um Mensch zu werden, wie es in diesem Buch beschrieben wird, und um ihr männliches Leben *forever young* zu leben.

Was meinen Sie dazu, lieber Leser? Was werden Sie tun?

Weiterführende Literatur

Zeitschriftenartikel

Barriel V: Der genetische Ursprung des modernen Menschen. Aus: Die Evolution des Menschen. Spektrum der Wissenschaft Dossier (2000), 80

Fassbender et al.: Simvastatin strongly reduces levels of Alzheimer's disease b-amyloid peptides Ab42 and Ab40 in vitro and in vivo. Proc Natl Acad Sci USA 21; 98 (2001), 5856

Garcia R: Nature 402 (1999), 294

Kimura D: Weibliches und männliches Gehirn. Spektrum der Wissenschaft 11 (1992), 104

Männerfreunde: Stern 16 (2001), 34

Miller RA: Kleemeier Award Lecture: Are There Genes for Aging? J Gerontology 54A (1999), B297

Schenk et al.: Immunization with amyloid-b attenuates Alzheimer-disease-like pathology in the PDAPP mouse. Nature 400 (1999), 173

Shen T: Proc natl Acad Sci USA 20; 97 (2000), 7354

Shinoda *et al*: Brain Met 8 (1996), 253

Thomson R. *et al*: Proc Natl Acad Sci USA 20; 97 (2000), 7360

Underhill PA: Nat Genet 26; (2000), 358

Wong, K: Der Streit um die Neandertaler. Aus: Die Evolution des Menschen. Spektrum der Wissenschaft Dossier (2000), 64

Internet

Meyer K: Der Schlappschwanz ist sichtbar. http://www.wdr.de/themen/gesundheit/koerper/sexualitaet/impotenz.jhtml?rubrikenstyle=gesundheit

Kompendien, Fachbücher und sonstige weiterführende Literatur

Allman W: Mammutjäger in der Metro. Spektrum Akademischer Verlag, Heidelberg, 1996

Butz K, Icheln D: Penis pur. 2. Aufl, Rowohlt, Reinbek, 2001

Catlin G: Die Indianer Nordamerikas. L. Borowsky, Wels (Österreich), 1975

Chia M, Abrams Avara D: Öfter, länger, besser. Sextips für jeden Mann. Der Multi-orgasmic-Man. Droemer/Knaur, München, 1997

Coolsaet B: Der Pinsel der Liebe. Kiepenheuer & Witsch, Köln, 1999

de Waal FBM

Lanting F: Bonobos. Die zärtlichen Menschenaffen. Birkhäuser, Basel, 1998

Ellis A: Measuring Your Body Fat. Cutting Edge Publishing, New York, 2000

Flindt R: Biologie in Zahlen. 5. Aufl. Spektrum Akademischer Verlag, Heidelberg, 2000

Franke W: Nutzpflanzenkunde. Nutzbare Gewächse der gemäßigten Breiten, Subtropen und Tropen. 6. Aufl. G. Thieme, Stuttgart, 1997

Gadamer H-G (ed): Philosophisches Lesebuch (3 Bd). Fischer Bücherei, Frankfurt/M, 1990

Gribbin J, Gribbin M: Ein Prozent Vorteil. Birkhäuser, Basel, 1993

Hesch RD: Endokrinologie, Lehrbuch in 2 Bänden. Urban & Schwarzenberg, München

Hesch RD: Gesundsein und Kranksein. In Jork, Kauffmann u. a. (ed): Was macht den Menschen krank? Birkhäuser, Basel, 1991

Hildebrandt H, Dornblüth O, Pschyrembel W (eds): Pschyrembel Klinisches Wörterbuch. 258. Auflage. W. de Gruyter, Berlin, 1998

Hollstein W: Potent werden – das Handbuch für Männer. H. Huber, Bern 2001

Houellebecq M: Plattform. DuMont, Köln 2002

Huntington SP: Kampf der Kulturen. Europa Verlag, München, 1997

Kayser FH, Bienz KA, Eckert J, Lindenmann J: Medizinische Mikrobiologie. Immunologie, Bakteriologie, Mykologie, Virologie, Parasitologie. 8. Aufl. G. Thieme, Stuttgart, 1993

Klör HU (ed): Knoll Lexikon Adipositas. Aesopus, Stuttgart, 2001

Knippers R: Molekulare Genetik. 7. Aufl. G. Thieme, Stuttgart, 1997

Koch, René, Naumann, Frank: Mann, bist du schön! Verlag Gesundheit, München, 1998

Lamy J, Mutter S, Zacker C: Fatburner. Das Rezeptebuch. Midena, München, 1999

Lazar T: Bodyguide Mann. Fakten, Vorurteile und Funktionen. Rowohlt, Reinbek, 2001

Levack BP: Hexenjagd: Die Geschichte der Hexenverfolgungen in Europa. C. H. Beck, München, 1995

Lumsden CJ, Wilson EO: Das Feuer des Prometheus – Wie das menschliche Denken entstand. Piper, München, 1984

Mahoney D, Restak R: The Longevity Strategy – How to Live to 100 Using the Brain-Body Connection. J. Wiley & Sons, New York, 1998

Merlin C (ed): Osteoporose – Leitfaden für die Praxis. Hippokrates, Stuttgart, 1998

Meryn S, Kindel G: Kursbuch Mann. Der große Männer-Ratgeber. Ueberreuter, Wien, 2000

Metka M, Haromy PH: Der neue Mann. Das revolutionäre Anti-Aging-Programm. Piper, München, 2001

Naumann F: Rauchen und gesund bleiben. Falken, Niedernhausen/Ts, 2000

Parillo J, Greenwood-Robinson M: High-Performance Bodybuilding. Berkeley Publishing Group, New York, 1993

Reinboth R: Vergleichende Endokrinologie. G. Thieme, Stuttgart, 1980

Schnack D, Neutzling R: Die Prinzenrolle. Über die männliche Sexualität. Rowohlt, Reinbek, 1993

Silver LM: Das geklonte Paradies. Droemer Knaur, München, 1998

Tarnas R: Idee und Leidenschaft. Die Wege des westlichen Denkens. dtv, München, 1999

Trivers R: Social Evolution. Benjamin & Cummings, Menlo Park, 1985

Vogt-Lüerssen M: Der Alltag im Mittelalter. E. Probst, Mainz-Kostheim 2001

Wronsky A: Du siehst gut aus! Der Pflege-Guide für Männer. 3. Aufl, Rowohlt, Reinbek, 2001

Register

Impressum

Die Autoren
Prof. Dr. med. Rolf-Dieter Hesch ist eine Kapazität als Endokrinologe und engagiert sich besonders für die Ausbildung von Andrologen (»Männerärzten«). Gerald Bosch ist Biologe und arbeitet seit zwölf Jahren als Redakteur und Autor mit Schwerpunkt Biologie und Medizin.

Wichtiger Hinweis
Die im Buch veröffentlichten Ratschläge wurden mit größter Sorgfalt von den Verfassern und vom Verlag erarbeitet und geprüft. Eine Garantie kann jedoch nicht übernommen werden. Ebenso ist eine Haftung der Verfasser bzw. des Verlages und seiner Beauftragten für Personen-, Sach- oder Vermögensschäden ausgeschlossen.

Bildnachweis
Umschlagfoto: Ulrike Sommer, Photo-Atelier Schatten Licht Farbe, Konstanz; Rückseite: Rolf Schultes/Drumlin
Übungsfotos: Silvia Lammertz, München
Fotos: Action Press/Visual S. 15; AKG Berlin S. 4, 5, 22, 31, 48, 50, 51, 67, 90, 91, 92, 129; IFA/Aberham S. 89; Image Bank/David de Lossy S. 127; Mauritius/age fotostock S. 2, 135/ Rosing S. 29/Reinhard S. 184/Stock Image S. 230/J. Silverberg S. 232; PhotoDisc S. 4, 6, 7, 13, 16, 17, 25, 38, 112, 143, 144, 199, 213, 219, 223, 229; Picture Press/Bokelberg S. 231; Prenatal-Medizin, München S. 43; Reinhard-Tierfoto/Hans Reinhard S. 62, 69, 109, 118; Brigitte Sporrer und Alena Hrbkova, München S. 195; StockFood/Jan-Peter Westermann S. 192; Studio R. Schmitz, München S. 196; Superbild/B. S. I. P. S. 57; Tanita Europe GmbH, Sindelfingen S. 105; Zefa/Westhill S. 6, 124/A. Inden S. 35/ G. Baden S. 54/Kevin Dodge S. 83/ C. Hindian S. 87/Benelux S. 115/ Pinto S. 137; DPA-FOTO/Purnomo S. 71; CORBIS/Carlos Guerra S. 76
Grafiken: Klaus Dursch, Fürth S. 21, 45; Martin Kliche, Ulm S. 106; Medox Anti Aging GmbH, Bonn S. 100; Dr. Michael und Christiane von Solodkoff S. 44

Impressum
Bibliografische Information
Der Deutschen Bibliothek
Die Deutsche Bibliothek verzeichnet diese Publikation in der Deutschen Nationalbibliografie; detaillierte bibliografische Daten sind im Internet über »http://dnb.ddb.de« abrufbar.

Droemersche Verlagsanstalt Th. Knaur Nachf. GmbH, München

Redaktion: Ruth Gelfert, Gröbenzell
Herstellung: Gabriele Schnitzlein
Bildredaktion: Sylvie Busche (Ltg.), Kirsten Dieckerhoff
Gesamtkonzeption, Layout und Satz: H3A GmbH, München
Reproduktion: Repro Ludwig, Zell am See
Printed in Germany

ISBN 3-426-66727-4